U0597896

苹果期货行情
与策略分析

杨清亮○著

中国商业出版社

图书在版编目（CIP）数据

苹果期货行情与策略分析 / 杨清亮著. -- 北京 ：
中国商业出版社，2025. 1. -- ISBN 978-7-5208-3291-5

Ⅰ．F830.9

中国国家版本馆 CIP 数据核字第 2024SM5429 号

责任编辑：滕　耘

中国商业出版社出版发行

（www.zgsycb.com 100053 北京广安门内报国寺1号）

总编室：010-63180647 编辑室：010-83118925

发行部：010-83120835/8286

新华书店经销

三河市中晟雅豪印务有限公司印刷

*

710毫米×1000毫米 16开 23印张 330千字

2025年1月第1版 2025年1月第1次印刷

定价：78.00元

****

（如有印装质量问题可更换）

前　言

谈到"苹果"，人们脑海里闪现的多为苹果手机，这是时代带来的记忆错觉。为了避免出现混淆，苹果期货在上市时就不得不强调"鲜苹果"，以区别于苹果公司。这是很有意思的事情，在移动互联和人工智能高速发展的信息时代，人类对苹果公司的关注远远超越了鲜苹果这个司空见惯的食用水果。本书所提到的苹果，与苹果公司无关，是实实在在能吃的真苹果。

本书的大部分内容摘自笔者的公众号"果业研究"，其中不乏许多有价值的数据和观点。本书共分八章，介绍了苹果产业和苹果期货合约，谈到了苹果技术面和基本面相关问题，回顾了自2017年以来的苹果市场行情，提供了一些苹果期权和期货的参与策略，对苹果期货行情做了一些分析和讨论。全书整体内容随性而言，口语化较多，一些问题也有待进一步探讨。本书写作的目的不是无病呻吟和隔靴搔痒，而是有启发性地提出一些个人看法，有针对性地对市场和投资者做一些提醒与警示，旨在抛砖引玉，对于不熟悉苹果产业、不了解苹果期货的读者或许有一定的帮助。

第一章是苹果产业介绍。苹果产业是苹果期货的实体依托，投资者要了解现货全貌，产业是获取信息的必经之路。第二章是苹果期货合约介绍。苹果期货从上市到现在已经历时七八年时间，投资者了解合约内容和修订等细节，对于期货套保和投机交易都至关重要。第三章是苹果期货的技术分析。苹果期货具有一般期货的特点，也就符合技术分析要求，投资者具备技术基础能力是必要的。第四章是苹果期货的基本面分析。苹果基本面涉及问题繁杂，细节多，必须综合起来看待，如果投资者一叶障目则很难发挥基本面的优势和价值。第五章是近年苹果行情回顾。历史会惊人地相似，但不会只是简单地重复，投资者回顾历史行情可以寻找基本规律，更好地服务于对当前苹果行情的研究。第六章是苹果期权介绍。苹果期权是苹果期货的重要补充，了解期权策略可以实现风险对冲和投资多元化。第七章是苹果基本策略讨论。这些策略是笔者以一己之见，为投资者提供的一些思路，可以借鉴和参考。第八章是苹果部分合约分析，有针对性地对一些历史合约进行探讨，有利于投资者更加全面地看待苹果期货合约的演变和发展。第九章是苹果期货相关问题与观点的陈述，对于苹果期货的相关问题做了一些汇总，供投资者参考和商榷。

对于投资者参与苹果期货，笔者做一些提醒，有必要写在前面。

首先，要重视交易逻辑。想在期货市场上生存，需要遵循以下逻辑：一是基本面逻辑，期货和现货结合紧密，通过分析现货行情和变动，可以判断期货盘面运行的大方向；二是交割逻辑，临近交割时，要从交货和接货的实际情况分析盘面可能的波动方向；三是技术面逻辑，分析技术指标和量价关系，可以得出短期或者长期的盘面走势；四是消息面逻辑，在获取某个消息或者看到某则新闻后，要甄别这些消息或新闻与行情的关联程度；五是资金面逻辑，可以跟着大资金做交易，分析大资金走向，避免做逆势单；六是政策面逻辑，利用宏观经济学、数学概率学、金融工程等原理，分析市场走向，避免逆宏观市场而行；七是随机逻辑，即拼运气，根据个人想法做单，也有一定道理。总之，不管怎么做单，只要自己有依据，都是明白人，哪怕错了，也知道错在哪里。

其次，要做好基本面研究。期货的基本面研究比较复杂，所涉及的大部分内容是在不断变化和发展的，不能用固定思维去看待一个品种的基本信息。

真正想研究好基本面，除了需要具备宏观经济常识、熟悉商品的基本特征外，还需要长期跟踪产业信息，了解产业相关情况的变化，保持对现货价格预期的敏感度。基本面只是基于对大方向和大环境的分析，很难精准把握短期的涨跌。比如，一般认为玻璃基本面是相对较差的、镍的基本面是偏弱的、鸡蛋总体是过剩的，但是在上涨阶段，多头增仓拉涨，在没有做空信号时去做空，等于给对手送钱；一般认为豆粕、焦煤、沪锡可以做多，但事与愿违的是很多交易者在震荡行情中被迫出局。因此，从基本面的视角思考，肯定不能局限于短线交易，短期盈亏不应该是基本面侧重者的目标。

再次，要掌握必要的技术。想在期货市场上生存，还需要掌握一些实战技巧，能够分析资金流向，有良好的做单习惯和完整的计划，在做好必要的风险管控时，注意资金管理。一个交易者，只有训练有素、果断干练，才能在市场中占有一席之地。在期货市场中，反复止损是常态。要么是行情与预期背离，导致持续扛单；要么是当行情走出来以后，自己的资金已经所剩无几，只能"望洋兴叹"。所谓"亏小赚大"，说起来容易，做起来很难。大部分投资者热衷于短期搏杀，在市场里来回折腾，得不偿失。

当然，也要有好的心态。在期货市场中，对于大部分品种而言，资金都是多空双杀，少有纯粹的单边行情，市场不可能一直跌，也不可能一直涨。即使出现单边趋势行情，也不一定能抓住机会；就算抓住机会，也未必能一直拿住看好的合约；就算拿住合约，仓位也未必合理。大部分行情还是以震荡为主，期货的参与者很难拿住理想头寸，一不小心就会错过机会。看对行情，但做不对，是期货交易的常态。以平常心看待期货市场的反复波动和自己的盈亏得失，是所有投资者必须具备的心理素质。

此外，要时刻铭记期货的本质。期货市场的本质就是投资者分解风险，具有两个功能——价格发现和套期保值。投机只是推动期货市场流动性的一种力量。期货博弈的是价格预期，因而价格发现是客观存在的，这个功能并不能被看得太重要。期货功能的核心还是要把企业现货的风险通过资本市场的资金流通进行转移，企业通过涨跌锁定利润，稳定生产。企业怕的是现货价格高，未来掉价了不得不降价销售，用期货锁定利润或者扩大利润，对冲现货风险，是非常明智的。即使遇到极端行情，比如期货价格飙涨，只要不是超量套保，手里有现货，亏损就不会太大。反而可以通过减持期货，高价抛售现货，获得丰厚利润。

最后，笔者想提醒新手或者长期亏损的朋友，一定要学会自食其力，靠问单、跟单做交易很难长久。新手大多痴迷于技术，认为通过技术就可以拿捏短期的涨跌，利用技术的指标、信号、提醒小有盈利以后，更是会过度迷信技术，不相信期货市场里的其他因素。经历一次大的挫折以后，又往往对技术极不信任，对自己极不自信，然后希望得到所谓高手的指点和印证，久而久之，就会陷入不相信自己的认知怪圈。投资者要想在期货市场中赢得胜利，练就点真本事是非常有必要的。

笔者希望本书能够成为广大投资者成功之路上的垫脚石。本书有一些数据源于公开的文章和资讯，可能不是特别严谨。书中的一些观点未必足够客观，表达也未必到位，如有不妥，请读者批评指正。

目 录

第一章　苹果产业介绍

苹果作为普通水果，历史悠久，是一种营养价值高、形态多样、口感丰富的水果，是日常饮食中的优选之一。

第一节　苹果的基本情况

一、历史悠久

苹果，古称"柰"（nài），是我国最重要的果树树种之一，泛指苹果、花红、海棠果（红果）、林檎等品种。湖北江陵楚墓中曾出土过柰核，证实了当时就有苹果的存在。《千字文》载："果珍李柰，菜重芥姜。"其中的"柰"，就是苹果。

关于柰的最早记载，见于西汉司马相如《上林赋》中"于是乎卢橘夏熟，黄甘橙楱，枇杷橪柿，亭柰厚朴"之句。汉武帝居住的上林苑扶荔宫中，种植着许多植物，其中就有林檎。林檎得名据说是在苹果成熟的时节，其味道鲜美引得飞鸟来吃的缘故。晋代以前，苹果多被当作香料使用，食用较少。晋朝郭义恭在《广志》中说："西方例多柰，家家收切曝干为脯，数十百斛为蓄积，谓之频婆粮。"明代李时珍在《本草纲目》中不仅记录了夏熟的"素柰""丹柰""绿柰"，也记录了"凉州有冬柰，冬熟，子带碧色"。明代王象晋《群芳谱·果谱》载:"光洁可爱玩,香闻数步,味甘松。未熟者食如棉絮,过熟又沙烂不堪食,惟八九分熟者最美。"

今天大家熟悉的苹果,实际并非我国原产,而且输入也相当晚。我国的原生苹果特点是产量少、果实小、皮薄、味道甘美,但不耐储存,容易破损,因此在古代价格比较昂贵。现在我国广为栽培的苹果多是从西方引进的,其特点是果实大、味佳、耐储藏。1871年,美国传教士倪维思将苹果从国外引入山东烟台,后来烟台成为中国苹果的扩散中心之一。

现代苹果原产欧洲中部、东南部,中亚细亚乃至我国新疆。在公元前300年,古罗马学者加图已经对苹果的品种进行了记载。随后,罗马人开始栽培苹果,并嫁接繁殖。18世纪,蒙氏(Jean-Baptiste van Mons)及奈特氏(Tomas Andrew Knight)已利用自然杂交进行实生苗选育,逐步推广栽培。欧洲移民把苹果传入美洲后,在美洲又培育了不少新品种。日本在明治维新时代,从欧美引入苹果。此后,澳大利亚、非洲也相继引入苹果。近百年来,世界五大洲先后有了苹果栽培。

也有一说,苹果起源于哈萨克斯坦,在数千年前沿着丝绸之路传播开来。后来,罗马人将甜苹果从西亚带到了欧洲。

根据现代生物基因学研究,苹果是由野生苹果进化而来的。发表在《科学公共图书馆:遗传学》上的一份研究报告显示,现在市场上贩卖的苹果与红果有着更加密切的关系,而苹果是一种有较好味道的古老物种。该新研究检测了从西班牙到中国的5个苹果种类的839个苹果样本的DNA片段,梳理了近来野生苹果与种植苹果的交叉影响。研究结果显示,现代苹果最初是由亚洲野生苹果经过种植,进而进化而来的。但是,研究人员也发现欧洲红果——那些挑选出来的抗病、壮实,或有其他特性的红果——也为现代的种植苹果贡献了大量DNA。另外,研究人员在种植苹果的过程中没有发现任何遗传瓶颈(基因种类急剧缩小)迹象,这与那些早期种植的大麦、小米、小麦等农作物形成了鲜明对比。

二、食用价值高

苹果富含维生素、矿物质、糖类、脂肪、粗纤维，镁、硫、铁，铜、碘、锰、锌等微量元素，以及苹果酸、酒石酸、胡萝卜素，营养成分丰富，因食用人口多而被誉为"大众果"。根据联合国粮农组织（FAO）统计，2022年全世界的苹果产量为9584万吨。

苹果是一种低热量食物，每100克约产生60千卡热量。苹果中营养成分可溶性大，易被人体吸收，故有"活水"之称。其有利于溶解硫元素，能使皮肤润滑柔嫩。食用苹果还可以改善睡眠。据说西方著名作家大仲马，正是因为每天睡前吃一个苹果而治好了长期过度劳累导致的失眠症。食用苹果对记忆也有好处，又被人称为"记忆之果"。中医认为，苹果具有止泻生津、治疗呕吐、改善消化不良、控制高血压等功效。对于脾胃虚寒、长期腹泻和患有胃病的患者，苹果的天然果胶有保护肠胃黏膜的功效。

有些人错误地认为，可以用苹果汁代替午饭或晚饭。实际上，苹果在压榨过程中，会使许多营养元素和大量纤维素流失；而纤维素可以清理肠胃，从而提供饱足感，更能起到健身作用，因此最好还是食用整个苹果。

苹果还可酿酒，起泡甜苹果酒是用苹果汁在封闭的容器中发酵而制成的。苹果酒的酒精含量低，在2%～8.5%，味道鲜美，可以作为宴会上的女性用酒。

苹果有一种品种叫蛇果，很多人误以为和《圣经》故事有关，其实蛇果最初进入广东时外包装名为"Red delicious apple"，即"美味的红苹果"，为了交流起来方便，果商将其音译为"红地厘蛇果"，后来简化为"蛇果"。苹果在中文中和平安的"平"同音，近些年也有人称其为"平安果"。因为苹果比较常见，英文首字母为"A"，所以苹果在某些场合也代指英文字母"A"。

三、品种种类多

苹果是一个古老的树种，如今世界上仍有 7500 多个苹果品种，但生产中广泛栽培的品种只有百余个。目前，我国用于经济栽培的苹果品种有 20 多个，主要有红富士苹果、红将军苹果、金帅苹果、乔纳金果、红星苹果、嘎啦苹果、国光苹果、红玉苹果、蛇果、青苹果等。有以早捷、贝拉为代表的早熟品种，以嘎啦、摩里士为代表的中熟品种，以富士、秦冠为代表的晚熟品种。其中，红富士在我国所有栽种品种中最具代表性，其果实拥有风味好、晚熟、耐贮等优点，备受市场青睐。根据中国果品流通协会提供的数据测算，目前，红富士种植面积占我国苹果种植面积的 50% 以上，产量更是在苹果总产量中占到了 70% 以上。不过，随着消费者和市场差异化的需求，多种新品种和高端类型相继出现，对苹果的未来发展趋势有一定影响。这里介绍一些常见的品种种类。

红富士苹果：其果树为落叶乔木，树高可达 15 米，栽培条件下一般高 3～5 米。果实体积很大，遍体通红，形状很圆，平均大小如棒球一般。原产于欧洲东南部，土耳其及高加索一带。随着中国红富士产量的不断上升，全世界红富士产量已超过 3000 万吨，红富士已成为世界苹果第一主栽品种。

红将军苹果：其果树为落叶乔木，叶子椭圆形，花白色带有红晕；生长势中等，比红富士稍弱；树姿较开张，萌芽率可达 45.38%，高接树拉枝后萌芽率可达 70%。果实近圆形，果个大，果形端正。

金帅苹果：其果树为落叶乔木，温带果树。金帅又名金冠，原产于美国，1910 年首次由日本引入中国大连栽培。该品种适宜较冷凉少雨的地区栽培，以年均气温 9℃～11℃、降水量 700 毫米以下最适。果实 9 月上旬成熟。

乔纳金果：果实较大，扁圆至圆形，单果重 250 克左右。果面平滑，底色黄绿，带橙红霞或不显著的红条纹，着色良好的果为全面橙红色，光照不足时着色不良。该品种在山东烟台栖霞市松山镇有大片的无公害种植基地。

红星苹果：该品种树体强壮、直立，枝粗壮，易形成短果枝，树冠紧凑，结果早，适宜密植栽培。果面浓红，色泽艳丽，果形高桩，五棱突出，外观美，香甜可口。主要分布于青岛市黄岛区、莱西市、平度市等地。

嘎啦苹果：果实中等大，单果重 100～200 克，短圆锥形。果面金黄色，阳面具浅红晕，有红色断续宽条纹，果形端正美观。果顶有五棱，果梗细长，果皮薄，有光泽。原产自新西兰，引进我国后，在我国大面积栽种。

国光苹果：果实为扁圆形，大小整齐，底色黄绿，果粉多。抗寒性强，在年平均气温 7℃～12℃、无霜期 130 天以上、年降水量 500 毫米以上、土壤有机质含量较高、土层深厚的自然立地条件下，均可栽培。

红玉苹果：幼树生长势较强，干性较弱，盛果期树冠开张，枝条柔软，易下垂。树体高大，树姿开张，冠内枝条较稠密，主干灰褐色，树皮有丝状裂；果面平滑，有光泽，无锈；蜡质中多，果粉中厚；果点小，灰白色或淡褐色，果顶处密，较明显。

蛇果：原产于美国，果实大，果顶有五棱状凸起，果桩高、果形美，棱部五棱明显，果色鲜红；果肉黄白色，肉质脆，果汁多，味甜，有浓郁芳香。

青苹果：乔木，高可达 15 米，多具有圆形树冠和短主干；小枝短而粗，圆柱形，幼嫩时密被绒毛，老枝紫褐色，无毛。花期为 5 月，果期为 7—10 月。适生于山坡梯田、平原旷野以及黄土丘陵等处，海拔 50～2500 米。原产于欧洲及亚洲中部，栽培历史悠久，全世界温带地区均有种植。

龙丰苹果：果实扁圆，平均果重 50 克左右，果实紫红色，果肉淡黄色，贮后由表向里变粉红，果汁量中等，甜酸适口，果实品质佳，最适食用期为 10—12 月，可贮至新年。

第二节 我国苹果产业的发展

一、苹果的种植分布

苹果是我国种植数量最多的水果之一，截至 2018 年，我国苹果种植达到 3800 万亩（1 亩 ≈666.67 平方米）。虽然我国有 25 个省份种植苹果，但是主要产区为以下 4 个，如图 1–1 所示。

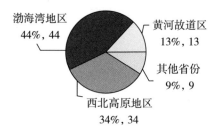

图 1–1 我国苹果种植分布图

一是渤海湾地区，占比 44%，包括山东（主要是胶东半岛）产区、辽宁产区、河北产区和北京、天津两市产区，代表品种就是山东烟台的苹果和辽宁的寒富。二是西北高原地区，占比 34%，包括陕西渭北产区、山西晋南和晋中产区、河南三门峡产区和甘肃的陇东产区，代表品种就是陕西洛川的苹果、山西的膜袋苹果。三是黄河故道区，占比 13%，包括河南产区、山东西南部产区、江苏和安徽两地的北部产区，代表品种就是河南灵宝的苹果。四是其他省份，占比 9%，比如西南冷凉高地产区，主要包括川西地区、云南东北部、贵州西北部以及西藏南部的一些地区，代表品种就是云南昭通的苹果。

多个省份主产区苹果种植面积对比见表 1–1。

表1-1 多个省份主产区苹果种植面积对比

（单位：万亩）

省份	2013年	2014年	2015年	2016年	2017年
山东	455.05	456.85	449.51	451.89	398.05
河南	266.51	259.64	257.20	236.76	221.09
山西	253.49	240.78	240.51	229.49	228.09
陕西	997.83	1022.70	1042.74	1057.13	1087.80
甘肃	435.33	441.96	442.13	441.35	445.42
新疆	—	103.20	95.40	82.50	82.50
云南	62.85	68.10	70.35	103.95	106.05

特点一：关中平原及周边苹果种植面积缩减明显。

在我国苹果产区西移北扩的发展趋势下，山东、山西的苹果种植面积、产量在近5年时间内下降明显，而与此同时，甘肃、新疆苹果的种植面积极速增加，陕西苹果主要向陕北黄土高原扩展、关中平原的礼泉及周边苹果种植面积缩减明显。其主要原因如下。

一是天气影响产量，果农投入减少。就陕西咸阳而言，苹果种植面积减少，单位面积产量略有增加。礼泉、兴平等传统苹果产区挖树种植大田以及其他经济作物较多。二是果价不好，果农种植积极性受挫。农户更多地追求产量，不注意科学种植，比如在施肥、打药、防雹、疏果、套袋等方面保养不够，造成单位面积产量略微增加。三是果农年龄偏大，年轻果农减少。现在新生代农民对种植苹果兴趣不大，或者会种植其他经济价值更高的农产品，苹果种植被很多年轻人放弃。

特点二：苹果种植优生区越来越往高海拔地区转移。

目前，山地苹果因其卓越的品质正逐渐受到广大消费者的青睐。随着种植优生区不断向高海拔地区迁移，山地地区的自然条件优势得以凸显，昼夜温差大，使得苹果果实内外品质俱佳。

在全国范围内，苹果种植面积和产量仍在稳步增长。然而，我国的苹果种植产业正经历着深刻的转型期，由生产大国向生产强国迈进，传统产业也在逐步向现代产业转变。因此，不同地区的苹果种植情况呈现出差异化的变化趋势。以陕西、甘肃等优生区域为例，苹果种植面积正逐步扩大，众多现代化新型果园相继落成，规模化苹果产业正迎来蓬勃发展的新时期。与此同时，随着优生区域苹果种植的向北转移，许多传统次果区逐渐失去了市场竞争力，加之近年来苹果价格低迷，许多家庭式小种植户因收入微薄而主动放弃果园种植，为产业的升级换代腾出了空间。

山西运城、河南三门峡等地区大部分属于次果区，种植面积正在逐渐减少，还有部分优质果区，种植面积总体变化不大。行情、果品都是种植面积增减的影响因素。近几年来，胶东地区种植面积减少和种植技术、农村人口结构、种植性价比、土地用途改变、其他粮食作物价格变化等因素有关。陕西关中地区种植面积减少，和品种更新、气候变化、效益、产量，还有同类经济作物的替代都有很大关系。山西和河南部分非优生区种植面积减少，主要是和种植户管理能力、种植意愿、效益等关系密切。

二、苹果的产量

近 5 年来，苹果的种植面积一直在伴随着价格的变化而变化，经过 2014 年、2015 年的扩张之后，苹果种植面积逐渐走向收缩。大体上，种植面积和产量呈现出倒"V"字形变化。

（一）种植面积从增加到减少

一些数据机构研究认为：2014 年全国苹果总产量为 4092.3 万吨；2015 年全国苹果种植面积在 3500 万亩左右，总产量为 4261.3 万吨；2016 年全国苹果总产量为 4388.2 万吨；2017 年全国苹果种植面积为 3764.4 万亩，比 2016 年（3703.3 万亩）增长 1.65%。从整体来看，全国苹果种植面积呈逐年递增的状态。

通过各个省统计局的数字，整理出了 2000—2022 年多省苹果主产区种植面积对比，如图 1-2 所示。从中我们也可以看出一些变化，甘肃、新疆、云南、四川在增量，陕西、辽宁、河北、河南、山东、山西总种植面积都有减少趋势。

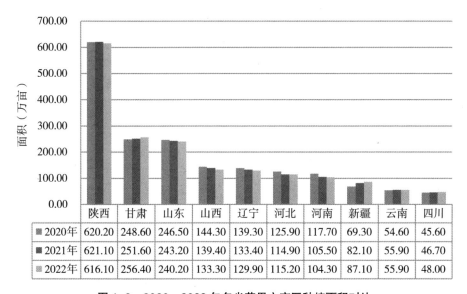

	陕西	甘肃	山东	山西	辽宁	河北	河南	新疆	云南	四川
2020年	620.20	248.60	246.50	144.30	139.30	125.90	117.70	69.30	54.60	45.60
2021年	621.10	251.60	243.20	139.40	133.40	114.90	105.50	82.10	55.90	46.70
2022年	616.10	256.40	240.20	133.30	129.90	115.20	104.30	87.10	55.90	48.00

图 1-2 2020—2022 年多省苹果主产区种植面积对比

据国家统计局数据，2022 年，我国苹果种植面积为 2933.6 万亩，在全国果园面积（19514.3 万亩）中所占比重约为 15.03%。从变化趋势来看，2022 年，我国苹果种植面积较 2021 年的 2963.03 万亩下降了 29.37 万亩，降幅约为 0.99%；与 2012 年的 2964.63 万亩相比，近 10 年间约下降了 30.97 万亩，降幅约为 1.04%。

（二）产量从逐年递增到递减

如图 1-3 所示，近 10 年来，我国苹果种植面积常年稳定在 2900 万亩以上，2022 年，我国苹果种植面积为 2933.6 万亩，产量接近 5000 万吨，单位面积产量为 3249.18 斤 / 亩（1 斤 =0.5 千克，因苹果种植和苹果期货均使用单位斤，故全书也使用斤作为重量单位），苹果农业产值连续两年超过 2000 亿元。从整体来看，全国苹果种植的面积和产量都呈逐年递增的状态。

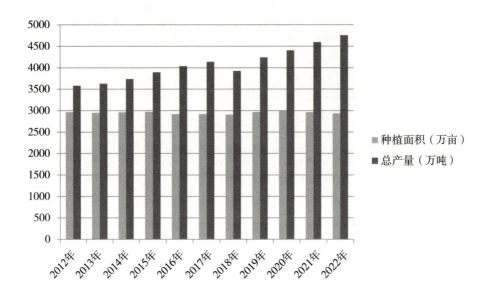

图1-3 2012—2022年全国苹果种植的面积和产量

数据来源：国家统计局。

2022年以前，苹果种植面积和产量的逐年递增有以下几点因素。

经济收入：苹果的经济价值高于大田作物，苹果树进入盛果期后，在年景、行情好的情况下每亩的平均纯收入在8000～12000元，根据不同的地区和管理条件会有差异，而大田作物每年收入最多在2000元左右，两者在经济收入上相差很大。

消费结构：我国生产的苹果消费以鲜食为主，对苹果的品质要求较高，因此在一些苹果的优生区，如陕西的北部、甘肃的东部，苹果种植面积和产量增长较快。

认知水平：随着互联网等一些技术的成熟，信息的传播速度和人们的认知水平逐年提高，也是苹果种植面积快速增长的一个因素。

政策引导：政府对苹果产业的支持引导，加上苹果的经济价值较高，在我国的西部又是优生区，一些地方通过苹果种植来帮助农户进行产业脱贫，也是苹果种植面积快速增长的一个因素。

但根据卓创、钢联和部分数据分析的结论来看，我国的苹果产量在达到峰值以后，种植面积开始出现下跌。有数据显示，2023 年已经跌至 2900 万亩以下（暂无官方数据），已经出现逐年递减的趋势。究其原因，有以下几点因素。

经济效益：苹果经济效益变差，投入和产出不成正比，果农在苹果种植上投入的化肥、农药、疏果、套袋、摘袋、运输、存储等费用，以及各种人工费用越来越高，甚至因为天气影响种植积极性大幅下降，整体收益越来越低。很多农民主动选择种植其他经济作物或者农作物，比如恢复小麦和玉米的种植。

农民结构：很多种植苹果的农民逐步老龄化，新生代农民对旧的种植方法兴趣不大，果农对果树的管理水平变差。农村种植断代，在一定程度上影响了苹果种植和产量。

消费群体：近些年，人们的消费水平和消费结构发生了变化，很多年轻人追求口感和新鲜，对苹果的消费观念发生改变，偏向于食用应季水果，对苹果的需求量在发生变化。

三、苹果的消费情况

（一）苹果消费总量

根据国家统计局数据，2006—2022 年，我国苹果表观消费量（＝产量＋进口量－出口量）从 2512 万吨增加到接近 4600 万吨，17 年的增长幅度超过 80%，消费总量已经达到全球消费总量的一半以上，成为世界上最大的苹果消费国。从我国苹果进出口情况来看，我国苹果贸易呈现贸易顺差，出口量远超进口量。"鲜苹果"的进出口规模相对较大，主要进口自新西兰，主要进口省域为广东省；主要出口至越南，主要出口省域为山东省。

（二）人均消费水平

随着国民消费水平的提高，苹果人均消费水平也不断提升。除 2007 年以外，其余年份人均苹果消费量都呈上升趋势，2008 年超过欧盟跃居世界第二位，2022 年人均消费水平达到 66 斤 / 年。由于消费结构的变换以及经济危机导致的需求减少，欧盟、美国等地区和国家的苹果消费水平不增反降。

（三）苹果消费特点

1. 鲜食消费为主

我国苹果消费中鲜食消费约占总量的 90%，剩余为加工消费。自 2008 年以来，我国苹果鲜食消费量一直呈现出不断增长的态势，而加工消费量则表现出平稳下降的趋势。可以预期，未来一定时期鲜食消费仍将是我国苹果消费的主要形式。

2. 季节特征明显

苹果生产的季节性决定了苹果消费具有明显的季节性特征，具体表现为秋冬季苹果消费相对较多。我国苹果主要为晚熟品种，因而苹果主要在秋季集中上市，苹果消费也主要集中在秋季和冬季。由于早熟苹果严重短缺，加之苹果储存并不便利，因此春夏季节特别是夏季苹果供给量相对短缺，是苹果消费的淡季。

3. 地域存在差异

受消费习惯、气候条件和区位环境等因素的影响，我国苹果消费地域差异明显，其中北方地区及苹果主产区苹果消费量大，南方地区相对较少。其主要原因是我国苹果的主要产区多集中于北方地区，苹果供应量比较充足，品种丰富、质量上乘。苹果已经成为我国北方地区广大消费者的"当家水果"，在水果消费中占主导地位，尤其是陕西、甘肃、山东、河南、山西等地苹果消费量较高。而我国南方地区基本没有大的苹果产区，这是由于南方地区气候适宜，水果种类繁多，苹果的替代选择比较多，导致南方地区的苹果消费量相对较少。但随着苹果保鲜技术的不断提高，物流运输越发快捷，苹果消费的地域特征正在逐渐淡化。

四、苹果的存储

（一）主要储存方式

1. 简易储存

这种方式是指不具备固定储存库设施，而是利用自然环境条件来进行的窖藏等。这种储存多数是在产地进行，储存操作简便易行，储存成本低，但受自然气候条件影响较大。

2. 通风库储存

通风库因储存前期温度偏高，中期又较低，一般只适宜储晚熟苹果。在储存后期，库温会逐步回升，还需每天观测记录库内温度、湿度，并经常检查苹果质量，检测果实硬度、糖度、自然损耗和病、烂情况。

3. 冷库储存

苹果在储存时，为了保持其最佳品质，强烈推荐采用冷藏方式，并且建议采用单品种单库储存策略。采摘后的苹果应在产地树下立即进行细致的挑选、分级和装箱（或装筐）操作，以避免在库内再进行此类工作，从而提高储存效率。在将苹果放入冷库之前，应先将其置于室外散热预冷一整夜，以确保苹果的温度逐渐降低，适应冷库的低温环境。冷库储存管理的关键在于精细控制温湿度。通过制冷系统的持续供液和通风循环，确保库内温度稳定，上下波动幅度最好不超过1℃。由于冷库内储存苹果时，相对湿度往往偏低，因此，需要定期人工喷水加湿，以维持相对湿度在90%~95%的理想范围内。采用这样的储存方式，元帅系苹果可以保存到新年、春节，金冠苹果可以保存到3月至4月，而国光、青苹果、香蕉和红富士等品种则可以保存到4月至5月，且在此期间仍能保持较好的新鲜度和品质。

4. 气调储存

气调储存比普通储存能延迟储存期约一倍时间，可常年储存。气调储存的苹果要求采摘后 2 天内完成入库过程，并及时调节库内气体成分，使氧气含量降至 5% 以下，以降低其呼吸强度，控制其后熟过程。一般气调储存苹果，温度在 0℃~1℃，相对湿度 95% 以上，调控氧气含量 2%~4%、二氧化碳含量 3%~5%。气调储存苹果应整库储存、整库出货，中间不便开库检查，一旦解除气调状态，应尽快调运上市供应。

（二）储存时间

苹果收获后，其储存期限因品种而异。早熟苹果品种通常不耐久存，因此采摘后建议立即销售或仅在低温条件下进行短暂的储存。相比之下，中熟苹果品种在储存性上表现更佳，常温下可存放约两周，而在冷藏条件下则可储存长达两个月，若采用气调储存技术，其储存期还能进一步延长。然而，由于中熟品种也不适宜长期储存，因此大部分仍用于鲜销，仅有少量进行短期或中期储存。若需长期储存，则必须借助冷库进行。

晚熟苹果品种由于积累了较多的干物质，呼吸作用较弱，乙烯产生得晚且量少，因此通常具有出色的风味、脆硬的肉质以及卓越的耐储存性。晚熟苹果采摘后，正值深秋至冬季，这段时间内自然存放 3~4 个月不成问题。在冷库或气调库内储存时，其储存期为 5~12 个月，若气调库的温度控制得当，最长甚至可达 24 个月。其中，红富士苹果因其卓越的品质和耐储存性，已成为我国苹果产区栽培和储存的首选品种。

当然，存放前的苹果质量和存放时间也有关系。霜降之后采摘的苹果，糖度较高，存放时间短，即使放入冷库也不能存太长时间。霜降之前的苹果，可以存储到第二年清明之后。如果存储入库的苹果质量有问题，如有碰伤、压伤、黑点、霉心、水烂等现象，就很难长久存放。冷库存放的苹果，出库以后，由于温度变化较大，很难长期保存，要尽快上市。

（三）库容分布情况

根据中国苹果产业协会发布的《2022 年度中国苹果产业报告》，2022 年我国苹果总产量为 4757.18 万吨，苹果可用仓库库存容量超 2000 万吨，约占苹果总产量的 42%，其中入库储存量约为 1000 万吨，总入库率达到 20%。苹果储存大省是山东和陕西，山东储存能力约为 540 万吨，陕西储存能力约为 572 万吨。近年来，陕西省实施的"果蔬储存百库工程"项目对千吨级冷藏库级别为主的储藏设施进行财政补贴，促使该省果蔬储存能力大幅提升。其他省份储存能力分别为：甘肃 310 万吨、河北 80 万吨、山西 380 万吨、辽宁 320 万吨、新疆 35 万吨。

（四）库存流动

产业主产地苹果冷库较多，多为集中发货，其原因主要有：①现代物流产业发达，销售渠道广泛，货物集中有利于终端采购；②产业配套链齐全，尤其是在当前电商和直播带货等新销售模式影响下，货品集中有利于产销一体，形成规模化和品牌化效应；③行业抱团，信息共享，资源共享，收购、批发、零售、存储一体化优势。

五、苹果产业变化

（一）出口贸易情况

见表 1-2，我国苹果出口量在 1993—2022 年近 30 年的时间里，经历了稳定增长、快速增长和缓慢下降三个阶段。1993—2009 年，苹果出口量稳步增长，2009 年出口量达到 117.18 万吨；2010—2015 年，苹果出口量持续走低，年平均下降 5.52%；2016 年，这一下滑趋势得到扭转，苹果出口量创纪录地达到 133.9 万吨，出口额 14.66 亿美元，同比分别增长 61%、42%，我国重新成为世界第一大苹果出口国。总的来说，我国苹果出口总量是在波动中增长的。

表 1-2 1993—2022 年我国苹果出口量

（单位：吨、百万美元）

年份	出口量	出口额	年份	出口量	出口额	年份	出口量	出口额
2022	820000.00	1040.17	2012	975878.00	959.91	2002	438738.00	149.43
2021	1080000.00	1429.76	2011	1034635.00	914.33	2001	303578.00	100.67
2020	1060000.00	1449.61	2010	1122953.00	831.63	2000	297651.00	96.56
2019	971146.15	1246.33	2009	1171805.00	712.13	1999	219196.00	75.93
2018	1118478.00	1298.93	2008	1153325.00	698.34	1998	170255.00	64.54
2017	1334636.00	1456.37	2007	1019235.00	512.60	1997	188443.00	77.51
2016	1339079.00	1465.86	2006	804226.00	372.56	1996	164976.00	69.15
2015	833021.46	1031.23	2005	824050.00	306.31	1995	108946.00	45.30
2014	865048.02	1027.58	2004	774131.00	274.41	1994	107170.00	41.13
2013	994664.00	1029.87	2003	609052.00	209.78	1993	—	—

数据来源：国家统计局。

2022 年，我国苹果出口总量为 82 万吨，同比减少 24.07%；出口总额 10.40 亿美元，同比减少 27.25%。按照各国（地区）苹果进口的关税和非关税壁垒将中国苹果出口世界各地的市场划分为三个等级，分别是：以美国、加拿大、澳大利亚、日本等 4 国为代表的高端苹果出口市场；以欧盟为代表的中高端苹果出口市场；以俄罗斯、东南亚国家为代表的低端苹果出口市场。我国苹果出口仍然以亚洲市场为主，占到出口总量的 85.27%。从我国出口的国家（地区）来看，出口量排名前五的是印度尼西亚（15.60 万吨）、越南（14.50 万吨）、孟加拉国（11.58 万吨）、泰国（11.52 万吨）和菲律宾（10.71 万吨）。从我国出口省份来看，出口量排名前五的省份是山东省（50.74 万吨）、云南省（8.13 万吨）、甘肃省（5.49 万吨）、陕西省（3.78 万吨）和辽宁省（2.93 万吨）。

（二）进口贸易情况

20 世纪 90 年代以来，中国苹果进口量呈现波动上升趋势，进口额则呈现持续增长趋势。联合国贸易统计数据显示，苹果进口量由 1993 年的

1048.76 吨增长到 2022 年的 9.55 万吨，进口金额由 132.86 万美元增长到 2.16 亿美元。30 年间，中国苹果的进口量增长了 90.06 倍，进口金额增长了 161.58 倍。

我国苹果进口市场高度集中。2022 年，前四大进口来源地依次为新西兰、南非、美国和智利，进口额分别为 1.5 亿美元、0.2 亿美元、0.2 亿美元和 0.2 亿美元。其中，新西兰进口额占我国苹果进口总额的 69.4%。

（三）种植品种相对单一

在一份全球苹果品种调查报告中，有一段文字耐人寻味："不包括中国，元帅系和金冠是世界两大主栽品种；若包括中国在内，富士则成为世界第一大栽培品种。美国、意大利、法国、智利、南非等新发展的果园中红富士占 50% 以上，中国富士栽培面积占苹果总面积的 49.6%。"

也有专家指出，我国富士栽培面积占苹果栽培面积的 69.6%，元帅系 9.2%，秦冠 6.8%，嘎啦 6.3%，国光 2.4%，金冠 1.2%，红王将 1.0%，乔纳金 0.9%，其他 0.5%。

从各省统计年鉴（见表 1-3）可以查找出来各省苹果品种种植面积。就种植面积而言，河南省富士系占 63.5%，秦冠占 14.6%；山西省富士系占 51.4%，元帅系占 14.6%；甘肃省苹果品种主要集中在富士系和元帅系种植上，富士系占 78.7%，元帅系占 19.2%；山东省主要是富士系和嘎啦，富士系占 70.2%，嘎啦占 7.7%；陕西省种植最多的是富士系，其次是秦冠和嘎啦，富士系占 65%，秦冠占 20%，嘎啦占 10%。

表 1-3　2014 年我国苹果主产省品种结构状况 [1]

品种	陕西	山西	甘肃	河南	山东	河北	辽宁
富士系	60%	51.5%	70.7%	63.5%	70.2%	62.3%	24.2%
元帅系	1.0%	14.6%	19.2%	7.6%	4.7%	—	13.8%

---

[1] 束怀瑞. 苹果标准化生产技术原理与参数［M］. 济南：山东科学技术出版社，2015：230.

品种	陕西	山西	甘肃	河南	山东	河北	辽宁
秦冠	20%	1.7%	4.0%	14.6%	—	—	—
嘎啦	10%	4.4%	—	1.9%	7.7%	—	—
国光	—	3.5%	—	—	—	9.7%	32.3%
华冠	—	3.2%	—	3.4%	—	—	—
金冠	—	5.2%	—	1.4%	—	—	—
乔纳金	—	2.0%	—	—	1.3%	—	3.6%
澳洲青苹	4.2%	—	—	—	—	—	—
寒富	—	—	—	—	—	—	8.9%
其他	4.8%	13.9%	6.1%	7.6%	16.1%	28%	17.2%

由表 1-3 可知，我国苹果种植的品种相对单一，结构不够合理，品系混杂，商品率不高，自育品种所占比例小，新品种更少。而寒富近几年在辽宁等寒冷地区有较大发展，扩张速度较快。从世界范围来说，在满足不同内在风味要求的同时，苹果的红、黄、绿多样化品种是消费者多样化消费的基本需求。优质黄色品种有巨大的潜在消费市场。

除了品种，值得关注的还有果型。苹果销售市场对果型要求越来越高，高桩果市场价格一般较普通果高 0.3 ～ 0.5 元 / 斤。随着种植人员老龄化严重，人工劳动力成本越来越高，化学疏花疏果剂将是未来生产的必需品。

（四）山东、甘肃种植投入大

优质产区不仅仅是种植面积大、产品品质好，投入也相对较大。据《全国农产品成本收益资料汇编 2018》数据：山东省苹果种植投入总成本为 7530.77 元，甘肃省为 7381.80 元，北京市总成本为 6576.51 元，河南省总成本为 5145.78 元，辽宁省总成本为 4367.25 元，山西省总成本为 4133.03 元，陕西省总成本为 4054.97 元，河北省总成本为 3918.79 元，宁夏回族自治区总成本为 2447.22 元。

在单独用肥方面，也是山东和甘肃用肥投入高一些，施肥水平也相对较高。所用化肥基本上都是复合肥＋其他，表明对于除了氮磷钾复合肥外，也注重其他肥料产品的投入。当然，从表1-4中可以看出，山东用肥投入是最高的。

表1-4 2017年各地区苹果用肥投入情况

（单位：元）

省（自治区、直辖市）	每亩用肥投入金额	用肥类别与投入金额
北京	60.98	氮肥25.87+复合肥35.11
河北	350.81	氮肥56.84+复合肥278.48+其他15.49
山西	496.96	氮肥36.19+复合肥377.71+其他81.06
辽宁	303.49	氮肥29.65+复合肥240.74+钾肥22.96+其他10.14
山东	1302.83	复合肥703.02+其他599.81
河南	595.91	复合肥589.77+其他6.14
陕西	305.41	氮肥105.19+复合肥187.99+其他12.23
甘肃	759.82	氮肥115.12+复合肥402.55+其他242.15
宁夏	193.03	氮肥48.71+复合肥144.32

不同苹果种植区域的施肥、用药水平差距较大，与当地果价也有很大的关系。苹果品质好、果价高的区域越重视施肥、用药等田间管理，每亩投资大约1500元，不包含人工费。苹果肥料、农药和人力成本约为每斤0.5元。

苹果产区的施肥、用药成本与苹果品牌的价值、产品本身的品质高低以及竞争的激烈程度成正比关系，而与当地的年积温、海拔高度成反比关系。例如在低海拔、高积温的黄河故道产区的运城、咸阳等地，苹果大年产大于销、苹果价格低、难出售的情况下，投资也就被压缩，每亩平均用药300元左右，每亩用肥1600元左右；而在高海拔、低积温、强品牌的黄土高原产区的静宁、洛川等产地，价格优势明显、产品品质的竞争力强，果农能够承受并有意愿承担更多的果园投入，每亩平均用药430元左右，每亩平均用肥2500元左右。

近10年来，苹果价格受经济整体环境影响呈现显著变化。具体来说，2014年年底时，苹果价格还相当理想，果径80毫米以上的苹果在多数地区的售价约为4元/斤。然而，到了2015年年初，2014年年底入库的苹果价格急剧下滑，一度降到了1.5元/斤左右。从2015年一直到2018年年初，整体苹果市场的行情都较为低迷。但在这几年中，一个明显的趋势是，品质上乘的苹果价格依然保持坚挺，且市场需求旺盛。2018年，受倒春寒的影响，全国范围内的苹果产量大幅下降，导致苹果价格大幅回升。那时，即使是3级果也能卖到约3元/斤的价格，这使得果农们的积极性再次被激发起来。2020年，受社会大环境影响，苹果增产不增收，价格下滑严重，预期极度悲观。2021—2024年，苹果价格起起伏伏，波澜不惊，优果优价，差果低价，价格分化明显。除了大环境影响，品质始终是决定苹果价格和销售情况的关键因素。

总体来看，山东、甘肃还有陕西部分地区仍然是苹果种植和意欲专注苹果企业的热土。也有很多业内人士表示，目前我国苹果到了由产地优势向产业优势转型、由数量扩张型向质量效益型转变的重要关口。应该从产地优势转向产业优势，从品种调整、树种改良等多方面入手，彻底解决"好苹果买不到、烂苹果卖不掉"的尴尬局面。

六、苹果的价格

（一）价格走势及特点

通过对苹果历史价格分析，2012—2022年，我国苹果价格呈"过山车"式涨跌交替的态势。

一是2012—2014年，先跌后涨。在该阶段，我国苹果批发价格由2012年的均价2.72元/斤快速下跌至2013年的2.24元/斤，后又上涨至2014年的2.89元/斤。其中，2012年后苹果价格下跌主要是由于2012年苹果产量比2011年增加251万吨，是近年来产量增幅最大的一年，供过于求，带动价格下跌。但随着苹果生产成本的逐年上升，苹果产量增幅放缓，需求急剧增长，2014年消费量达到3687万吨，比2013年增加了195万吨，苹果价格开始回升。

二是2015—2016年，止涨下行。在该阶段，我国苹果批发价格由2.89元/斤跌至2.64元/斤。其主要原因有以下两个方面。其一是我国苹果供大于求。自 20 世纪 90 年代以来，我国苹果生产进入快速发展阶段，产量由 2014 年的 4092 万吨增至 2016 年的 4388 万吨。然而，由于需求增加缓慢，当期苹果市场呈现供大于求的格局，局部地区滞销。2015 年劳动节后，我国苹果产区库存尚余 50%，如山东烟台苹果出库率不到四成，山西临猗三分之二的苹果滞销，陕西洛川库存高达 15 万至 16 万吨。其二是我国苹果消费需求发生转变。消费者对健康果品和差异化需求日益增长，这使得国外中高端水果进口增加，挤占国内苹果消费的市场份额。

三是 2017 年以后，宽幅震荡。该阶段，随着苹果期货的上市，苹果现货的市场关注度大幅提高，苹果价格跌宕起伏，高的年份比如 2019 年，批发价格涨到 5 元 / 斤，低的年份比如 2021 年，批发价格跌到 1 元 / 斤。影响苹果价格的因素除了以前的供需结构，在 2017 年以后还加入了金融因素。

（二）价格周期性分析

苹果价格波动具有农产品特有的季节性特点。一般来说，由于 9 月至 11 月为我国苹果采收期，大量新年度苹果流入现货市场，市场供应增加，批发价格相对较低。12 月至次年 2 月受元旦及春节节日因素影响，市场需求增加，批发价格逐步抬升。3 月、4 月，机械冷库的苹果集中出库，供应量变大，带动价格下跌。5 月，随着机械冷库出货接近尾声，供应量减少，价格有所回升。6 月至 8 月则为早中熟苹果集中上市时间，价格相对较低，带动苹果批发价格整体走低。

第三节　苹果的分级

"提高苹果品质，生产优质果品。"这是我们现在听到最多的口号。那么果实品质主要包括哪些方面，影响苹果分级的因素又有哪些呢？下面进行简要介绍。

一、果实品质的概念

果实品质是个笼统的概念，包括食用品质、商品（外观）品质、营养品质、加工品质和储运品质等。

食用品质：包括肉质（粗细、绵脆、纤维量等）、味道（甜酸、香气）、汁液等。食用品质多用口感品尝鉴定，也可以用仪器测出（含糖量、汁液量等）。优质红富士的食用品质应该是甜酸适口，松脆多汁，清香爽口。

商品（外观）品质：包括果个、色泽、完整性、典型性、新鲜度、光洁度、果实整齐度等。所谓提高品质，主要是指商品品质。它直接影响产品的竞争力和销售能力。红富士优良的外观品质主要表现在果个大、着色红、果形正、光洁整齐等方面。

营养品质：包括糖、酸、维生素、无机盐、蛋白质等的含量。苹果不同品种间营养品质的差异较小。

加工品质：果实加工的适宜性和加工品品质。它主要取决于果实肉质和果肉质地、含糖量等。

储运品质：储运品质即储藏性和耐运性。红富士苹果较耐储藏，但果实不耐高浓度二氧化碳。至于耐运性，红富士苹果皮薄，易碰压，在运输中损失较多。

二、苹果的品质标准

当前，苹果的定级和标准，一般是按照国标［《中华人民共和国国家标准鲜苹果》（GB/T 10651—2008），2008 年 5 月 4 日发布］来确定等级的，虽然各地种植、销售、存储方面的习惯存在差异，也会有一些自己的标准，但是大体原则基本是一致的。

（一）色泽分级标准

按果面着色率计，红富士苹果分为 4 级：优级果的果面着色率不低于90%；良好级果的果面着色率为80%～90%；中级果的果面着色率为55%～79%；等外级的不限制。

（二）果实横径分级标准

按红富士苹果横径大小，分为3级：80毫米以上为1级，70毫米以上为2级，65毫米以上为3级。此外，还有一些地方标准，如山东省规定75毫米以上为优级，70～74毫米为1级，65～69毫米为2级。

（三）红富士苹果的分级标准（见表1-5）

表1-5 红富士苹果国标和地方综合分级标准

项目	等级			
	特等品	一等品	二等品	三等品
果形	圆形或近圆形，不偏斜，果形指数≥0.85	近圆或扁圆形，有偏斜但不超过总量的30%，果形指数≥0.80	基本具有本品种果形，不得有畸形果，果形指数≥0.70	果形有缺点，但仍保持本品基本特征，不得有明显畸形果，果形指数≥0.60
横径	大型果≥90毫米，中型果≥75毫米	大型果≥90毫米，中型果≥75毫米	大型果≥80毫米，中型果≥70毫米	大型果≥70毫米，中型果≥65毫米
果梗	果梗完整	果梗完整（不包括商品化处理造成的果梗缺省）	允许不带果梗，但不得损伤果皮	允许果梗轻微损伤，不允许出现断裂
色泽	鲜红、浓红，着色面积≥90%	鲜红、浓红，着色面积≥80%	鲜红、浓红，着色面积≥55%	鲜红、浓红，着色面积≥50%
果面	新鲜、洁净。允许十分轻微不影响果实质量或外观的果皮损伤，以及下列规定中不超过2项	新鲜、洁净。允许未伤及果肉，无害于一般外观和储藏质量的果皮损伤，以及下列规定中不超过3项	新鲜、洁净。允许对果肉无重大伤害的果皮损伤，以及下列规定中不超过3项	允许对果肉无重大伤害，果皮损伤，以及下列规定中不超过5项

项目	等级			
	特等品	一等品	二等品	三等品
①刺伤	无	无	允许不超过0.03平方厘米的干枯者2处	允许轻微刺伤，不伤及果肉，其中最大面积不得超过1.0平方厘米
②碰压伤	允许十分轻微碰压伤1处，面积不超过0.5平方厘米	允许轻微碰压伤，总面积不超过1平方厘米，其中最大处面积不超过0.5平方厘米	允许轻微碰压伤，总面积不超过1平方厘米，其中最大处不超过0.3平方厘米，伤处不变褐	允许轻微压碰伤，总面积不超过1.2平方厘米，其中最大面积不得超过0.5平方厘米，伤处不得变褐，多果肉无明显伤害
③磨伤	允许十分轻微的磨伤1处，面积不超过0.5平方厘米	允许轻微不变黑的磨伤，面积不超过1平方厘米	允许不严重影响果实外观的磨伤，面积不超过1平方厘米	允许不严重影响果实外观的磨伤，面积不超过1.2平方厘米
④水锈和垢斑病	无，允许十分轻微的薄层痕迹，面积不超过0.5平方厘米	允许轻微薄层，面积不超过1平方厘米	允许水锈薄层和不明显的垢斑病，总面积不超过1平方厘米	允许水锈薄层和不明显的垢斑病，总面积不超过1.2平方厘米
⑤日灼	无	允许桃红色及稍微发白处，面积不超过1平方厘米	允许轻微发黄的日灼伤害，总面积不超过1平方厘米	允许浅褐色或褐色，面积不超过1.22平方厘米
⑥药害	无	允许不影响规定色泽十分轻微的不明显薄层，面积不超过0.5平方厘米	允许轻微薄层，总面积不超过1平方厘米，不得影响本等级规定的色泽要求	允许果皮浅层伤害，面积不超过1.2平方厘米
⑦雹伤	无	允许轻微雹伤1处，面积不超过0.1平方厘米	允许未破皮或果皮愈合良好的轻微雹伤，总面积不超过1或2平方厘米	允许果皮愈合良好的轻微雹伤，面积不超过1.2平方厘米

续表

项目	等级			
	特等品	一等品	二等品	三等品
⑧裂果	无	无	允许风干裂口2处，每处长度不超过0.5厘米	允许有轻微超出梗洼或萼洼的微小裂纹
⑨虫伤	无	允许十分轻微的1处，面积不超过0.03平方厘米	允许有干枯虫伤，总面积不超过0.3平方厘米	允许有干枯虫伤，总面积不超过1.2平方厘米
⑩其他小疵点	无	允许有不超过5个斑点	允许有不超过10个斑点	允许有不超过20个斑点
病虫果	无	无	无	无
状浅层斑锈	允许轻微而分离的平滑网状不明显锈斑，总面积不超过果面的1/20	允许平滑网状薄层，总面积不超过果面的1/10	允许轻微度粗糙的网状果锈，总面积不超过果面的1/5	允许轻微度粗糙的网状果锈，总面积不超过果面的1/5
果实硬度（千克/平方厘米）	≥7.0			≥6.0
可溶性固形物（%）	≥13.0			≥12.0
总酸量（%）	≤0.4			≤0.6
固酸比	≥35			≥35

注：本表综合了部分地方标准，非完全国标指数。

三、容许度要求

（一）质量容许度

以某苹果产地验收的质量容许度为例。

优等品苹果：允许有 3% 的果实不符合等级规定的质量要求。其中，磨伤、压碰伤、刺伤不合格果之和不得超过 1%。

一等品苹果：允许有 5% 的果实不符合等级规定的质量要求。其中，磨伤、压碰伤、刺伤不合格果之和不得超过 1%。

二等品苹果：允许有 8% 的果实不符合等级规定的质量要求。其中，磨伤、压碰伤、刺伤不合格果之和不得超过 5%，有缺陷果实不得超过 1%。

（二）果实大小容许度

各等级对果径有规定的苹果，允许有 5% 高于或低于规定果径差别的范围，但在全批货物中果实大小差异不宜过于显著。

四、包装容器外观要求

包装容器应采用纸箱、塑料箱、木箱进行分层包装，应坚实、牢固、干燥、清洁卫生，无不良气味，对产品应具充分的保护性能。内外包装材料及制备标记所用的印色与胶水应无毒性，无害于人类食用。

产品应按同一产地、同一批采收、同一品种、同一等级规格进行包装。

分层包装的苹果，果径大小的差别为同一等级苹果之间相差不超过 5 毫米。

包装时切勿将树叶、枝条、纸袋、尘土、石砾等杂物或污染带入容器，避免污染果品，影响外观。

五、标识规定

（一）标志

同一批货物的包装标志，在形式和内容上应完全统一。每一外包装应印有"鲜苹果""洛川苹果""延安苹果"等属地品牌的标志文字和图案，对标志文字和图案暂无统一规定的，标志文字和图案应清晰、完整，集中在包装的固定部位，不能涂擦。

（二）标签

应标明产品名称、品种、商标、等级规格、净重、生产单位名称、产地、检验人姓名和包装日期等，如有按照果数规定者，应标明装果数量。标签上的字迹清晰、完整、准确。

六、果品外观要求

国标规定的苹果主要品种和等级的色泽要求以及理化指标参考值见表1-6、表1-7。

表 1-6　苹果主要品种和等级的色泽要求

品种	优等品	一等品	二等品	三等品
富士系	红或条红90%以上	红或条红80%以上	红或条红55%以上	红或条红50%以上
嘎啦系	红80%以上	红70%以上	红50%以上	红50%以上
藤牧1号	红70%以上	红60%以上	红50%以上	红40%以上
元帅系	红95%以上	红85%以上	红60%以上	红65%以上
华夏	红80%以上	红70%以上	红55%以上	红50%以上
粉红女士	红90%以上	红80%以上	红60%以上	红60%以上
乔纳金	红80%以上	红70%以上	红50%以上	红50%以上
秦冠	红90%以上	红80%以上	红55%以上	红60%以上
国光	红或条红80%以上	红或条红60%以上	红或条红50%以上	红或条红50%以上
华冠	红或条红85%以上	红或条红70%以上	红或条红50%以上	红或条红60%以上
红将军	红85%以上	红75%以上	红50%以上	红50%以上
珊夏	红75%以上	红60%以上	红50%以上	红45%以上
金冠系	金黄色	黄、绿黄色	黄、绿黄、黄绿色	黄、绿黄、黄绿色
王林	黄绿或绿色	黄绿或绿黄色	黄绿或绿黄色	黄绿或绿黄色

表1-7 苹果主要品种的理化指标参考值

品种	指标	
	果实硬度/（N/cm²） ≥	可溶性固形物/% ≥
富士系	7	13
嘎啦系	6.5	12
藤牧1号	5.5	11
元帅系	6.8	11.5
华夏	6	11.5
粉红女士	7.5	13
澳洲青苹	7	12
乔纳金	6.5	13
秦冠	7	13
国光	7	13
华冠	6.5	13
红将军	6.5	13
珊夏	6	12
金冠系	6.5	13
王林	6.5	13

七、其他规定

身份证明：电子商务公共服务中心发放电商产品溯源标签，需要申请的个人或合作社可免费使用电商产品溯源管理系统。

产品性质：如内含物从外部看不见，必须标明"苹果"；适当场合标明该品种名称或多个品种名称；不同品种苹果混合销售包装的情况，标明包装中的每一品种。

产品产地：根据苹果的实际产地可标注为"洛川苹果""延安苹果"等。

第四节　行业术语

一、分类相关术语

富士：富士为苹果大类，包括响富、烟富 8 号、神富 6 号、烟富 3 号等系列。富士苹果的特点是个头比较大，果实全身通红，形状比较圆实，果肉比较紧密、清脆爽口。苹果期货要求是红富士。

寒富：寒富苹果是由我国选育的一个超级抗寒的富士系苹果品种，是目前最抗寒的富士系苹果品种，它的母本是东光苹果，父本是富士苹果，杂交后选育出了"寒富"苹果。寒富苹果硬度和糖度较低，虽然是富士，但是并非红富士，不能用于期货交割。

光果：也称无套袋苹果、阳光果，指在苹果生命周期中不对它进行人工干预，自然条件下完成生长过程的苹果。这种苹果一般外表色泽度差异较大，果皮硬，食用的时候需要削皮。削皮一方面是因为果皮硬，另一方面是有可能存在农药残留。光果的质量较差，达不到交割要求。

膜袋苹果：指的是在苹果刚褪花成果的时候，人为地给每个苹果套上一个密封的塑料袋，把这个苹果整个包住绑死，这个苹果从此以后的整个生命周期都在这个塑料袋里生长，直到它成熟被摘下销售到客户手中都包着这层塑料袋。套上这个塑料袋的作用在于使它在整个生命中避免虫害、免生果锈、避免果面上接触到农药而导致农药残留。所以这种膜袋苹果在食用的时候就可以不削皮了，但是这种果皮的缺点还是略硬且厚，口感不够上佳。

纸 + 膜袋苹果：指的是在膜袋苹果的基础上，在苹果已经基本长大成型，但还没有开始变色的时候，在塑料膜袋的外层再给苹果包上一层不透光的纸袋，以保护果皮的脆嫩。当下的果园基本上是按这种模式操作的。

与膜袋不同的是，这个纸袋并不会一直套在苹果上。苹果最后的变红是需要阳光照射的，所以在苹果最后生长环节的着色期，要把这些纸袋全部拆掉。刚拆掉纸袋的苹果，果面非常粉嫩。

纸＋膜＋晒字苹果：纸＋膜袋苹果已经是苹果中的上品了，但还可以再多一道工序，产生苹果中的上上品——纸＋膜＋晒字苹果。在这种苹果刚刚被去掉纸袋的时候，第一时间在塑料膜袋外面再人工贴上一层字膜。这种字膜有多种字膜可选，如各种祝福语等。这种产品费时费力，且受众有限，2020年以后比较少见了。

奶油富士：红富士成熟以后不摘袋，套着袋子在树上成熟，采摘时已经熟透，不用再接受阳光上色熟成。因其后期不易存储，浪费大、成本高，产区并不流行。

冰糖心：因其靠近果核部果肉糖分堆积成透明状，故称为"冰糖心"。冰糖心苹果并不是一个特别品种，不具备想象中的遗传特性，而是苹果生产过程中的一种生理性病害，俗称水心病、蜜果病、糖蜜病，主要发生在果实成熟后期以及储藏时期，横切一刀，便可见。最早推出冰糖心苹果的是我国新疆的阿克苏地区，之后在四川大凉山、云南昭通、贵州威宁等地也开始兴起。

二、国标术语

不正常的外来水分：果实经雨淋或用水冲洗后在苹果表面留下的水分，不包括由于温度变化产生的轻微凝结水。

成熟：果实完成生长发育阶段，体现出果实的色泽、风味等固有基本特性。

成熟度：苹果果实成熟的不同程度，一般分为可采成熟度（果实完成了生长和化学物质积累的过程，果实体积不再增大且已经达到最佳储运阶段但未达到最佳食用阶段，该阶段呈现本品种特有的色、香、味等主要特征，果肉开始由硬变脆）、食用成熟度（果实已具备该品种固有的色泽、风味和芳香，营养价值较高并达到适合食用的阶段，此时采收的果实可当地销售和短途运输）和生理成熟度（果实在生理上已达到充分成熟的状态，果肉开始变软变绵不适宜做储藏运输的阶段）。

果锈：由于外部环境或药害导致果皮细胞的不正常分裂产生木栓形成层，使角质层皲裂剥落形成的无光泽的暗褐色木栓化薄层或点状物的一种生理性病害。果锈主要成分为片状锈斑和网状浅层锈斑。片状锈斑是指果面上形成的大小不等、形状不规整的浅褐色微粗糙的连片锈斑，网状浅层锈斑是指在果面上分布的平滑的网状浅层锈斑。

刺伤：果皮被刺伤或划破，伤及果肉而造成的损伤。

碰压伤：受碰击或外界压力而对果皮造成的人为损伤。轻微碰压伤是指果实受碰压以后，果皮未破，创面稍微凹陷，变色不明显，无汁液外溢现象。

磨伤：由于果皮表面受枝、叶摩擦而形成的褐色或黑色伤痕。磨伤可分为块状磨伤和网状磨伤，块状磨伤按合并面积计算，网状磨伤按分布面积计算。轻微磨伤是指细小色浅不变黑的瑕疵或轻微薄层，十分细小浅色的痕迹可作果锈处理。

日灼：果实表面因受强烈日光照射形成变色的斑块。晒伤部分轻微者呈桃红色或稍微发白，严重者变成黄褐色。

药害：因喷洒农药在果面上残留的药斑或伤害。轻微药斑是指点粒细小、稀疏的斑点和不明显的轻微网状薄层。

雹伤：果实在生长期间受冰雹击伤。果皮被击破及果肉伤者为重度雹伤；果皮未破，伤处略显凹陷，皮下果肉受伤较浅，而且愈合良好者为轻微雹伤。

裂果：表皮上开裂并深达果肉组织的果实。

裂纹：表皮上开裂，形成深达果肉组织的细小裂痕。

病果：遭受生理性病害（由不适宜的环境因素或有害物质危害或自身遗传因素引起的病害，主要有虎皮病、苦痘病、红玉斑点病、褐心病、水心病、缺硼缩果病、冷害、二氧化碳中毒等）和侵染性病害（由病原生物引起的可传染病害，主要有炭疽病、轮纹病、褐腐病、青霉病、绿霉病、红黑点病等）

侵害的果实。

虫果：受苹小、梨小、桃小等食心虫危害的果实。虫果果实上面有虫眼，周围变色，幼虫入果后蛀食果肉或果心，虫眼周围或虫道中留有虫粪，影响食用。

虫伤：危害果实的卷叶蛾、椿象、金龟子等蛀食果皮和果肉所导致的虫伤。虫害面积的计算，应包括伤口周围已木栓化的部分。

容许度：人为规定的一个低于等级质量要求的允许限度。

等外果：品质低于二等果规定指标及容许度的果实。

大型果：果径相对较大的苹果品种，如富士系、元帅系及乔纳金等品种。

中小型果：除大型果品种以外的其他苹果品种，如华冠和粉红女士等品种。

三、行业类相关术语

果农：从事果树种植的农民或工人，既可以是自己种植苹果的农民，也可能是受企业或私营业主雇佣而从事果树种植这一工作的劳动者。

果商：主要是指那些从事水果收购、销售等商业活动的个人或企业，在水果行业中扮演着重要角色。果商主要面向市场或者批发商，把产地的苹果通过各种渠道，转移到市场，是产地销售苹果的重要渠道方。

代办：在商业领域，代办服务可能涉及帮助客户处理订单、安排物流、管理库存、与客户沟通等任务。这种服务可以减轻客户的行政负担，使他们能够更专注于核心业务。代办一般是苹果产地的当地人，熟悉果农种植苹果的情况，同时对果商的需求又比较了解，主要起到中介和牵线搭桥，以及为双方服务的作用。

统货：是一个商业用语，指不分质量、规格、品级，按统一价格购进或出售的商品。对于苹果而言，就是直接从树上摘下来，没有经过严格分类的苹果。有些地方误写为"通货"，但通货在经济学上指作为流通用途的一般等价物商品，也就是货币。

75果：横切面直径最大达到75毫米但是又未达到80毫米的苹果。果农货一般不看果实的高度和圆度，高端果对果形有要求。

高桩：苹果果形的描述语言，一般指非圆形，高度超过直径且比例较大的苹果。瑞香红就是典型的高桩苹果。

商品果：可以进行市场流通，作为商品销售的果实。对应到苹果，就是果形漂亮、色泽鲜艳，没有瑕疵的苹果。按照横切面直径大小，商品果可分为75果、80果、85果。也就是说，直径需要达到75~80毫米（不含80毫米），80~85毫米（不含85毫米）和85~90毫米（不含90毫米）的果子。由于决定苹果价值的不完全是果径，所以75~85毫米的苹果大小适中，价值最高。果径小于70毫米的一般称为小果，果径大于90毫米的一般称为大果。

特级果：果商销售苹果时，认为是最好的果子。其果径大于90毫米，没有任何瑕疵，是商品果中的上等货，满足一些高端消费需要。

半商品果：没有达到商品果质量要求，稍有瑕疵，但是品相较好的苹果。按照2008年国标要求，半商品果是没有达到优等品，但是又达到或超过二等品的苹果，在西北地区被称为半商品果。

一二级果：没有达到一等品，但是达到或超过二等品的苹果。在东部地区称为一二级果。

二三级果：没有达到二级标准，但质量明显好于三级果的苹果。

次果：即次品果，就是品质较次的果子，带（果）锈不带（黑）点。此类苹果没有达到半商品果的标准，西北地区称其为高次果，东部地区称其为三级果。

高次果：就是比高等差一点，没有统货质量好，但比次果稍微要好一点，商品果包装后剩下的苹果。西北地区称其为高次果，东部地区划入三级果。

下捡果：有问题的苹果，如存在虫害、黑点、冰雹、果锈等问题的苹果。东部产区有时候也叫四级果。

二次分拣：苹果在筛选时，超过一次分拣。

果农货：一般是按照果径分类的统货，除大小外无任何区分标准，好货、差货混在一起，一货一价。因此有"一二级果农货"一说。

果商货：在果农货的基础上进行简单分类，标准则是根据当季苹果质量情况机动变化，如当年优果率高则标准较为严格，优果率低则较为宽松，销售时再根据买方要求精细化分类整理，整理费用一般情况下由买方承担。果商货分拣出来的一二级质量较高，基本达到国标一级或二级标准。

霉心病：又称心腐病、果腐病。这种病会导致落果、烂果，是当前苹果生产上的重要病害之一。得了霉心病的苹果切开以后，中间已经发黑变质，不易存储。

一二刀：是东北地区对商品果的习惯叫法。

大盆：在山东部分地区上货量达到高峰的意思。

疏花：苹果树开花阶段，需要将多余的花摘掉，避免坐果太多。

疏果：苹果花开过以后，如果成功坐果的苹果太多，需要根据情况，摘掉多余的果子，保留质量好、形态好、发育好的果子。

定果：疏果完成后，留下质量较好的果子。一般还有二次定果，完成后可套袋。

坐果：植物授粉和受精后，子房受花粉分泌的生长素作用开始膨大的过程。这个过程是果实形成的关键阶段，也是决定果实数量和品质的重要环节。坐果率，即实际坐果数占总开花数的百分率，是衡量果树产量和品质的重要指标。

座果：更多地被用来描述果实稳定下来的状态。在授粉和受精后，如果果实能够正常生长发育而不脱落，就可以说是座果了。座果率也是衡量果树产量和品质的重要指标之一。

套袋：在水果生长过程中，为了避免水果被虫子叮咬，或者缩短生长周期，果农会给水果"套个袋子"，一方面提早上市，另一方面保留好的颜值，让果子的级别更高。也正因为套袋需要人工成本，增加了成本输出，且果子的级别高，所以这类水果上市后，价格自然也就高了不少。套一个袋子0.08～0.20元价格不等。

防雹网：在苹果优生产区，为了防止在夏季出现突降冰雹，果农所采取的一种防护措施。防雹网如果遇到大风或者大雪天气，需要及时收网，避免压坏果树。

开秤价：一般指晚熟一二级红富士商品果上市初期的市场收购均价，大致时间在9月底至10月初。西部报价比较早，东部晚两周左右时间。西部一般以75毫米为标准（有些地方也参考70毫米商品果），以陕西铜川和渭南主产区一带收购价或成交价为参考。东部以80毫米为标准，以山东烟台主产区一带实际成交价为参考。开秤价是果农和果商之间博弈的结果，果农要价高，果商收购价低，可能会导致开秤价波动区间偏大。因而经常出现高开低走、低开高走的不同预期。开秤价是当年苹果价格预期的重要风向标。

出成率：果农货挑选半商品或一二级商品果的百分占比。统货质量越高，出成率越高。

优果率：较好的苹果质量占比。较好的果子，一般是指商品果。优果率没有绝对标准，只是一个说法。在某些情况下，优果率基本等于商品率，也就是商品果在统货中的占比。

第二章　苹果期货合约介绍

关于苹果期货合约的相关内容，建议参考郑州商品交易所（以下简称郑商所）的网站，里面有很多详细的资料和介绍。另外，关于苹果期货，郑商所曾出了一个册子《苹果期货宣传材料》，中国期货业协会出过一套期货投资者教育系列丛书，对每一个品种都出过一些商品期货的介绍，关于苹果的书名就是《苹果期货》，有兴趣的读者可以参考。

第一节　相关背景

苹果期货出现，有着重要的时代背景：一是我国的金融环境大大改善，制度走向完备；二是苹果产业逐步走向规模化，存在资本助力生产的需要。

一、金融环境逐步成熟

世界历史上金融市场一直扮演着至关重要的角色，而中国金融市场随着改革开放的深入，也在逐步发展和创新。在改革开放初期，中国金融市场不够成熟，资金循环渠道简单，国内金融市场的产品种类较少，规模相对较小。随着改革开放和经济发展的推进，中国金融市场也得到了巨大的发展。

我国作为世界第二大经济体，商品期货是现代金融版图的重要构成，扩大期货的品种和范围，是我国加快金融业与金融市场对外开放的重要举措。互联网金融的出现，令整个金融市场发生了巨大的变化。互联网金融是指利用互联网技术和平台，采取基于大数据风险控制技术，利用互联网开展金融服务，并以移动支付、互联网贷款、互联网基金、互联网理财等电子金融服务，来促进金融业和实体经济的融合发展。

我国期货市场作为新生事物历经了 30 多年的发展，从无到有，从小到大，从无序逐步走向有序，逐渐发展并走向成熟。随着我国成为世界贸易组织（WTO）成员，我国正在逐渐融入世界期货市场。我国期货市场起步于20 世纪 90 年代，当时各行各业生产原材料价格波动风险较大，大多数企业没有风险对冲手段；1990 年 10 月 12 日，经批准，郑州粮食批发市场作为我国第一个期货交易开始起步，初始也是现货合约；1993 年 5 月 28 日，郑州商品交易所率先推出标准化合约，几年时间，期货交易所和期货经纪公司层出不穷，发生了很多混乱现象，国家出手整治；1998 年，期货交易所精简到只有郑州商品交易所、大连商品交易所、上海期货交易所；21 世纪初，形成了中国证监会、中国期货业协会、期货交易所三个层次的市场监管体系，《中华人民共和国期货和衍生品法》也于 2022 年 8 月 1 日正式实行，期货类案件也有法可依。

二、推出苹果期货的考虑因素

我国是世界上最大的苹果生产国和消费国，苹果在我国国民生活所食水果中占有举足轻重的地位，推进苹果销售是一项惠及"三农"的举措。那么，我国为什么要推出苹果期货？具体原因都有哪些？

（一）足够庞大的现货市场规模

据统计，2022 年我国苹果种植面积约 2900 万亩，年总产量接近 5000万吨，单位面积产量为 1624.59 公斤 / 亩，苹果农业产值连续 2 年超过 2000

亿元。

同时，随大棚栽植的普及和保鲜技术的提升，现在人们一年四季都能吃上苹果，再加上这种既便宜又好吃的水果广受国民喜爱，苹果在整个水果市场中处于主导地位，交易非常活跃。我国苹果市场属于完全竞争市场，市场价格由供需关系决定。

（二）价格波动大，适合期货操作

苹果价格不仅波动频繁，波幅也很大。就近几年的价格波动来看，2010年苹果价格猛涨28%，涨至2014年价格封顶，2015年又下跌近16%。自2015年下跌后，我国苹果产量高、需求疲软的状态持续存在。2016年，全年苹果市场整体处于低位运行，一级果同比下降18%，批发价同比下降20%，价格分化严重。2018年，全国苹果因为减产，价格大幅上涨，收购价格上涨超过上年40%，批发价格涨幅高达100%。2020年，苹果价格又大幅走低，跌幅超过20%，出现企业损失严重的情况。

苹果期货的出现可为果农及交易商提供避险功能，通过套期保值实现风险的转移，保障其利益不会进一步受损，以此提升苹果产业链的抗风险能力，实现产业平稳发展。

同时，期货的价格发现功能可在一定程度上对苹果未来现货价格起引导作用，为果农和交易商提供市场预期，引导苹果种植结构的调整。

（三）满足交割的储藏运输要求

按照成熟期来分，苹果可分为早熟品种（7—8月上旬成熟）、中熟品种（8—9月成熟）和晚熟品种（10月以后）。在耐藏性上，早熟品种＜中熟品种＜晚熟品种。苹果在采摘后进行入库冷藏处理，除了早熟品种不耐冷藏，中熟品种如红玉、黄元帅和红星等储藏寿命一般可以延长到3个月以上，而晚熟品种如国光、青香蕉、红富士等品种可延长到6—7个月。如果要推出苹果期货，极有可能是推出像红富士这样晚熟且产量占比高的品种。

再者，我国苹果市场的总储藏能力约为1000万吨，占苹果总产量的

25%。所以，我国当前主产区、主销区与苹果市场主要物流节点地区的库容，以及规模较大的冷链储藏和物流企业可以完全满足苹果期货交割的运输条件。

三、苹果期货的作用和价值

按照官方给出的作用和价值，在此列举了两个：一是有利于提高苹果产业的竞争力，二是为果农及交易商提供避险功能。从上市至今，笔者认为这些功能发挥的空间还有待提高，原因是苹果产业竞争力不仅没有提升，反而在下降。苹果期交割果和统货差异太大，果农从中获得的实惠有限。

（一）价格发现

价格发现是期货对商品未来价格波动方向的一种提前预判，对指导定价、收购、存储、现货价格调整都有指导作用。价格发现是期货的一个重要功能，苹果期货在价格发现上，是有积极作用的。

苹果的 10 月合约，主要博弈的就是 10 月苹果的开秤价，交易者通过对现货行情的观察，对新季苹果生长情况调研，综合各种因素对未来价格进行预判，在各种因素的博弈推动下最终形成盘面价格，这个价格是市场对未来价格的提前反映和判断。10 月合约的季节性规律较强。4 月之前，10 月合约的走势以跟随上季合约走势为主，没有明显的独立波动逻辑，如果未来预期价格高，其结构会升水近月合约，反之贴水。4—5 月随着苹果开花，初步产量预期初见端倪，因为受到天气影响较大，天气的波动会带来期货价格的上涨或者下跌。6—9 月除了新季苹果的生长情况有影响外，库存果价格、早熟果价格、同类水果价格等因素都会影响 10 月合约盘面的价格波动。

苹果的 5 月合约，主要博弈春节以后库存苹果的价格走势，如果库存量大、走货慢、需求差，价格预期会不断看跌，反过来，库存少、走货快、需求好，价格预期会不断看涨。5 月合约的价格会随着库存苹果价格预期的变化而提前波动，对现货销售有很重要的参考价值。

（二）套期保值

套期保值是指在现货市场上买入或卖出货物，并在期货交易所卖出或买入同等数量的期货。当未来价格变动使现货买卖出现盈亏时，可由期货交易上的亏盈进行抵销或弥补。一般来说，作为产业方，预期未来价格会下跌，可以在期货上做卖出操作，提前锁定商品的价格利润；作为下游需求方，预期未来价格会上涨，可以在期货上做买入操作，提前锁定商品的购入价格，降低成本支出。

对于苹果来说，套期保值是不错的选择，由于苹果产量波动大，生产周期长，存在巨大的套利空间和价值。对于 10 月合约，如果盘面价格过高，如果是产业方自己种植有苹果，可以通过卖出合约价格提前锁定卖出价格。同时，如果是商品销售端，盘面价格过低，也可以通过提前买进合约，来锁定买入成本。需要注意的是，由于苹果期货交割的是高端苹果，不能完全对标市场主流统货苹果，价格方面存在一定错配，苹果盘面价格高，不一定代表苹果下树以后，就能销售到高价。业内很多人期望，可以通过贴水的模式来交割二级甚至更多的三级和统货苹果，以便期货价格能完全贴近市场现货行情。

苹果期货的价值总结见表 2-1。

表 2-1　苹果期货的价值总结

价值	要点	
价格发现	交易透明度	
	供求集中、流动性强	
	信息质量高	
	价格具有预期性、连续性	
套期保值	买入套期保值 （下游需求商、经销商）	锁定原料成本
		拓宽采购渠道
		建立虚拟库存

续表

价值		要点
套期保值	卖出套期保值 （生产供应商、经销商）	锁定销售利润
		锁定库存风险
		改善定价机制
		拓宽销售渠道

第二节 期货合约

苹果期货一般是以合约形式出现，有利于规范化交易。期货合约是指由交易所统一制定的、规定在将来某一特定的时间和地点交割一定数量和质量商品的标准化合约。期货合约的主要条款包括合约名称、交易品种、交易单位、报价单位、最小变动价位、每日价格最大波动限制、合约交割月份、交易时间、最后交易日、交割日期、交割品级、交割地点、最低交易保证金、交易手续费、交割方式、交易代码等，见表2-2。期货合约的附件与期货合约具有同等法律效力。

表 2-2 期货合约文本

主要条款	条款内容与要求
交易品种	鲜苹果（简称苹果）
交易单位	10吨/手
报价单位	元（人民币）/吨
最小变动价位	1元/吨
每日价格波动限制	上一交易日结算价±5%，并遵循《郑州商品交易所期货交易风险控制管理办法》的相关规定
最低交易保证金	合约价值的7%
合约交割月份	1月、3月、4月、5月、10月、11月、12月

主要条款	条款内容与要求
交易时间	每周一至周五（北京时间，法定节假日除外）上午9:00—11:30、下午1:30—3:00及交易所规定的其他时间
最后交易日	合约交割月份的第10个交易日
最后交割日	仓单交割：合约交割月份的第13个交易日
	车（船）板交割：合约交割月份的次月10日
交割品级	见《郑州商品交易所鲜苹果期货交割细则》
交割地点	交易所指定交割地点
交割方式	实物交割
交易代码	AP
上市交易所	郑州商品交易所

一、期货合约文本

（一）苹果期货手续费

苹果期货手续费按照固定金额收取。

苹果普通合约：开仓5元/手，当日平仓25元，隔夜平仓5元，开平双边收费。

苹果期货（部分合约）：开仓手续费：20元，平仓20元。

（二）苹果期货保证金

截至2024年5月，苹果期货最新的最低保证金10%，如果盘面价位是8000元，那么8000元/吨 ×10吨 ×10%＝8000元，做一手苹果至少需要8000元。

（三）苹果期货波动一下多少钱？

苹果期货交易单位是10吨/手，最小变动价位是1元/吨，所以苹果期货波动一个点是10元。

（四）苹果期货交易时间

苹果期货的日间交易时间具体为每周一至周五的 9:00—10:15、10:30—11:30、13:30—15:00。

夜盘时间：无。

二、基准交割品

（一）基准交割品的概念

符合《中华人民共和国国家标准　鲜苹果》（GB/T 10651—2008，以下简称《苹果国标》）一等及以上等级质量指标且果径 ≥ 80 毫米的红富士苹果，其中，果径容许度 ≤ 5%，质量容许度 ≤ 20%（虫伤计入质量容许度，磨伤、碰压伤、刺伤不合格果之和占比不作要求），可溶性固形物 ≥ 12%。适用于苹果期货 2411 及后续合约，自 2023 年 11 月 14 日起施行。具体变动见表 2-3。

特别说明："磨伤、碰压伤、刺伤不合格果之和占比不作要求"是针对《苹果国标》中磨伤、碰压伤、刺伤不合格果之和占比不超过 1% 做出的修订，磨伤、碰压伤、刺伤依然计入质量容许度范畴，质量容许度合计不超过30%。

容许度是指一批货物中不符合相关指标要求的货物占比。

表 2-3　硬度和可溶性物变动对照变

		入库	出库	车板交割
硬度	10月1日至次年2月10日（含该日）	≥7.0kgf/cm²	≥6.0kgf/cm²（2023年11月修改前为6.2）	≥6.0kgf/cm²（2023年11月修改前为6.2）
	其他时间		≥6kgf/cm²	≥6kgf/cm²
可溶性固形物	≥12.0%（2023年11月修改前为12.5%）			

2023 年 11 月修改后，替代交割品及升贴水。

（1）可溶性固形物≥14%，其他指标符合基准交割品要求的，升水1000元/吨。（有利于我国西部产区交割，主要是我国西部产区苹果糖度高）

（2）20%＜质量容许度≤30%，其他指标符合基准交割品要求的，贴水500元/吨。（有利于扩大可交割果数量占比，提高复检通过率）

（3）75毫米≤果径＜80毫米，其他指标符合基准交割品要求的，贴水1500元/吨。

（4）75毫米≤果径＜80毫米，20%＜质量容许度≤30%，其他指标符合基准交割品要求的，贴水2000元/吨。（进一步扩大了可交割果的选择范围，也更便于交割，避免因为交割过程中的质量问题发生纠纷，甚至导致违约）

未发生褐变的水心病苹果不计入不合格果。（冰糖心苹果可交割）

（二）苹果期货交割品的感官检验判断

1. 交割品色泽

交割品的片红或条红80%以上。片红品种着色比应以该品种特有的着色良好的全红色泽段盖的果品面积计算。条红品种的着色百分比应以有条纹果皮面积计算。浅褐色条纹不做着色计算。

2. 交割品果形

交割品的果形指数≥0.75，果顶斜肩不明显，果面凹陷凸起不明显，果面平整。

笔者认为，在交割实践中，如果买方没有意见，指标的要求可能并不会太严格，当然，相应的交割品也就因此被称为"非标品"。

三、交割方式与注意事项

（一）仓库+厂库+车（船）板

苹果期货适用期货转现货（以下简称期转现）、仓库标准仓单交割、厂库标准仓单交割、车（船）板交割等方式，是目前郑商所交割方式最为丰富的品种之一。

期转现是指持有同一交割月份合约的多空双方之间达成现货买卖协议后，变期货部位为现货部位的交易。

仓库标准仓单交割是指卖方通过将指定仓库开具的相关商品仓库标准仓单转移给买方以完成实物交割的交割方式。

厂库标准仓单交割是指卖方通过将指定交割厂库开具的相关商品标准仓单转移给买方以完成实物交割的交割方式。

车（船）板交割是指卖方在交易所指定交割计价点将货物装至买方汽车板、火车板或轮船板，完成货物交收的一种实物交割方式。

（二）交割机构

截至 2024 年 4 月 30 日，苹果期货设置有 1 家交割仓库、15 家交割厂库、18 家车（船）板交割服务机构，分别位于山东、陕西、甘肃、河南等四大苹果主产区，充分满足产业的交割需求，大体分布情况见表 2-4。

表 2-4 苹果交割机构统计

省份	城市	厂库	车（船）板	总计
山东	烟台	5	7	12
	威海	1	1	2
陕西	西安	1	1	2
	延安	4	4	8
	渭南	2	2	4
甘肃	天水	1	1	2
	平凉	1	1	2
河南	三门峡		1	1
总计		15	18	33

注：本表数据统计截至2024年4月30日。

为保障买卖方交割顺畅，郑商所在官网提供了各交割服务机构的联系方式。具体可登录郑州商品交易所网站 www.czce.com.cn，按照首页→交易所服务 / 会员服务→交割业务指引的顺序查询相关信息。

（三）苹果期货交割需要注意事项

客户的实物交割须由会员办理，并以会员的名义在交易所进行。

个人客户不允许交割。

不得交割的持仓：①不能交付或接收增值税专用发票 / 农产品销售发票客户的持仓；②持仓为非交割单位整数倍的相应持仓（苹果持仓为 10 吨的整数倍）。

不得交割持仓的处理：①进入交割月前，不得交割的客户应当将交割月份的相应持仓予以平仓；②自进入交割月第一个交易日起，自然人客户不得开新仓，交易所有权对其交割月持仓强平仓；③若被配对，违约方支付一定合约价值的违约金，终止持仓。买卖双方均违约的，对双方处罚，终止交割。

（四）苹果期货仓单有效期及成本预估

每年 3 月第 15 个交易日（含该日）之前注册的仓库标准仓单，应在当月的第 15 个交易日（含该日）之前全部注销，每年 3 月第 16 个交易日（含该日）至 9 月最后一个交易日（含该日）不受理苹果仓库标准仓单注册申请；每年 1 月、5 月第 15 个交易日（含该日）之前注册的厂库标准仓单，应在当月的第 15 个交易日（含该日）之前全部注销，每年 5 月第 16 个交易日（含该日）至 9 月最后一个交易日（含该日）不受理苹果厂库标准仓单注册申请。

仓单注册成本预估见表 2-5。

表 2-5　仓单注册成本预估

项目	费用（元）	备注
80毫米一二级	8000	现货价格4.0元/斤
仓储费用	460	一般为当年10月到次年5月，冷风仓库为0.23元/斤，460元/吨；气调库为0.35元/斤，700元/吨

续表

项目	费用（元）	备注
代办	300	代办费0.15元/斤
损耗费用	300	按照5%损耗计提，约0.15元/斤
客商利润	60	0.03元/斤
交割费	0.5	0.5元/吨
交易费	0.1	固定1.5元/手，目前0.5元/手，10吨/手
现货利息	128	按4.6%年利率计，时间5个月
期货利息	9	按4.6%年利率计，时间5个月，保证金8%
注册成本	1300	不包含运输费、假设在交割库
仓单总成本	9300	元/吨

四、交割流程

标准仓单是由交易所统一制定的，交易所指定交割仓库在完成入库商品验收，确认合格后签发给货物卖方的实物提货凭证。标准仓单经交易所注册后有效。标准仓单采用记名方式，标准仓单合法持有人应妥善保管标准仓单。标准仓单的生成通常需要经过入库前预报、入库、验收、指定交割仓库签发和注册等环节。

交割涉及的具体流程如下。

（一）入库前预报

自接到会员交割预报单之日起2个工作日内，仓库应当以书面形式或者交易所认可的其他形式回复会员能够接收的商品数量。自接到仓库同意入库的回复之日起2个工作日之内，会员应当向仓库缴纳30元/吨的交割预报定金。仓库在收到交割预报定金的当日（工作日），开具入库通知单。对已存放在仓库的商品申请期货交割的，仍应提交交割预报，无须交付交割预报定金。

入库通知单自开具之日起生效，苹果为15天。入库通知单有效期内相对应数量的商品全部到库的，自商品入库完毕之日起 2 个工作日内，交割预报定金予以返还；部分到库的，按实际到货量返还；未到库部分，交割预报定金不予返还。

（二）入库、验收环节

指定交割仓库必须按交易所有关规定对商品的种类、质量、包装及相关凭证等进行验收。验收合格后，填制交割商品入库验收报告单（一式三份，货主、指定交割仓库和交易所各执一份）。进库商品的数量、质量以指定交割仓库实际验收结果为准。货主应到库监收。货主不到库监收的，视为同意指定交割仓库的验收结果。

（三）交易所批准环节

交易所自收到交割仓库提交的仓单申请后，7 个工作日给予答复是否批准。批准后，货物的质量由交割库来保证。仓单收费情况：苹果期货仓单仓储收费标准为 0.5 元 / 吨·天。苹果期货仓单注册前的费用由客户与仓库结算。

（四）标准仓单的注销

标准仓单的持有人随时都有权利注销仓单，注销意味着仓单对应的货物要进入现货市场。具体办理是通过会员向交易所申请，批准后开具提货通知单，自提货通知单开具之日起 10 个工作日内，仓单持有人对商品质量有异议的，可向交易所申请一次复检，并预交复检费用。未在规定时间内提出异议的，视为确认出库商品质量。

苹果期货标准仓单分为仓库仓单和厂库仓单两种，两种仓单注销日期的规定有所不同，具体可参见前文关于仓单有效期的内容。

（五）标准仓单出库

1. 仓库标准仓单出库

苹果出库重量检验由仓库和提货人共同实施。具体检验办法及重量计算公式参照入库重量检验规定实施。

苹果出库时重量发生短少的，仓库按照实际出库重量补足。不能及时补足的，仓库应当按照提货通知单开具日之前（含该日）苹果期货最近交割月最高交割结算价核算短少商品价款，赔偿提货人。

2.厂库标准仓单出库

货主与厂库办妥提货手续之日起，3个日历日内开始发货，货主与厂库自行协商的除外。货主可自行到库提货或委托厂库代为发运。

重量验收由提货人与厂库共同实施，以厂库检重为准，足量出库。提货人在货物交收时应到交收地点监发，未到场监发的，视为对货物重量没有异议。在质量验收方面，厂库向货主提供符合交割标准的产品质量证明书，货主可到场查验货物质量。

3.出库复检

仓库标准仓单出库时，提货人对苹果重量、质量有异议的，可以向交易所申请一次复检，并预交复检费用。重量异议应当在货物出库前或交货时提出，质量异议应当在提货通知单开具之日起10个工作日内提出。交易所不受理超出规定时间或者已经出库的苹果的质量和重量复检，不承担由此产生的一切责任。

厂库标准仓单苹果出库时，提货人或厂库对苹果重量、质量有异议的，由提货人和厂库协商解决；协商不成的，可以向交易所申请一次复检，并由申请方预交复检相关费用。

五、苹果期货交易风险管理办法

（一）涨跌停板制度

苹果期货合约每日涨跌停板幅度为前一交易日结算价的 ±9%。当苹果合约出现连续涨跌停板时，交易所将会提高涨跌停板幅度。

（二）保证金制度

苹果期货合约交易保证金标准见表 2-6。

表 2-6　苹果期货合约交易保证金标准

交易时间段	交易保证金标准	提示
自合约挂牌至交割月前一个月第15个日历日期间的交易日	合约价值的7%	防范风险，稳起步
自交割月前一个月第16个日历日至交割月前一个月最后一个日历日期间的交易日	合约价值的10%	提醒无交割能力客户移仓，避免因一次性大幅提高保证金带来的结算风险
交割月份	合约价值的20%	防价格波动，防交割违约，促期现趋合

（三）限仓制度

限仓是指交易所规定会员或客户可以持有的按单边计算的某一合约投机头寸的最大数额。

2023 年 6 月 21 日，为进一步促进品种功能发挥，保障期货市场平稳运行，郑商所发布了关于发布花生、苹果业务细则修订案的公告，调整花生、苹果品种的限仓标准，并于当年 6 月 26 日起施行。将苹果品种由三阶段限仓调整为四阶段限仓，增加临近交割月份上半月阶段，并将该阶段限仓标准设置为 200 手；临近交割月份下半月限仓标准由 200 手调整为 40 手；调整后的限仓标准分别为 1000 手、200 手、40 手、20 手。具体见表 2-7。

表 2-7　3 个年份苹果合约不同月份持仓限额

（单位：手）

时间节点	自合约挂牌至交割月前两个月最后一个日历日期间的交易日	自合约挂牌至交割月前一个月第15个日历日期间的交易日	交割月前一个月第16个日历日至交割月前一个月最后一个日历日期间的交易日	交割月（自然人客户限仓为0）

续表

不同年份 手数	2017年	—	500	100	10
	2020年	—	1000	200	20
	2023年	1000	200	40	20

（四）大户报告制度

当会员或客户某品种持仓合约的投机头寸达到交易所对其规定的投机头寸持仓限额 80% 以上（含本数）时，会员或客户应向交易所报告其资金情况、头寸情况，客户须通过经纪会员报告。

提交的材料：大户报告表、客户结算单。

具体要求：大户报告表需客户签字（或盖章），以可证明客户身份的电话录音等方式确认。

（五）其他风控制度

强行平仓是指当会员、客户违规时，交易所对有关持仓实行平仓的一种强制措施。

导致强行平仓的几种情况：客户的交易保证金不足，且未在规定时间内补足；客户持仓超出规定的持仓限额；因客户违规受到处罚；根据交易所的紧急措施应予强行平仓；其他应予补仓的情况。

注：以上部分内容可能和最新细则有一定出入，建议查阅郑商所官方网站公示的《郑州商品交易所鲜苹果期货业务细则》。

六、苹果期货的新功能

苹果期货的推出，除了价格发现和套期保值两个功能外，还具有一些新的功能和作用。

（一）价格更加透明化

期货可在一定程度上对苹果未来现货价格起引导作用，为果农和果商提供市场预期，引导苹果种植结构的调整，这是价格发现的好处。在此基础上，涉果企业和果农可通过公开透明的期货价格，消除市场信息不对称的劣势，提升议价能力，提高企业效益，稳定果农收入。期货市场让商品的价格更加透明、公开化。资本市场对现货和各种因素的影响异常敏感，期货价格成为现货价格行情的重要参考。

（二）管理价格风险

苹果现货价格波动剧烈，果农、果商的风险突出，而期货市场正是为控制价格波动风险而生，管理价格风险是期货的基本功能。相关企业可通过买进（或卖出）一定数量的实际货物，卖出（或买进）同等数量的期货交易合同的方式，实现风险的转移，保障其利益不会进一步受损，以此提升苹果产业链的抗风险能力，实现产业平稳发展。还可以强化龙头企业、种植大户的带动作用，推动发展规模化种植，提高苹果生产的集约化程度，推动苹果产业的供给侧结构性改革。

（三）其他新功能

除了对价格上的影响外，期货上市以后，会形成一整套的期货配套服务，见表2-8，如仓单服务、期现结合服务、风险管理服务、价格保障服务、资产增值服务、交割服务、预申报服务、冷库保存服务等，都和期货交易有着重要关联，也是期货上市以后出现的新业务。

表2-8　苹果期货市场的新功能

期货市场新功能									
仓单服务		期现结合服务			风险管理服务		价格保障服务		资产增值服务
仓单质押	仓单置换	组建期货部门	培养期货人才	合作套保	采购销售服务	库存商品服务	期权服务	点价交易服务	金融衍生服务

可以这么说，苹果期货上市以后，以巨大的杠杆效应撬动了整个产业和

资本市场；产业和资本的联动和配合，也为大量的企业和行业带来了新的业务和衍生服务。

第三节　合约修改解读

一、郑商所对苹果期货合约的几次修改

苹果期货自上市以来，为了规范期货正常交易，防止发生逼仓，同时发挥好期货的价格发现和套期保值功能，郑商所对《郑州商品交易所鲜苹果期货业务细则》进行了多次修订，涉及交割质量标准、交易合约月份、交割流程、合约限仓标准、风险管理办法等多个方面。截至 2024 年 3 月 18 日，关于苹果期货合约交易手续费标准的通知有 9 条，关于苹果交割机构增减调整的通知或公告有 20 条，关于苹果期货质检机构和费用的公告有 5 条。几次大的修改调整如下。

一是苹果期货自 2017 年 12 月 22 日起上市交易。首批上市交易苹果期货合约为 AP1805、AP1807、AP1810、AP1811、AP1812，各合约挂牌基准价均为 7800 元 / 吨。随后的 AP1901、AP1903、AP1905、AP1907 均采用上市初期的期货合约规则。

二是 2018 年 10 月 17 日，郑商所发布公告对苹果期货相关业务规则进行了修订，主要涉及交割品级、交割方式、配对流程、持仓限制、发票流转及质量争议解决办法等几个方面。修订后的业务规则将从 AP1910 开始施行。苹果期货 2019/2020 年度和 2020/2021 年度两个作物年度采用第二个版本合约交割规则。

三是 2020 年 7 月 14 日，郑商所发布通知对苹果期货交割质量标准、合约月份、仓库交割和车板交割的要求及流程、交割单位和交割延误滞纳金等

方面进行了修订。其中，取消苹果期货7月合约的修订自AP2007摘牌实施，其他合约规则制度自AP2110起实施。2021/2022年度、2022/2023年度和2023/2024年度三个作物年度以及AP2410均采用第三个版本合约交割规则。

四是2023年6月21日，郑商所发布了关于发布花生、苹果业务细则修订案的公告，自2023年6月26日起，AP2310及后续合约施行新的限仓标准。

五是2023年11月1日，郑商所对《郑州商品交易所鲜苹果期货业务细则》进行了修订，主要涉及交割标准的调整。本次修订适用于AP2411及后续合约，自AP2411挂牌之日起施行。这是第四个版本合约交割规则。

六是2024年3月5日，郑商所发布了增加交割预报的相关内容。本次修订适用于AP2405及后续合约，自发布之日起施行。

苹果期货历次规则修订，都是旨在进一步贴近现货需求，优化交割布局，满足产业交割需求，促进期货功能更好发挥。

二、苹果交割果是个什么果

关于苹果的交割，让很多交易者搞不清楚的是，究竟交割的苹果是个什么样子，是不是平时我们看到的苹果，加上交割标准的多次修订，很多贴近产业的果农、代办、果商也搞不清楚，可能只有参与交割的期现商、交割库和参与交割的果业公司更为熟悉一些。这里简单做点讲述，仅供探讨。

先说交易的标准。苹果期货的交割产品不同于工业品，它无法完全量化，但是又不可能不去量化，所以苹果交割产品不好具体定性、定量，具有一定的弹性，行内行外也对此不是很熟悉。在此，有几个数据需要注意。

符合苹果国标中的一等及以上等级质量指标的红富士苹果，其质量容许度不超过5%，磨伤、碰压伤、刺伤不合格果之和占比不作要求（2018年修改为不超过10%，2020年修改为20%，2024年已经进一步放宽到30%），果径 ≥ 80mm，硬度 ≥ 6kgf/cm^2，替代交割品的果径在75mm至80mm之间，其余指标与基准交割品一致，贴水 2000 元 / 吨。这是纸面上的交割标准，其实按照"一等"这个国标，去翻一翻详细的说明就能明白，期货标准至少卡住了市场上 80% 以上的苹果，由于对大小、硬度、糖度、果锈、霉变、上色都有要求，所以大部分苹果是不能进入交割序列的。市面上看到的苹果，要么是果面不平整，要么是上色差，要么是黑点多或者果锈多，按照国标和交割的双重要求与限制，这些都属于外表不合格的苹果。有些苹果硬度太低，或者不经放，放一段时间就变软了，也不能交割。所以交割果不是人们想象中的样子，拿个苹果就能去交割。可以这么说，市面上在超市见到的苹果，价格低于 5 元 / 斤的，大概率是不符合交割标准的。

一般人不懂苹果买卖，只会看苹果大小，其实苹果太大，未必符合交割标准。苹果不是完全按照大小来定价的，这个一定要注意。交割果也不见得就能在市面上受欢迎，口感也不见得就一定好。比如说有些人喜欢吃稍微软一点的苹果，那么他会觉得太硬的苹果反而不好吃。所以交割果，不等同于口感好、价格高的苹果，只能说是外观和形状好看、硬度和糖度达标。

关于交割果里的容许度，交割标准从 5% 提高到了 20%。以前我们的理解是，一个苹果只要 80% 符合标准就可以交割了，其实也不能这样简单理解。如果一个苹果的果锈太大，直接就被刷掉了；如果上色不全，低于 80% 绝对不合格，偏红要达到 90% 的上色才符合标准；如果把平整、上色、碰伤等不合格的几项加起来，超过 20% 也会被判定为不合格。比如 2021 年很多苹果果锈大，导致果锈面积少，没有黑点、刺伤、碰伤、上色好的苹果不是很多。这里的 20% 是整体的瑕疵总和不能超过 20%，如果一个苹果碰伤太多，又有果锈，那肯定是不符合交割标准的。占比不超过 20%，是指其中各项的比例可以不均匀，但是总体上限不能超过 20%。很多人将其理解为对质量上限不作要求，是错误解读。

现在市面上对苹果等级的划分，大家习惯于使用国家标准。果农把苹果从树上摘下来，自己会根据大小、表面光泽度、黑点、雹点、果锈先进行分级，没什么瑕疵的，直接就挑选到商品果序列；瑕疵较小的，就直接放一起，归为统货；瑕疵特别明显的，就直接划到次果下捡的序列。由于分拣的细微差别，又存在果农商品果、客商商品果的差异，果农标准松一些、客商货标准严一些，所以等级差别也较大。西北地区、山东和东北地区对苹果分级的叫法也有差异，西北地区叫半商品，山东叫一二级，东北地区叫一二刀。实操中也会按照直径90毫米、85毫米、80毫米、75毫米、70毫米划分等级，不套袋的叫阳光果（交割的苹果大多是套袋的，因为不套袋的果面大多数不干净，很难达到交割要求）。另外，需要注意的是，西北温差大，苹果偏早熟，价格相对偏高，西北75毫米的苹果和山东80毫米的苹果基本同价，所以在交割上，山东苹果占很大优势，西北苹果用80毫米的交割或者75毫米贴水交割，是比较吃亏的。因此，在苹果交割上，西北地区的交割量相对小些（2024年交割条件放宽以后，是有利于西北地区参与交割的）。

如果单说交割果，由于对其有一定的要求，因而无法在果农或者客商现有的分级标准里去直接套用，要达到交割标准，就必须在符合交割的苹果里选。如果苹果整体的质量比较好，那么可供选择的交割果就多，收点统货，或者收一些果农一二级果，经过专业挑选，就能分拣出合格的交割品；如果可供选择的苹果太少，那么就只能在较好的苹果里去分拣，如客商一二级，那成本就高了。例如，2021年由于长时间阴雨，三四级差果较多，一二级商品果较少，这样就出现了一个问题，就是可供挑选的苹果太少了，要去一二级货源里继续分拣，而一二级商品果本身就不面向大众消费者，交割果还要从中挑，无异于优中选优，结果便是价格越选越贵。

也就是说，2023年虽然放宽了交割标准，容许度提高了很多，但是可供选择分拣的货源有限，交割就出现了瓶颈，一旦接货人较多，就会出现无货可交的情形；如果硬要交货，那就只能去收一二级商品果，在商品果里选，其难度可想而知。其实这种情况除了会引起价格上涨，还会导致交割费时费力，出现交割困难。这是苹果自上市挂牌以来，一直存在的问题，除非限制进入交割月的多头数量（2023年交易所已经收紧限仓规定），否则会有风险发生，尤其是来年苹果只有存货的时候，风险发生概率极高。

苹果的交割，还有一个不为个人投资者所熟知的因素，就是交割中的人为因素。如果空头交的货不管符不符合标准，只要多头没意见，也就顺利交割。反过来，如果空头交的货再好，多头不满意，要复检、要找毛病，生鲜产品，加上运输和搬运，肯定质量会下降，尤其是冷库里的苹果，一旦拿出来，几天质量就会出问题，硬度降低不说，各种问题都会出来，交割违约率相当高。对此，交割双方都应理性处理。

✐ 笔者注

对于苹果交割果到底是个什么果的看法，至今仍有分歧，除了交割量化的标准，还涉及交易所的态度、交割库的尺度、质检机构的标准、盘面的价格位置的高低、商品市场的熊牛预期等因素，甚至交货和接货双方的接受度也会引起标准的差异，交割造成的标准阈值较大。其实，与苹果类似的动力煤、纸浆、液化石油气也在一定程度上存在这样的问题。

三、几个值得注意的成本和价格要素

交割果比较特殊，在普通市场上找不到标的物，必须从现有的普通苹果中分拣得到。其成本至少包含了现货价格成本和交割成本两个方面，而现货和交割又有更多成本因素。苹果作为可交割商品，有几个成本和价格要素值得注意。

一是生产成本。就是生产一斤苹果需要投入多少生产成本的问题。包括人力成本、土地成本，以及农药、化肥、雇用工人、套袋、设备折旧等投入。

二是出售价格。即果农卖出苹果的价格，一般会因为苹果质量的品级高低产生价差，一般取平均价格，与苹果质量和市场行情有关。

三是收购价格。果商到市场收购所给的价格，一般会根据自身实力出现价格高低不同。收购价格会随着行情的变化而不断调整，整体上受市场价格

的影响，也与果商自身的存储实力和销售渠道有关。

四是出库价格。苹果入库以后，因为时间推迟，市场上的供需关系变化，可能会对苹果的现货价格产生影响。果农的价格和果商的价格会有差异。

五是仓单价值。就是对应的交割品能在市场上卖多少钱。仓单成本是由市场价格决定的，取决于供需关系达到平衡以后的价格，随着市场供需变化而发生波动。

六是仓单成本。苹果做成交割果，中间需要耗费一定的成本，即为仓单成本。苹果现货从原料果制作成一般商品，甚至交割果，是需要一定成本的。以山东烟台某地为例，对苹果制作成一般商品、仓单和车（船）板交割品所花费的相关费用见表2-9。

表 2-9　山东烟台某地红富士苹果价格分解参考（2020 年）

费用名称	费用说明	价格（元/斤）
A.一般商品成本		
短途运输费	产地至冷库的运输费	0.05
人工费	按规格选果、套袋、装箱的费用	0.20
残次果	难以避免的损耗	0.15～0.20
电费	冷库成本	0.20
苹果网套	双层加粗网套（5千克箱专用）费用	0.15
高强度纸箱，标准化出库	5千克专用箱（加厚）费用	0.30
贷款成本	贸易商资金成本	0.20～0.30
合计		1.25～1.40
富士苹果收购均价		2.50
出库成本		3.90
B.仓单交割成本		
短途运输费	产地至冷库的运输费	0.05
冷库仓储费	该费用通常为一次性交清（半年到一年）	0.30
装卸费	人工成本	0.03
检验费	检疫机构收取的费用	0.01
合计		0.39

费用名称	费用说明	价格（元/斤）
富士苹果收购均价		2.50
增值税		0.40
资金占用成本	考虑利率7%	0.11
仓单交割成本总计		3.40
C.车（船）板交割成本		
短途运输费	产地至冷库的运输费	0.05
仓储费	0.5元/吨·天（时间3个月）	0.02
冷库仓储费		0
装卸费	人工费	0.03
检验费		0.01
合计		0.11
富士苹果收购均价		2.50
增值税		0.37
资金占用成本	考虑利率7%	0.05
车（船）板交割成本总计		3.03

注：

1.仓单交割成本中的冷库仓储费600元，是从10月计算至次年5月左右，共8—10个月。

2.苹果的交割规则调整可能会引起成本细节发生变化。

3.车（船）板交割未考虑冷库费用，冬天只考虑仓储费，不排除刚入库又出库的情况。

四、苹果几个合约的差别

10月合约是博弈晚熟商品果的开秤价预期，多空博弈时间长，从4月开花，一直到9月脱袋，半年内的任何情况都可能影响该合约的走势。10月偏向早一点的晚熟红富士，甚至可以参考早熟富士价格走势。

11月合约是博弈晚熟富士大量上市后的主流价格，交割量大，基本上就是"死亡之约"。不管是行情好还是行情差，11月合约都不会涨到哪里去，主要是这个合约适合套保。

12 月合约是一种过渡性合约，介于 11 月合约和 1 月合约之间，价格预期更偏向 1 月合约一些。如果下树以后行情好，12 月合约就逐步看涨；反之会偏稳一些。

1 月合约是春节前价格行情反应的一个合约，受利多影响较大，如元旦、春节备货等。1 月合约无须厂库交割，主流还是车板，就是把货拉到交割地让多头接货。1 月合约总体是一个价格相对比较平衡的合约，主要是既有交割压力，也有一定的市场需求。

3 月合约反映春节后的市场预期，如果节后走货好，3 月合约偏硬；反之 3 月合约就会偏比较弱。产业喜欢 3 月合约，主要是 3 月合约接到货可以转抛 4 月合约和 5 月合约，不会太被动。

4 月合约也是一种过渡性合约，以前没有，是在 2020 年之后才新上的合约，主要还是为了满足套保需求，更偏向于 5 月合约一些。如果清明节时预期好，这个合约就涨；反之就跌。

5 月合约比较极端，是所有合约里最任性、最容易出行情的合约。这个合约，如果做对方向，就要拿住，可能会有惊喜；反过来，如果做错方向，就要"跑"得快，免得血本无归。

7 月合约被取消了，原因是容易引发逼仓。到了 7 月，苹果不易保存，可交割量又比较小，不利于空头交割，几乎完全脱离现货行情，存在意义不大，最后就被取消了。

苹果合约最大的弊端还是交割标准相对模糊，可交割标的物有限，随着时间的推移，从 11 月合约、12 月合约、1 月合约、3 月合约、4 月合约、5 月合约呈现逐渐递减趋势。作为期货交割品，如果社会库存的可交割量越来越少，显然会导致博弈的失衡。如果资金方面再失去控制，则既不能起到反映现货预期的价格发现功能，也不能实现期货套保服务产业的目的。

苹果这个品种，虽然作为已经实现标准化合约的期货品种，但上市多年，依然还有一些问题有待进一步完善。

五、对 2020 年 7 月 14 日郑商所修订的苹果期货合约规则的解读

2020 年 7 月 14 日，郑商所发布通知，对苹果期货交割质量标准、合约交割月份、仓库交割和车板交割的要求及流程、交割单位和交割延误滞纳金等方面进行了修订，以便进一步贴近现货市场需求，更好地服务苹果产业。

从修改细则来看，本次苹果期货规则修订主要涉及以下四个方面：一是调整交割标准中的质量容许度、硬度、可溶性固物及水心病等指标要求，并相应地对替代交割品及升贴水进行了调整；二是调整合约交割月份；三是完善仓库仓单出入库要求，优化车（船）板交割流程；四是对交割单位和交割延误滞纳金进行了调整。

具体来看，在基准交割品的质量标准方面，苹果期货基准交割品为符合苹果国标一等及以上等级质量指标且果径 ≥ 80 毫米的红富士苹果，果径容许度 ≤ 5%，质量容许度 ≤ 20%（虫伤计入质量容许度，磨伤、碰压伤、刺伤不合格果之和占比不作要求），可溶性固形物 ≥ 12.5%。同时，未发生褐变的水心病苹果不计入不合格果。此次修订降低了质量容许度、可溶性固形物等指标的要求，更加贴近下游商超中档货源需求，并对西部产区影响较大的水心病指标作出更为明确的要求。

在替代交割品的质量标准方面，修订后的苹果期货仍然根据果径和质量容许度两个指标的不同，保持三档贴水的替代品，分别为果径 ≥ 80 毫米，20% ＜质量容许度 ≤ 25% 时，贴水 500 元/吨；75 毫米 ≤果径＜ 80 毫米，质量容许度 ≤ 20%，贴水 1500 元/吨；75 毫米 ≤果径＜ 80 毫米，20% ＜质量容许度 ≤ 25%，贴水 2000 元/吨。

此次质量标准中对水心病指标的区分方面进行了修订。水心病俗称冰糖心，主要发生于陕西、甘肃、新疆等苹果产区，与种植环境及采摘时间有关，表现为近果心部位的深层果肉糖化，鲜食口感好，对人体无害，但如果病变处发生褐变，则不再具备商品价值。目前，苹果国标未考虑这种情况，将水

心病统一纳入不合格果。考虑到近年来随着西部产区产量增加，水心病苹果越来越多，并且受到消费者的欢迎。为便于当地企业参与利用苹果期货，贴近现货实际情况，此次修订将未发生褐变的水心病不计入不合格果。

在交割月份调整方面，此次合约修订增加了4月合约，取消了7月合约，主要是从产业风险管理需求方面考虑。4月合约恰逢清明节、劳动节假期等苹果主要消费时段的备货期，是我国苹果主产区，特别是西部产区春节后最重要的销售时段，市场形势、价格变化带动的风险管理需求较为强烈；而7月已进入苹果销售淡季，企业备货主要用于超市供货，一般按照供应计划在7—9月开库销售，对于风险管理的需求相对较小。

在仓库仓单出入库要求方面，从降低仓单成本和质量风险角度出发，此次苹果期货仓库仓单出入库要求主要有以下六个方面的变化。一是仓库仓单有效期由8个月缩短为6个月，从原来的5月第15个交易日注销修订为3月第15个交易日注销；二是增加入库时质量容许度不超过15%的要求；三是修改部分时间的出入库硬度要求，入库硬度统一要求为不得低于7kgf/cm^2，每年10月1日至次年2月10日（含该日）出库的苹果，硬度不得低于6.2kgf/cm^2；四是入库质量检验由仓库负责变为质检机构负责，检验费用由注册方承担；五是规定仓库仓单注销出库后不允许再次注册；六是取消以折算方式注册仓单。

在车（船）板交割流程方面，为体现苹果作为生鲜品快购快销的特点，降低买卖双方的时间成本，此次苹果期货车板交割流程也进行了简化，具体表现为，买卖双方在第三交割日通过会员服务系统确认"交货事项确认单"，第三交割日后（不含该日）第4个日历日（10月合约第6个日历日）开始货物交收。若卖方未按时将货物运至指定车板服务机构，或买方未按时确认货物质量，则按照规定收取滞纳金。若交收量超过交割服务机构每日最大可交割数量或最大可服务客户数量，则交收时间根据交割服务机构情况延后。车（船）板最后交割日由合约交割月份的次月20日调整为合约交割月份的次月10日。

在交割延误滞纳金方面，此次苹果期货交割延误滞纳金由原来的 5 元 / 吨·天调整为 120 元 / 吨·天，主要是考虑到苹果作为生鲜品，货物质量易变化，且价格波动较为频繁，如买方未及时确认货物质量或卖方拖延交货时间，货物质量或价值变化会给对方带来较大风险。通过测算苹果价格的日均波动，调高交割延误滞纳金，将有效规避某一方恶意拖延交货或收货。同时，也设置交割延误滞纳金上限，收取总额不超过合约价值的 20%。

在交割单位调整方面，此次苹果期货交割单位由 20 吨变为 10 吨，一是考虑到苹果产业主体以合作社及中小型贸易商为主，贸易规模较小，10 吨 / 手的交割单位便于新型农业经营主体参与；二是苹果期货交易单位为 10 吨 / 手，交割单位与交易单位保持一致，便于投资者记忆。

此次苹果期货合约规则修订具体生效时间如下，取消 7 月合约自苹果期货 2007 合约摘牌后实施，其他修订自苹果期货 2110 合约起实施。

六、苹果新旧标准的几个变化和影响

一是质量容许度，硬度，可溶性物质（包含糖度）比例作了一些降低，特别是对碰伤、虫伤、刺伤不作要求。这样一来，可交割的苹果量大大增加，尤其是碰伤不可避免，直接可以杜绝买方的挑剔和复检要求，这些对于仓单成本的降低作用巨大。

二是全红和片红依然不作区分。这对于苹果二次销售非常不利，也就是不利于接货，除非接过去自己处理。

三是交割成本和接货成本发生改变。交割成本需要计算各种人工、损耗、代办、库存等费用，如果是交割库有专业和熟练工人，可能费用会比较低；相反，如果没有专业人员，可能挑了半天还是不合格，就增加了成本。接货相关成本只是对于买家，人工成本和杂费对其没有影响。两者之间的平衡点在哪里，需要双方博弈，最终给出所谓的合理价格。

四是交割依然对西北产区不利，导致西北产区交割意愿不强。山东产区一直是交割主力，但是某些因素导致交割一家独大，有一定的垄断，如果山东抬高价格，西北又不愿交割，那后果可想而知。不管现货价格有多低、苹果有多难卖，只要大家不交割，或者低价回购仓单，期货盘面就会维持高价。

综合来看，虽然苹果交割标准调整了，但是却对苹果期货盘面影响不大。笔者估计即使降低到70果和纸加膜都能交割，盘面也不会掉，各种缘由，耐人寻味。

七、对2023年6月21日郑商所修订苹果花生细则的解读

收盘后，郑商所突然发布了一个对苹果花生合约进行修订的公告，很多人对这个公告没有看出来什么意思，这里做一些简单解读。

首先需要明确的是，此次苹果期货细则的修订，和人们的预期有一定出入。例如，笔者的预期是，通过修订交割细则让统货通过贴水进入交割，同时扩大西北地区苹果的交割权重，大体上要降低交割果的大小和果锈等要求，进一步有利于大规模的交割，让期货交割贴近主流现货。修订条款对照见表2-10。

表2-10　修订条款对照（关于细则中第五十九条苹果期货合约限仓标准）

交易时间段	非期货公司会员和客户的最大单边持仓量(手)
自合约挂牌至交割月前一个月第15个日历期间的交易日~~自合约挂牌至交割月前二个月最后一个日历日期间的交易日~~	1000
自交割月前一个月第16个日历日至交割月前一个月最后一个日历日期间的交易日~~自交割月前一个月第一个日历日至交割月前一个月第15个日历日期间的交易日~~	200
自交割月前一个月第16个日历日至交割月前一个月最后一个日历日期间的交易日	<u>40</u>
交割月份	20（自然人客户最大单边持仓量为0）

注：删除线部分为删除内容，下划线部分为修订后增加内容。

通过表 2-10 的对照可以清楚地看到，此次交割细则的修订主要是对持仓量进行了限制，这会涉及现有所有合约。以 2310 合约为例，2022 年 10 月 24 日—2023 年 8 月 30 日，限仓 1000 手，9 月 1—15 日限仓 200 手，9 月 16—30 日限仓 40 手，10 月 7—23 日限仓 20 手。

那么这么限仓有什么目的？笔者认为，一是加强管理，有利于交易所对交割前的双方进行摸底调查，不符合资质条件的双方可能提前解除绑定；二是提高产业话语权，对需要交割的空头产业方非常有利；三是降低风险概率，多头联合多个账户进行联合接货的难度增加，需要更多符合资质的接货方。总体上，遏制恶意操作和炒作的意图比较明显，此后风险发生概率将会大幅降低。

八、对《郑州商品交易所鲜苹果期货业务细则》修订案的解读

2023 年 11 月 1 日，郑商所发布苹果期货业务细则修订案。

修订案提出，基准交割品：为符合苹果国标一等及以上等级质量指标且果径 ≥ 80 毫米的红富士苹果，其中，果径容许度 ≤ 5%，质量容许度 ≤ 20%（虫伤计入质量容许度，磨伤、碰压伤、刺伤不合格果之和占比不作要求），可溶性固形物 ≥ 12%。适用于苹果期货 2411 及后续合约，自 2023 年 11 月 14 日起施行。

对 11 月 1 日《郑州商品交易所鲜苹果期货业务细则》修订案文件的总体感觉可总结如下。

一是进一步放宽交割标准，扩大可交割苹果的适用面，增加苹果的可交割数量，但还是保留"优果"底线，保持了政策上的延续性。

二是重视苹果质量的差异对交割的影响，尽量减小质量差距造成的交割矛盾，在保证交割品质量的前提下，减小交割阻力。

三是对现有合约有一定影响，指导思想的倾向性明显，主要是打击恶意操作，防范利用对现货的控制绑架交割，避免利用复检规则赚取违约金，有

效实现产业的套期保值。

四是基本修复了苹果交割制度上的最严重漏洞，单单违约的概率将大大降低，后期苹果期货行情将最大限度地反映现货的价格预期，体现期货的价格发现功能。

其具体变化可总结如下。

一是基准交割品发生变化，可溶性固形物 ≥ 12% 即可达标，进一步降低糖度要求，扩大了可交割果的范围，利于副产区红富士达标。

二是替代交割品提出升水交割，可溶性固形物 ≥ 14%，其他指标符合基准交割品要求的，升水 1000 元/吨。有利于糖度较高的苹果参与交割，不至于低估其价值。

三是替代交割品扩大质量容许度，20% < 质量容许度 ≤ 30% 可贴水交割。

四是替代品取消一级果的限制，只要果径达标即可，75 毫米 ≤ 果径 < 80 毫米，即可达标，意味着用较差的苹果交割，只要达到果径要求，且贴水 1500 元/吨即符合替代要求。

五是替代品容许度，符合 20% < 质量容许度 ≤ 30%，贴水 2000 元/吨即可达到替代要求。

六是硬度要求统一调整为苹果出库硬度不得低于 6kgf/cm² 即可，对于保存较差的苹果，尤其是硬度下降的苹果要求放宽，不入库的车板交割品也统一按照出库标准要求。

七是交割品提高了对可溶性固形物权重的要求。

修订案降低了对交割果的硬度和糖度要求，同时大幅删改了交割品在很多方面的限制，尤其是剔除了替代品的一级果要求，即使是统货，也可以通过少量分拣贴水完成交割，这使得按照此标准交割产生违约的概率大大降低。也就是说，交割时的最低要求就是只要容许度不超过30%，哪怕品质稍有瑕疵，也只需贴水 2000 元/吨就能作为替代品交割了，极大地降低了违约风险。这比现在动不动复检不通过，要交几万元违约金要好多了。

笔者预计，虽然这些修订对空头交割货方是重大利好，但可能又会引发接货方大幅减少，主动进入交割的多头减少。需要注意的是，这次修订主要是堵交割漏洞，不是降低交割果的品质，基准交割品依然是一级果，只是替代品对一级果的要求有所降低，如以前判定为违约的情况，现在只需要交贴水价就行了，正常的交割品，还是一级果。可能有人就说了，那会不会出现，空头全部用比较差的苹果贴水交割，不完全用一级果交割？这种情况的确有可能发生，这就会导致接货的多头吃亏。不过如果空头大面积使用替代品交割，不一定完全占到便宜，存在违约可能，而一旦出现大量违约，相信交易所也会对其进行处罚，违规操作者并非高枕无忧。

总体来看，交易所修订的目的非常明显，就是提高产业参与的积极性，扩大交割范围，降低交割所带来的违约风险，使交割更加贴近现货，对恶意操作是致命打击。

九、前一年的苹果，放到本年 10 月以后可以交割吗

笔者对此的回答是：可以。

这个问题以前讨论过。苹果刚上市的时候，大家对标准没摸透，以为什么苹果都可以交割，后来在实际交割中，发现其实标准非常高，符合交割标准的苹果很少，也一直导致交割纠纷不断。

可以明确的是，非富士系列苹果不能交割，早熟和中熟富士不能交割，山西膜袋富士不能交割，寒富不能交割，红富士光果不能交割。其原因是交割标准非常明确，必须是红富士才能交割。另外一些红富士品种由于糖度、硬度、色泽难以达标，也不能用于交割。

可以交割的苹果有甘肃晚熟红富士、陕西晚熟红富士、山东晚熟红富士、东北晚熟红富士。晚熟红富士是目前苹果交割的主要产品，主要原因是硬度高、色泽好、糖度高，可存放。

有人问，2001 可以交割吗？当然可以，2001 是红富士品种的一个系列，

2001、烟富、神富、响富都可以交割。但问题在于，交割一般都是选性价比最好的红富士，不会选择高价苹果交割。那么问题又来了，上一季的库存富士能交割吗？

翻遍所有的交割规则和细则，大家可能会发现，交割中并没有关于用旧果还是新果的规定。由此可以推论，只要符合条件，是可以交割的。

2023 年 11 月 1 日，郑商所发布苹果期货业务细则修订案。修订案提出，基准交割品为符合苹果国标一等及以上等级质量指标且果径 ≥ 80 毫米的红富士苹果，其中，果径容许度 ≤ 5%，质量容许度 ≤ 20%（虫伤计入质量容许度，磨伤、碰压伤、刺伤不合格果之和占比不作要求），可溶性固形物 ≥ 12%。适用于 AP2411 及后续合约，自 2023 年 11 月 14 日起施行。

从交割质量标准来看，苹果期货明显在一步步扩大交割品范围。最明显的是，调低理化指标及替代品质量容许度要求，包括将基准交割品质量容许度由不超过 5% 调整至不超过 20%；出库硬度统一调整为 $6kgf/cm^2$；降低可溶性固形物指标最低要求，由不低于 12.5% 调降至不低于 12%；替代品质量容许度由不高于 25% 下调至不高于 30%。

结论：达到库存果质量要求的苹果，不管是当季苹果还是上一个产季的，都是可以交割的。只是，如果是库存果，需要满足库存果的指标要求，而 AP2411 以后交割标准的放宽，是有利于库存果交割的。加上苹果期货不用注册仓单，仓库和车板都可以交割，前一年入库的红富士苹果，只要保存得好，质量达标，理论上是可以交割的。

题外话：很多气调库没有开库，不妨等到 10 月以后，考虑高位套保，交割到期货盘面。（2024 年 4 月 23 日）

📝 笔者注

旧果能否交割，只是理论上的讨论，并未实践过。

第三章　苹果期货的技术分析

很多研究苹果期货的交易者都是从基本面研究角度出发，对技术分析不熟悉或有意忽略，只有在当市场波动中出现较大失误时才会关注技术分析，大多悔之晚矣。技术分析有其自身优势，对于交易者构建和完善交易系统，尤其是在规范操作、选择入场和出场点位置，以及扩大盈利和减小损失上还是很有价值的，值得重视。

第一节　理论基础

技术分析的三大理论基石分别是道氏理论、江恩理论和波浪理论。

一、理论原则

在技术分析领域，道氏理论是所有市场技术分析，包括波浪理论、江恩理论、缠论等的鼻祖，一切技术分析皆建立在道氏理论总结的三大基石之上。

（一）市场行为反映一切（市场行为包容并消化一切信息）

众人对市场所知的一切，即使是与金融方面非常间接的消息，也会以信息的形式流入市场。而期货市场就是通过其自身的价格变动，来体现市场在感知信息之后所引发的变化。

简单来说，任何消息无论利好还是利空，最终都会反映在股价的变动上，这是技术分析的基础。

（二）价格呈趋势变动（市场行为以趋势方式演化）

根据物理学中的动力法则，趋势的运行将会持续，直到有反转的现象产生为止。事实上，市场中的价格虽然上下波动，但终究是朝一定的方向前进的，因此技术分析希望利用图形或指标，尽早确定价格趋势及发现反转的信号，以掌握时机进行交易。

按照种类划分，趋势可分为三种：上升趋势、下降趋势和无趋势（也就是盘整震荡）。按照时间划分，每种趋势又可分为三种：长期趋势、中期趋势和短期趋势。

那么组合一下，趋势就会有明确的定义：长期上升趋势就是牛市，长期下降趋势就是熊市，短期上升趋势就是反弹，短期下降趋势就是回调，等等。

注意，所谓的长期、中期、短期只是时间上的笼统概念，每个交易者对时间的定义是不同的。就好比长线交易者的长期可能是五六年，而对超短线交易者来说两周就算长期了。所以，在研究长期、中期、短期时，一定要搞清楚时间单位，具体到日、周、月、年。

（三）历史会重演

这是从人的心理因素方面考虑的。交易无非是一个人的追求行为，不论是昨天、今天或明天，这个动机都不会改变。在这种心理状态下，交易将趋于一定的模式，并导致历史重演。所以，过去价格的变动方式，在未来可能不断发生，值得研究，并且利用统计分析的方法，可以从中发现一些有规律的图形，整理一套有效的操作原则。如头肩底、圆弧底、三角形、楔形等形态，以前出现过，现在出现过，以后还会出现。

历史会重演是技术分析有效性的核心，更是对未来行情预测的依据。

二、道氏理论

道氏理论是技术分析的基础。该理论的创始人是美国人查尔斯·亨利·道（Charles Henry Dow）。道氏曾在 1900—1902 年担任过《华尔街日报》的编辑，他与另一位投资分析家爱德华·琼斯（Edward Jones）一起创立了著名的道琼斯指数。道氏理论开创了股票技术分析的先河，当代技术分析的各种渊源都直接或间接地起源于道氏理论，所以至今道氏理论仍为人们津津乐道。道氏在《华尔街日报》任职期间曾撰写过一系列有关股票价格变动的文章，却从未真正提出过一种理论。道氏于 1902 年去世，他的继任编辑威廉·彼得·汉密尔顿（William Peter Hamilton）进一步发展并正式提出了现在大家都熟知的道氏理论这一概念。汉密尔顿不仅是一位证券分析师，也是一位出版商，他著名的《股票市场晴雨表》一书于 1922 年出版。书中基本上确立了道氏理论的框架，但仍然没有形成系统的理论。直到 1932 年，罗伯特·雷亚（Robert Rhea）所著的《道氏理论》一书出版，才形成了较为完整和正式的道氏理论体系。技术分析方法的崇拜者一般都认为道氏理论是技术分析的基础。

道氏理论首先是一种关于投资的哲学，其次才是一种技术分析方法体系。道氏理论有极其重要的三个假设，与人们平常所看到的技术分析理论的三大假设有相似的地方，不过道氏理论更侧重于其市场含义的理解。

假设一：人为操作。期货的价格每天、每个星期都会受到人为操作的影响。次级折返趋势，也有可能会受到他人影响，但是就长期而言，公司基本面的不断变化不断创造出适合操作证券的条件。同理，期货会受到基本面的影响，主力也是顺着基本面去操作。总的来说，期货的主要趋势是人为无法操作的，只是主力机构换了不同的操作条件和手法而已。

假设二：市场指数会反映每一条信息。每一位投身于金融事务的市场人士，他所有的希望、失望与知识，都会反映在指数和每天价格波动中，因此市场指数会在一定程度上预期未来事件的影响，如果发生火灾、地震、战争、金融危机等，市场指数也会迅速地加以评估。

这点对于个人投资者来说其实很重要，因为个人投资者往往是较晚知道指数消息的人，所以要耐心观察指数。人们有时候说是某些消息带动了指数涨或者跌，利空就跌，利好就涨。其实恰恰相反，往往是这些消息给了指数涨跌的反应理由。

假设三：道氏理论是客观化的分析理论——要客观利用它协助投资行为，并对其进行深入研究、客观判断。当主观使用它时，就会不断犯错、不断亏损。市场上95%的投资者都是主观化操作，绝大多数都属于"七赔二平一赚"中的"七赔"。

道氏理论由5个定理组成。

（一）定理一：任何市场都有3种趋势——主要、次级、日内

主要（长期）趋势就是分清大势，在一年或者更长的周期里，市场是如何波动的。大趋势是大幅盈利的关键，想让盈利奔跑，把握好大趋势能够事半功倍，相反则可能徒劳无功。苹果期货每年的大趋势，也就两到三波，四五月一波，九十月一波，春节前后一波，其他时间都是上一个周期的延续，如果每年能把握住其中任何一波行情，就能实现较好的盈利。

次级（中期）趋势虽然不是大趋势，但是要时刻防范，因为它可能影响投资者对主趋势的判断，形成干扰。笔者认为，次级趋势能够提供很好的进场机会，如果能够把握好，可以实现盈利最大化；相反，看不清次级趋势，可能会越做越亏。

日内（短期）趋势最难预测，没有规律性，行情波动几乎是随机的，需要交易者灵活应对，特别是需要结合动态的技术指标和盘口信息做出合理应对。要在日内趋势中寻找适当的买进或卖出时机，以追求最大的获利，或尽可能减少损失。

价格趋势归类为这3种趋势，并非严格意义上的绝对走势，而是一种相对的行情方向。其目的是给人们抓住行情一些机会提供一种参考或者依据，

因而其运用起来也需要灵活处理。

第一，如果主要趋势是向上的，便可在次级的折返趋势中做空，并在修正走势的转折点附近，以空头头寸来追加多头头寸的规模。第二，上述操作中，也可以选择空仓观望，或者逆势操作。第三，由于人们知道这是次级折返走势，而不是长期趋势的改变，所以人们可以在有信心的情况下，度过这段修正趋势，最后人们也可以利用日间短期趋势决定买卖的价位，提高投资的获利能力。上述策略也适用于投资者，但其不会在次级的折返趋势中持有反向头寸，其操作目标是顺着中期趋势的方向建立头寸。投资者可以利用短期趋势的发展，观察中期趋势的变化征兆。

长期投资的买进并且一直持有策略可能有必要调整，在修正走势中持有多头头寸，并且看着利润逐渐消失，似乎是一种资金浪费与人性折磨。如果希望精确把握中期趋势，就必须了解它与长期趋势之间的关系。

（二）定理二：空头或多头市场

空头或多头市场也称主要走势（Primary Movements），代表整体的基本趋势，通常称为牛市或熊市市场，持续时间可能在 1 年左右，乃至数年之久。能否正确判断主要走势的方向，是投机行为成功与否的最重要因素。没有任何已知的方法可以预测主要走势的持续期限。

对于市场参与者而言，看准大势就成功了四成，承认大势并顺势而为则成功了七成，还有三成是看所选品种或合约是否给力了。

（三）定理三：空头市场及其 3 个阶段

主要的空头市场（Primary Bear Markets）是指长期向下的走势，其间夹杂着重要的反弹。它来自各种不利的经济因素，唯有商品价格在充分反映可能出现的最糟情况后，这种走势才会结束。

空头市场会经历 3 个主要阶段：第一阶段，市场参与者不再期待商品可以维持过度膨胀的价格，可称为去泡沫期；第二阶段，卖压是反映经济状况与企业盈余的衰退，可称为衰退印证期；第三阶段，卖压是来自套期保值的绝对优势性卖压，不论价值如何，多头交易者因不愿意接货而不得不斩仓离场，可称为绝望期。

（四）定理四：多头市场及其3个阶段

主要的多头市场（Primary Bull Markets）是指多头市场是一种整体性的上涨走势，其中夹杂次级的折返走势，平均的持续期间长于2年。在此期间，由于经济情况好转与投机活动转盛，所以投资性与投机性的需求增加，并因此推高商品价格。

多头市场也会历经3个主要阶段：第一阶段，人们对于未来的前景恢复信心，称为复苏期；第二阶段，期货价格对商品价格预期表现乐观，称为繁荣印证期；第三阶段，投机热潮涌起进而推动商品价格上扬——这阶段的股价上涨是基于期待与希望，称为投机期。

当你有一定市场经验时，可以通过一些对宏观指标、历史统计等的分析，判断出当前处于多头市场哪个阶段，然后在绝望期开始布局，等待行情逐步清晰后再增加头寸，用盈利换取更大收益。

（五）定理五：次级折返走势

次级折返走势（Second Reactions）既可以是多头市场中重要的下跌走势，也可以是空头市场中重要的上涨走势，持续的时间通常在3个星期至数个月；在此期间内折返的幅度为前一次级折返走势结束之后主要走势幅度的33%~66%。折返走势是投资者必须要承受的利润回撤周期，如果不能在回调行情中扛住波动，可能会陷入反复折腾而无法获利的怪圈。

三、江恩理论

江恩理论是投资大师威廉·江恩（Willian Gann）通过对数学、几何学、宗教、天文学的综合运用建立的独特分析方法和测试理论，结合自己在股票和期货市场上的骄人成绩、宝贵经验提出的，包括江恩时间法则、江恩价格法则和江恩线等。

江恩在 1949 年出版了他最后一本重要著作《在华尔街 45 年》。此时江恩已是 72 岁高龄，他在书中坦诚地披露了纵横市场数十年的取胜之道。其中，江恩 12 条买卖规则是江恩操作系统的重要组成部分。江恩在操作中还制定了 21 条买卖守则，他严格按照 12 条买卖规则和 21 条买卖守则进行操作。

（一）江恩理论解析投资亏损的 3 个要素

要素一：在有限的资本上过度买卖。也就是说操作过分频繁，在市场中的短线和超短线是要求有很高的操作技巧的，在投资者没有掌握这些操作技巧之前，过分强调做短线常会导致不小的损失。

要素二：投资者没有设立止损点以控制损失。很多投资者遭受巨大损失就是因为没有设置合适的止损点，结果任其错误无限发展，损失越来越大。因此，学会设置止损点以控制风险是投资者必须学会的基本功之一。还有一些投资者，甚至是一些市场老手，虽然设了止损点，但在实际操作中并不坚决执行，结果因一念之差，遭受巨大损失。

要素三：缺乏市场知识，是在市场买卖中损失的最重要原因。一些投资者并不注重学习市场知识，而是想当然办事或主观认为市场如何如何，不会辨别消息的真伪，结果接受误导，遭受巨大损失。还有一些投资者仅凭一些书本上学来的知识来指导实践，不加区别地套用，造成巨大损失。江恩强调的是市场的知识、实践的经验。而这种市场的知识往往要在市场中摸爬滚打相当长的时间才会真正有所体会。

基于以上 3 点，江恩对新手朋友们如何进行具体的投资操作提出了著名的 21 条买卖守则。

（二）江恩 12 条买卖规则

江恩在以下所列的 12 条规则之上，建立了一套完整的交易系统。基本上，所使用的方法是纯粹以技术性为主，而买卖方法是以跟随市势买卖为主，与他的分析预测完全不同。

（1）判断市场的趋势。

（2）在单底、双底或三底水平入市买入。

（3）根据市场波动的百分比买卖。

（4）根据三星期内的上升或下跌行情买卖。

（5）市场分段波动。

（6）利用 5% 或 7% 的比例波动买卖。

（7）成交量。

（8）时间因素。

（9）当出现高低点或新高时买入。

（10）判断大势是否转向。

（11）最安全的买卖点。

（12）注意市场中价格的快速波动。

在进入投资市场前，务必细心研究市场，因为你可能会作出与市场完全相反的错误买卖决定，同时，你必须学会如何去处理这些错误。再成功的投资高手也会犯错误，因为投资市场从来都是千变万化、捉摸不定的，他们成功的关键就是懂得及时、果断地处理错误，使错误不再扩大。最后，江恩也提醒大家，任何法则都是死的，但是市场是活的，投资者必须学会根据市场的变化而变化，不能认死理。

（三）江恩 21 条买卖守则

（1）每次入市买、卖，损失不应超过资金的十分之一。

（2）永远都设立止损位，减少买卖出错时可能造成的损失。

（3）永不过量买卖。

（4）永不让所持仓位转盈为亏。

（5）永不逆市而为。当市场趋势不明显时，宁可在场外观望。

（6）有怀疑时就平仓离场。入市时要坚决，犹豫不决时不要入市。

（7）只在活跃的市场买卖。买卖冷淡时不宜操作。

（8）永不设定目标价位出入市，避免限价出入市，而只服从市场走势。

（9）如无适当理由，不将所持仓平盘，可用止盈位保障所得利润。

（10）在市场连战皆捷后，可将部分利润提取，以备急时之需。

（11）买股票切忌只望分红收息。（赚市场差价第一）

（12）买卖遭受损失时，切忌赌徒式加码，以谋求摊低成本。

（13）不要因为不耐烦而入市，也不要因为不耐烦而平仓。

（14）肯输不肯赢，切戒。赔多赚少的买卖不要做。

（15）入市时设下的止损位，不宜胡乱取消。

（16）做多错多，入市要等候机会，不宜买卖操作太密。

（17）做多做空自如，不应只做单边。

（18）不要因为价位太低而吸纳，也不要因为价位太高而沽空。

（19）永不对冲。

（20）尽量避免在不适当时搞"金字塔"式加码。

（21）如无适当理由，避免胡乱更改所持股票的买卖策略。

四、波浪理论

波浪理论的提出者是美国证券分析家拉尔夫·纳尔逊·艾略特（Palph Nelson Elliott），他早期研究道琼斯工业指数，所提出的波浪理论是对道氏理论的补充。波浪理论虽然在说图形，但本质上反映的是大众的操盘心理，是投资者心态的图像反映，具有一定的价值。波浪理论是 K 线图形技术的重要理论，主要用来判断盘面的趋势走向，在盘中预知的转折有着重要作用。完美的波浪主要有 5 浪和下跌 abc 浪。

图 3-1 是一个关于波浪理论的示意图，符合完美形态的波浪理论。

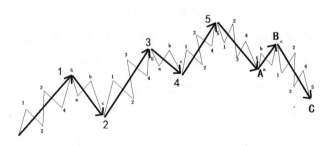

图 3-1　波浪形 K 线图示

　　以 2021 年 2 月 5 日为例，如图 3-2 所示，当天盘面刚好出现了 5 个上升浪，给了 3 个高点，下跌出现了 a 浪，按照波浪理论，还会有一波下跌，看看周一怎么走，如果是完美的波浪理论形态，后面应该要走出 b 浪和 c 浪的行情。

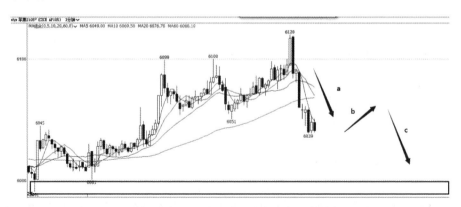

图 3-2　波浪形波动预测图示

　　如果波浪理论成立，按照行情的发展趋势，后面的走势应该是出现一个小反弹，然后继续下跌，下跌到前期最低点以后，可能继续盘整，也可能走出新的方向。所有的理论在于活学活用，如果苹果资金面驱动为主，则对于技术分析非常有利，建议做日内的朋友，多借助一些技术指标和技术理论，尽量扩大自己的盈利面和胜率，避免因为不熟悉技术，在行情大反转或者大幅波动时，因为不懂技术指标而没有及时止损，也利于其及时进场，避免错过好机会。同时再一次提醒所有投资者，任何理论都有缺陷，不建议片面去借助各种指标。

第二节 技术指标

在实际的操盘交易中，虽然人们使用的软件和界面差异很大，但是其所起的提示作用都大同小异，选择一个自己熟悉的软件做交易是有好处的，至少可以避免因为不熟悉操作而带来的巨大损失和可能出现的潜在风险。

下面介绍一些常用的技术指标。

一、盘口技术

（一）报价界面

主要栏目抬头的含义解读如下。

代码：用于期货下单交易。含义举例：AP2501，AP 是品种名，这里是苹果期货的名称代码；2501 是指合约到期时间，这里指 2025 年 1 月到期的合约。

名称：和代码的含义类似，部分软件显示可能有差异。

持仓量：意思是有多少手合约没有平仓，用这个数字乘以每手合约需要的保证金，可以算出市场参与的资金有多少。中国金融期货交易所（以下简称中金所）的股指期货合约公布的是单边持仓，因为期货是对手交易，所以市场总持仓量须在公布数上乘 2。通过了解总持仓，可以知道该合约市场参与的活跃程度。持仓量越大，沉淀资金越多；交易量越大，商品交易越活跃。

仓差：当前持仓与昨日收盘后的持仓差别。

现量：现在成交的手数。股指期货计的单边。

总量：当日当前累计成交量。股指期货计的单边。

结算价：该合约当日一定时间内按成交量加权的平均价。股指期货合约结算价是该合约收盘前1小时至收盘的所有价格的加权平均价。结算价是第二天该合约涨跌数量和幅度的量度基准价，也是投资者账户未平仓合约结算当日持仓盈亏和当日账户权益的基准价格。

其余栏目抬头，如卖五、卖四、买一、买二、总买、总卖和股票的报价栏目含义类似。

注意：当月连续、下月连续、下季连续、隔季连续不是可以交易的合约，只是将对应月份的合约图表做成了连续图表用于分析的。商品期货的也是一样。

沉淀资金：持仓量按当时价格折算的金额乘以保证金比例。

资金流向：（持仓×价格–昨持仓×昨收）×每手乘数×保证金比例。

投机度：成交量÷持仓量。成交量通过单边成交量来计算。

（二）分时图界面

如图3-3所示，在价格分时图界面上，图左边中间曲线代表当日连续价格走势，平滑线代表当日按成交量的加权平均价；左边柱状图上方代表持仓变化情况（处于上方的代表增加，处于下方的代表减少）；下方柱状图代表成交量变化情况。图右侧为盘口信息。

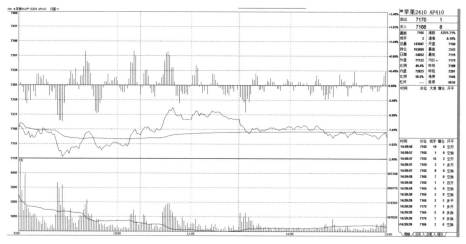

图3-3　苹果分时图

（三）行情信息区

五档买卖盘：上方是最接近成交价的 5 个买卖挂单价。

"最新"是指当下的成交价；"今开"是指今天的开盘价；"涨跌"是指当下价格相比昨天结算价格的价差；"最高"是指今天最高价；"涨幅"是指当下涨跌与昨天结算价格的比值；"最低"是指今天最低价；"结算"是指当下估计结算价，到收盘时变成真实结算价；"昨结"是指昨天的结算价；"总量"是指从开盘到当下当日的总成交量（股指期货为单边）；"金额"是指从开盘到当下当日的总成交额（股指期货为单边）；"均价"是指开盘到当下的成交量加权平均价；"持仓"是指当下的持仓量；"仓差"是指当下持仓量与昨日持仓量的差额；"开仓"是指当下当日累计开仓数量；"平仓"是指当下当日累计平仓数量；"外盘"是指当下成交量中价格是以卖价成交的（可以理解为主动买盘成交量）；"内盘"是指当下成交量中价格是以买价成交的（可以理解为主动卖盘成交量）。

关于单双边统计，在此作如下说明。

期货的成交量在统计上有单边和双边的区别。我们知道，凡是成交，必定是有买进也有卖出的，而且两者在数量上是绝对相等的。比如，有人出价以 1300 点买进 10 张沪深 300 指数期货，同时有人出价以 1300 点卖出 10 张沪深 300 指数期货，结果这 10 手单子成交了。那么，总共成交了多少呢？如果以单边计算，则成交量就是 10 手，而以双边计算，则成交量就是 20 手。显然，双边计算是将成交双方的数量加起来统计的。同样，"总持仓"的双边统计也是将多空双方的未平仓数量加起来计算的。

请注意，在我国商品期货市场，"成交量"和"总持仓"都是按双边统计的，中金所新推出的股指期货是按单边统计的；而在国外，基本上都是按单边统计的。

（四）成交明细区

对于逐笔成交，只有以下 4 种情况。

双开：一方开多仓，另一方开空仓，两个开仓量相同。

双平：一方平多仓，另一方平空仓，两个平仓量相同。

多换：一方开仓，另一方平仓，平开量相同，主动性买意愿强。

空换：一方开仓，另一方平仓，开平量相同，主动性卖意愿强。

如果主动性意愿确定不了时，显示为换手。

对于开仓方式，存在以下 4 种情况。

多开：一方开多仓，另一方平多仓，开仓量大于平仓量，主动性买意愿强。

空开：一方开空仓，另一方平空仓，开仓量大于平仓量，主动性卖意愿强。

如果主动性意愿确定不了时，显示为开仓。

空平：一方开多仓，另一方平多仓，开仓量小于平仓量，主动性买意愿强。

多平：一方开空仓，另一方平空仓，开仓量小于平仓量，主动性卖意愿强。

如果主动性意愿确定不了时，显示为平仓。

股指期货是单边的，国内商品期货是双边的，国外是单边的。

对于单边（股指期货）：

开仓 + 平仓 = 成交量 × 2

开仓 − 平仓 = 仓差

开仓 =（仓差 + 成交量 × 2）÷ 2

对于两边：

开仓 + 平仓 = 成交量

开仓 − 平仓 = 仓差

在持仓量中，多仓和空仓各占 1/2。

（五）下单部分

关于下单部分，需要明白以下几个概念和意义。

开仓：资金（交易保证金）进场建立头寸，动作是从客户账户划入交易保证金到市场。换回多头或空头头寸，即建仓。开仓表明买卖的目的是资金进入市场。

平仓：资金（交易保证金）退场结束头寸，动作是结算盈亏，将结算后的资金退回客户账户，头寸对冲了结。平仓表明买卖的目的是资金退出市场。

平今：平掉今天开仓的头寸。这只有上海期货交易所才用到。上海期货交易所平当日前的头寸用平仓，平当日用平今。其他所都用不到平今，只能用平仓，用了平今就不能下单。

套保：只有申请了保值交易的法人团体才用得到，一般投资者不用点，也不能点，无套保资格的客户点了就无法下单。

合约代码：就是报价界面里的四份合约，根据个人投资的目的和偏好，选代码输入，一般都选成交量和持仓量大的合约交易，这样的合约流动性好些，交易的冲击成本低些。注意不要输入连续图表的代码和尚未挂出成交的合约，这些都是无效合约。

交易编码：系统自动生成，不要动它，否则可能无法正常下单。

市价发出：以市场价发出，有可能拿到最好的价格，也有可能拿到最差的价格。如果对手方没有限价单就会有不成交的情况，不成交的单子自动退回，当然这种情况很少出现。

生成埋单：可以将想下的单子预先输入，到想发出时点击进入左边预埋单界面，选中想发的单子，双击并根据提示发出即可。

闪电下单：点击行情图表中的 5 个买卖报价区可以出现闪电下单提示，按照提示下单将可能更快实现抓价闪电下单。

追价：一段时间委托成交不了后，撤单后以更优价格继续委托。

超价：委托时以比卖一或买一价更优的价格来委托。

反手：在把原先手中单子平掉的同时开反向的单。比如你现在持有一手多单，如果你选中该仓位，点击"反手委托"，就会平掉你的一手多单，并建立一手空单。

锁仓：同时买入和卖出数量相等的一种合约持仓方法。锁仓即开立与原先持仓相反的新仓，又称对锁、锁单，在民间美其名曰"蝴蝶双飞"。锁仓一般分为两种方式，即盈利锁仓与亏损锁仓。盈利锁仓就是投资者买卖的期货合约有一定幅度的浮动盈利，投资者感觉到原来的大势未变，但是市场可能会出现短暂的回落或者反弹，投资者又不想将原来的低价买单或高价卖单轻易平仓，便在继续持有原来头寸的同时，反方向开立新仓。亏损锁仓就是投资者买卖的期货合约有一定幅度的浮动亏损，投资者看不清后市，但又不想把浮动亏损变成实际亏损，便在继续持有原来亏损头寸的同时，反方向开立新仓，企图锁定风险。锁仓的好处是，在不能平仓时起到对冲作用，有时候也是大资金入场扩仓的一种方式，更多的是为了节省平今手续费而选择隔夜平仓规避风险。

移仓：在商品期货投资中，投资者为了保持自己手中的期货合约一直是最活跃的合约，将近月的合约向稍远的活跃的合约转移的过程。比如某些国外的只做多头的指数基金，当这些指数基金买入商品期货后，会一直持有这些头寸，主要方式是不断向远期移仓。

二、K 线技术

期货市场中的 K 线图包含 4 个数据，即开盘价、最高价、最低价、收盘价。所有的 K 线都是围绕这 4 个数据展开，反映大势的状况和价格信息。

K 线的走势周期，最短的是 1 分钟 K 线，最长的是年线，然而在实战中应用最多的是短周期 K 线、分钟线、日线。

常见的 K 线形态，可分为反转形态、整理形态及缺口和趋向线等。而在实战中比较常见的假突破信号有红三兵、大阳线、反转十字星、大阴线等。

（一）如何看期货 K 线图

如图 3-4 所示为 K 线的基本形态。

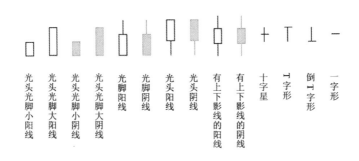

图 3-4　K 线的基本形态

1. 看阴阳

这里所说的阴阳，指的是趋势方向。阳代表持续上涨，阴则表示继续下跌。经过一段时间的多空拼搏，如果收盘高于开盘，这就意味着多头是占上风的。根据牛顿第一运动定律，在没有外力作用的情况下，孤立质点将保持静止或匀速直线运动。市场中价格的运行方式与其有相似之处，在没有外力的作用下，价格多会按原有的方向和速度继续运行，所以说这个时候可以判定为该 K 线图为阳线走势，至少能保证在下一个阶段的初期，是呈现阳线趋势的。这一点其实也和技术分析中的三大假设之一股价沿趋势波动不谋而合，顺势而为应是技术分析最核心的思想。反之，阴线趋势也是一样的道理。

2. 看实体

实体大小代表内在动力，实体越大，上涨或下跌的趋势越是明显，反之趋势则不明显。以阳线为例，其实体就是收盘高于开盘的那部分，阳线实体越大说明上涨的动力越足。就如质量越大与速度越快的物体，其惯性冲力也越大的物理学原理，阳线实体越大代表其内在上涨动力也越大，其上涨的动力将大于实体小的阳线。同理可得，阴线实体越大，下跌动力也越足。

3. 看影线长短

影线代表转折信号，向一个方向的影线越长，越不利于股价向这个方向变动，即上影线越长，越不利于股价上涨，下影线越长，越不利于股价下跌。以上影线为例，在经过一段时间多空博弈之后，多头终于败下阵来，不论K线是阴还是阳，上影线部分已构成下一阶段的上涨阻力，股价向下调整的概率居大。同理可得，下影线预示着股价向上攻击的概率居大。

4. 均线

均线（Moving Average，MA）即移动平均线，其道理说起来很简单。很多人认为简单的东西不值得学习，但是真正理解均线的含义，并且熟练运用的交易者并不多。均线代表某一段时间或周期内该商品价格的走势和发展方向。5日均线（MA5）、10日均线（MA10）、20日均线（MA20）、60日均线（MA60）是多数投资者常用的平均线参数，交易重点在于趋势的把握，通道趋势的发展方向，上升通道的价格会随着时间的延续而上升，下降通道的价格会随着时间的延续而下降。在标准的上升通道中，日K线位于5日均线的上方、5日均线在10日均线的上方、10日均线在20日均线的上方，依此类推，这也就是价格下跌受到均线系统的支撑；而在标准的下跌通道中，情形正好相反，也就是价格上涨受到均线系统的压制。

（二）K线移动平均线

1. 按时间周期分类

按照时间周期长短，均线可以分为短期移动平均线、中期移动平均线、长期移动平均线。

（1）短期移动平均线：一般有MA5、MA10，是运用最广泛的参考均线，代表一周或半个月的平均价，可作为短线进出的依据。

（2）中期移动平均线：一般有MA20、MA30（俗称月线）、MA60（俗称季线），有效性较高。

（3）长期移动平均线：一般有MA120（俗称半年线）、MA250（俗称年线、牛熊分界线）。

（4）常用均线：一般有MA5、MA10、MA20、MA30和MA60。

2. 作用

平均线最基本的思想是消除偶然因素的影响，其作用主要有 5 个。

（1）追踪趋势：注意价格的趋势，并追随这个趋势，不轻易放弃。

（2）滞后性：在价格原有趋势发生反转时，由于均线的追踪趋势的特性，均线的行动往往过于迟缓，掉头速度落后于大趋势。

（3）稳定性：由均线的计算方法可知，要比较大地改变均线的数值，无论是向上还是向下，都比较困难，必须是当天的价格有很大的变动。

（4）助涨助跌性：当价格突破了均线时，无论是向上突破还是向下突破，价格有继续向突破方面再走一程的愿望。

（5）支撑线和压力线的特性：由于均线上述四个特性，使得它在价格走势中起支撑线和压力线的作用。

（三）K 线的趋势和形态

1. 趋势的定义与类别

趋势中的上升趋势必须体现在依次上升的峰和谷上；相反，下降趋势则以依次下降的峰和谷为特征。如图 3-5 所示。

趋势可分成三类：主要趋势、次要趋势和短暂趋势。道氏用大海来比喻这三种趋势，把它们分别对应于潮汐、浪涛和波纹。

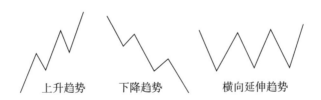

上升趋势　　　下降趋势　　　横向延伸趋势

图 3-5　趋势形态图示

2. K 线常见形态

（1）M 头形态与 W 底形态。M 头形态和 W 底形态都属于反转形态，当出现 M 双头时表现股价升势已经完成，当出现 W 底形态时表示跌势告一段落。通常这两个形态出现在长期趋势的顶部或底部，所以当 M 头形成时它的最高点就是阶段性的顶点；而当W底形成时，它的最低点就是阶段性的底点了。

（2）V字反转形态。V形顶（底）其实不是形态，但由于它的出现同样是一段时期内演化的结果，同时也确实是一种反转现象，所以还是把它们当作反转形态来研究。V形顶（底）形态不容易判断，因为它的反转通常没有什么征兆，而且反转前也没有逐渐缓和的趋势（逐渐平衡的买卖实力）可供参考，急来急去，令人防不胜防。

（3）三角收敛。当趋势波动不断处于震荡当中，但震荡幅度越来越小，形成收敛时，形态学派中经常会用到几何中"三角形"的概念，将这种形态称为三角收敛。

如图 3-6 所示的四种三角形形态出现的频率相对较高。除此之外，还有如图 3-7 所示的形态。

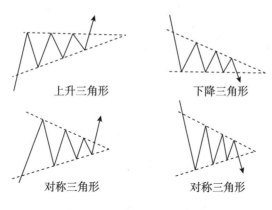

图 3-6　几种三角形波动图示

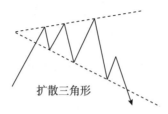

图 3-7　扩散三角形图示

三角形的形成一般是价格发展至某一阶段之后，会出现价格反复或者停滞的现象。价格振幅会越来越小，K线的高点与高点相连，低点与低点相连并延伸至交点。此时会发现价格运行在一个三角区域中，这种形态又以正三角形为典型代表。

（4）矩形。矩形也被称为箱形，是一种典型的持续整理形态，指的是股价在两条平衡的直线中横向盘整，表示趋势中的停顿，它只不过是暂时的运行方向的停顿，经过整理之后往往都会延续着原先的运行方向继续运行。

①形态特征：股价在两条平行、横向的直线之间上下波动。上行到上端直线位置就回落，下降到下端直线位置就回升。

②形态说明：一般发生在某种趋势运行的进程之中，带有中途休整和蓄势的性质。比如在上升过程中，利用这种箱形整理，多方既可以积蓄力量发动新的攻势，又可以逐步消化在前期上涨中积累的获利盘。因此，在矩形整理之后，股价一般会按原趋势方向进行突破，再度上升或下落。如图3-8所示。

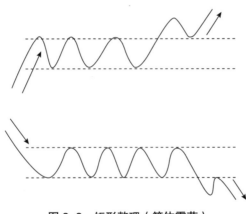

图 3-8　矩形整理（箱体震荡）

③形态应用：中长线投资者在上升趋势中没有改变迹象而出现矩形整理时，一般可以放心持股；反之，对下降趋势中的矩形整理，可耐心等待更低的买点。短线投资者可以利用箱体特征，低买高卖，反复快速进出。

（5）旗形整理。如图3-9所示是两个形态相反、意义相反的旗形整理形态。在旗形整理开始之前，都曾经有一个力度相当强的上升或下跌过程，表现为斜度很大、近乎竖直的直线，一般称为"旗杆"（从 a 至 b 点部分）。旗形整理主要体现为股价在一个与"旗杆"方向相反的四边形中的波动。在旗形整理结束后，股价会突破四边形的范围，恢复原来的快速上升或下降趋势。旗形整理出现在第四浪的概率较大。

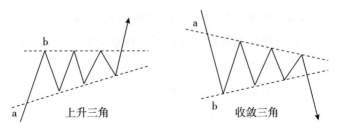

图 3-9　旗形整理图示

（6）楔形整理。楔形与旗形的形成过程差不多，也是先要有一波上升或下降的"旗杆"，如图 3-10 所示。楔形整理系股价介于两条收敛的直线中变动。与三角形不同之处在于，两条界线同时上倾或下斜。其成交量变化和三角形一样向顶端递减。楔形又分为上升楔形和下降楔形。

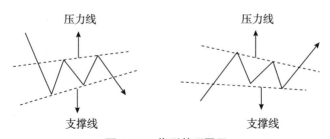

图 3-10　楔形整理图示

此外，还有 U 形底、头肩顶与头肩底等不同翻转突破的图形。

三、技术指标

技术指标是根据期货市场的历史价格和交易量等数据计算出来的一种量化工具，用于预测市场未来走势和判断市场的买卖信号。由于行情波动可以量化，所以可以通过数学模型和统计方法，对市场的价格和交易量进行分析，从而揭示出市场的特定模式和规律。指标只是客观数据的一种直接或间接的数字或图形化反映，并非盈亏的标准，只能作为工具而存在，是投资交易的一个参考依据。

（一）MA 均线指标

MA 均线指标是最常用的技术指标之一，它通过统计一段时间内的平均价格，来反映市场的长期趋势。将某一段时间的收盘价之和除以该周期（N 日移动平均线 $=N$ 日收市价之和 $/N$），从而得到一条带有趋势性的轨迹，这条轨迹就是移动平均线。相比日 K 线的频繁震荡，MA 比较平稳，时间跨度越长的均线，越能表现出稳定的特性。当价格位于所有均线之上时，市场呈现上涨趋势；当价格位于所有均线之下时，市场呈现下跌趋势。短期均线位于长期均线之上，属于多头排列；反之是空头排列。MA 均线指标是期货交易技术指标中最重要的指标之一，其他指标可以不看，但是均线指标是不能不参考的。

（二）MACD 指标

MACD（Moving Average Convergence Divergence，移动平均线收敛发散）指标是一种趋势和动量指标，它由两条线和一条柱状图组成。这两条线分别为快线（Difference Index Function，DIF）和慢线（Difference Exponential Average，DEA），柱状图为两条线间的差距。当快线交叉慢线时，市场呈现买入信号；当快线下穿慢线时，市场呈现卖出信号。柱状图的增大表示趋势的加强，而缩小则表示趋势的减弱。

（三）KDJ 指标

KDJ 指标是一种强弱指标，它通过计算最高价、最低价和收盘价之间的关系，得出 K 值、D 值与 J 值，来反映市场的超买和超卖状态。常用参数为 9 天、3 天和 3 天。K 线位于 80 以上表示超买，建议卖出；K 线位于 20 以下表示超卖，建议买入。

（四）RSI 指标

RSI（Relative Strength Index，相对强弱指数）指标是一种相对强弱指标，它通过比较一段时间内的平均涨幅和平均跌幅的比例，来判断市场的过买和过卖状态。常用参数为 14 天。当 RSI 超过 70 时，市场被认为过买，可能会回调；当 RSI 低于 30 时，市场被认为过卖，可能会反弹。

（五）CJL 成交量指标

CJL 成交量指标是用来分析市场的交易活跃程度和买卖力量的。常见的成交量指标包括成交量柱状图、成交量加权平均线等。当成交量放大时，表示市场力量加强，价格趋势可能延续；当成交量缩小时，表示市场力量减弱，价格趋势可能转向。

（六）CCL 持仓量指标

CCL 持仓量指标是一种衡量期货市场多空力量对比的技术指标，它显示期货市场的多头（认为价格将上涨的投资者）和空头（认为价格将下跌的投资者）之间的合约持仓量差异。这个指标的计算方法是基于中国金融期货交易所（CFFEX）的期货持仓数据。当 CCL 指标值为正时，表示多头力量强于空头力量；当 CCL 指标值为负时，表示空头力量强于多头力量。CCL 持仓量指标可以作为参考，帮助投资者判断期货市场的趋势和投资者的情绪，以及预测未来价格变动的概率。笔者认为，期货交易除了均线，关注 CCL 持仓量指标是否异动还是非常重要的。

（七）BOLL 布林线指标

BOLL 布林线是一种路径型指标，由上限和下限两条线构成一个带状的路径。股价超越上限时，代表超买；股价超越下限时，代表超卖。BOLL 布林线指标的超买超卖作用，只能运用在横向整理的行情。BOLL 布林线可以指示支撑和压力位置，显示超买、超卖；也可以指示趋势，具备通道功能。

（八）WR 威廉指标

WR 威廉指标是一种超买超卖指标，它通过计算最高价和最低价与收盘价之间的比例，来判断市场的超买和超卖状态。常用参数为 14 天。当 WR 威廉指标超过 80 时，市场被认为超买，可能会回调；当威廉指标低于 20 时，市场被认为超卖，可能会反弹。

（九）动量指标

动量指标是一种衡量市场力量和市场走势加速度的指标。常见的动量指标包括相对强弱指标（RSI）、顺势指标（CCI）等。通过计算一定周期内价格变动的累积和均值，来判断市场的强弱和买卖力量的方向。

此外，还有动向指标 DMI、趋势指标 DMA、指数平均数 EXPMA、三重指数平滑移动平均 TRIX、"情绪指标"BRAR、成交量比率 VR、能量潮 OBV、振动升降指标 ASI、简易波动指标 EMV、抛物线指标 SAR 等。投资者可以根据自己的实际情况选择适合自己的指标进行市场分析和决策。需要注意的是，技术指标只是一种辅助工具，投资者还需要结合其他信息和基本面分析来进行投资决策。

第三节　技术应用

期货交易，作为金融市场的一种重要形式，吸引了无数投资者的目光。然而，想要在期货市场中取得成功，却并非易事。真正的技术在于指导实践和用于实战，而非流于形式。还有，每个品种的属性不同，其波动方式也会有很大差异。比如，苹果期货盘面的跳跃性较大，要么盘整波动较小，要么大幅拉涨或大幅暴跌，甚至因为一些消息刺激，开盘大幅跳空低开高开也是会出现的。对于苹果这种品种，通过短周期的技术分析，一些指标常常会失效，技术也并非万能。

一、如何得到比较好的入场点：利用黄金分割

做基本面，不是不需要技术，懂得一些基本技巧有益无害。很多人在做短线的时候找不到入场点，喜欢追涨杀跌，这是不可取的。如果不是技术高手，执行力不强，不建议去做突破，最好的做法是紧跟大趋势，在大趋势的反向发展时挂单。比如，苹果市场震荡时，大趋势看空，可以在盘面拉涨时择机做空，如果没有时间盯盘，可以采用挂单方式。但是选择什么时机挂单，很多人都是乱挂，只凭感觉，不太科学，主要是挂的点位不好继续反弹容易打止损或者被套，所以建议掌握一些技巧。一般而言，做空的话，最好挂在压力位的下方比较容易成交。

那么如何找到压力位？这里说一下黄金分割。以图3-11为例，按照黄金分割，可以挂单的点位是6111、6281、6386、6490、6660。但在实战中，这些点位其实不能挂单。其原因很简单，挂单的人太多，不容易成交。因此，建议下移5~10个点，同时避开整数点位，如6105、6275、6360。由于6490和6660点位太高，成交概率较低，可以暂时不挂单。挂单时，注意设置好止损点，避免行情逆转带来重大损失。

图3-11 黄金分割图形实例

当然，除了黄金分割，还有一些其他找压力位的方法，如整数点、日均线、近期高低点、指标金叉死叉点等，都可以用来作为判断压力位的依据，在此不一一列举。

二、如何得到比较好的入场点：寻找历史最高点

要寻找好的入场点，需要找压力位，压力位的重要参考指标之一便是历史最高点。比如以图 3-12 为例，某期有个最高点是 6198，那么其近期的压力位就是 6198 附近。如果想入场，那么可以以此为参考，把历史最高点作为压力位，在它的下方挂单，低于 5~10 个点即可。如果某天挂到 6194 附近，就能成交，从整天的走势来看，刚好是当日最高点，这样的入场点位是非常不错的。

图 3-12 压力位图形实例

在历史最高点下方挂单入场需要注意几个问题：①尽量挂在整数点的下方，不要挂在整数位，因为大家都挂整数，成交概率变低；②不要挂在历史最高点的上方，因为是压力位，下方会挂大量的空单，如果你挂上方，成交概率很低，即使成交，属于突破，可能还会继续拉涨；③位置不能挂得太低，太低虽然容易成交，但是可能被套点数较多，比较被动；④必须带止损，突破压力位，很有可能大幅反弹，设立止损点能够避免带来大的损失。苹果止

损建议 60 个点左右。

如果苹果期货处于震荡周期，趋势单会不太好做；如果是较高点位的空单，可以继续持有，没有新开仓，可以做短线为主，逢高做空，高进低出，盈利 80 ~ 100 点就可以离场。在盘面脱离基本面波动时，需要借助技术指标，以便利润最大化。注意节前轻仓。

笔者的交易原则是以基本面为主、以技术面为辅，顺势而为，逆小趋势、顺大趋势，一般不抄底摸顶，当然如果有盈利也会顺势加仓做突破。

三、如何得到比较好的入场点：利用均线

笔者其实并不擅长利用技术指标来入场，也一度走了很多弯路，这里讲得不一定对，只是自己的一点心得，希望新手少走弯路。入场点找得好，拿单止损会比较小，胜率大，盈利面大，不会太被动。

期货能不能进去就盈利、能不能拿住单子、能不能最大化盈利，入场的点位相当关键，特别是对短线做单意义重大。

下面简单介绍如何利用均线压力位入场。均线在期货 K 线图里有着重要的参考价值，不管是做多还是做空，尤其是对于判断走势和未来趋势非常重要，很多人可以不看裸 K 线图，但不会不参考均线指标。

均线可以标示重要的支撑位和压力位，对于上涨行情，背靠均线可以逢低进多；对于下跌行情，可以头顶压力逢高做空。比如，在下跌趋势中，可以选择逢高做空。一般在 5 日、10 日、20 日均线附近挂单，由于 60 日均线位置较高，再大反弹时用到，这些均线有一定的压力支撑。以图 3-13 为例，当前最高点是 6079 点，其实就是 5 日均线，可以挂单做空，建议在下方 5 ~ 10 个点挂单，成功率较高，是比较好的入场点位。

图 3-13　均线图形实例

　　需要说明的是，在不同周期，均线值是变化的。周期不同，均线值会有差异，一般参考日 K 线的均线值，不是 1 分钟或者短周期的均线。在参考时，需要把周期切换到日线周期。

四、苹果期货的顺势交易

　　所谓的顺势交易，顾名思义，就是顺着趋势发展的方向来做单，如果趋势向下，就做空；趋势向上，就做多。这就是趋势交易，建立的头寸即为趋势单。想在期货市场赚取超额收益，非趋势单莫属。

　　那么，怎样判断趋势呢？很简单，如果是做长线，一般以日线为参考级别，根据 K 线形态整体的方向来确定。如果最高点、最低点均越来越高，就是上升趋势，最好做多；反之，应该做空。以图 3-14 为例，从目前的形态来看，苹果处于下行通道，趋势向下。依据如下。

图 3-14 顺势图形实例

一是日线形态全部向下，没有翻转的迹象，中途虽然有反弹，但是没有延续，没有突破前期高点，基本是下行趋势。

二是 60 日均线是 6660，目前的行情波动，一直没有长时间站稳 60 均线，包括近期的波动，都在 6150 以下，连 20 日均线都没有站上去，说明整体形态偏弱，属于空头趋势。

三是从日 K 线图的 BOLL 指标来看，形态一直处于布林通道下方，没有突破中轨，而且非常流畅，是标准的下行趋势。当然，在日 K 线上趋势向下，并不能说明趋势一定向下，具体要看用的是什么周期，如果是日 K 线、小时线或者更小级别的 K 线图，可能会出现一些翻转趋势，那么投资者应该怎么取舍呢？

很简单，看自己做的什么级别的单子，如果做的是中长线，当然要看日 K 线，如果是短线，可以参考 1 分钟和 5 分钟的 K 线图。有时候在小级别的行情上，K 线形态会出现逆转，呈现上涨态势，这个时候其实是介入空单的好机会。其原则是，顺大势、逆小势，只要大趋势不改，顺应大趋势做单，胜率更高，稳定性更好。相反，逆大势、顺小势也可以做单，但风险较高，对操作者的执行力要求高，一般人不一定能够坚决止损和及时止盈，不容易抓住行情。

总体来说，目前苹果 5 月合约尚处于大趋势继续向下的下行通道，顺大势、逆小势是符合一般做单原则的。尤其是对于新手，想稳定盈利，更应该顺应大趋势。

网上有些人提倡投资者抄底，殊不知大趋势仍在，所抄的底可能就只是下行趋势中的一个震荡或者反弹，抄底不成，反而很有可能逆势被套，建议顺势而行，以空为主。当然，某一天，行情变化，趋势逆转，出现了转多信号，那时做多也不迟。如果对行情判断不准，没有把握，可以观望等机会。但是目前，下行趋势是确定的，技术不高，逆势做多，小心为佳。

五、如何得到比较好的入场点：反弹回落做空

反弹回落做空是一种比较激进的做空方法。具体做法就是在下跌的过程中，突然出现反弹，但反弹并不持续，属于空头平仓反弹。这种反弹力度不大，做空的话其实是比较好的介入时机。需要注意几个时机。

一是尽量是空头平仓引起的反弹，如果是多头增仓反弹甚至拉涨，需要观望，不能直接做空。

二是必须等到回落后才能空进去，不回落不做空。回落尽量是空头增仓时做空，短线的话 15 分钟级别两根阴线最好。

三是仓位一定要轻，一旦继续拉涨，一定要及时止损，眼疾手快，尽量保本离场，以试单为主。

四是必须有一定的压力压制，属于逆大势的反弹，上方有多个压力位。如果突破震荡箱体，需要观察是不是继续反弹。

五是必须分批入场，保持可加的仓位充足，一旦出错，必须砍掉差的点位，始终保持轻仓。如果第一次空进去继续反弹，如果仓位不重，可以先持有，然后等到高点继续空，如果有更高的点位，只是加仓，那就再等一等。做空的方法很多，如何使用，需要结合具体盘中的行情，不能太僵化。

以图 3–15 为例，当前一直震荡，突然空平拉涨到 6045，很多人不敢空，

其实是比较好的做空机会。当然，同时需要控制风险，不对了要及时止损，盈利了要拿得住。出现以上情况时尽量以短线为主，不做趋势单。

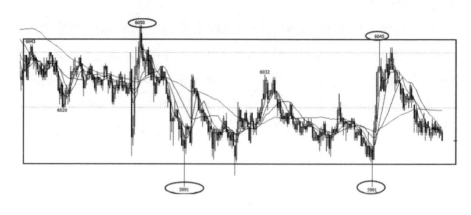

图 3-15　震荡行情图形实例

六、出场点的选择

正所谓："会入场的是徒弟，会出场的才是师父。"在交易环节中出场点的选择是很重要的，行百里者半九十，即使捕捉到了最佳进场点，也可能会因不当的出场而留有遗憾。

（一）选择出场的原因

1. 完成交易计划

日常交易计划制订后，会存在合适的盈亏比设定。如果止损 30 个点，那么盈利目标通常会以 30/60 个点或更远的位置来参考出局。完成交易计划后的出场是最基本的交易原则。交易不宜过于贪心，在既有浮盈基础上仍期待更多，最终可能会得不偿失。

2. 逃避不利变盘

如果进场交易后，出现了以下几种情况：可以选择暂时离场观望，凭借经验和系统方法发现了变盘信号，或者行情并未按照预期出现流畅性的走势，或者持单一段时间后仍未扩大浮盈等情况。即使此时已出现一定的浮亏，也可以出局。以小亏损规避大亏损，也是值得的。

3. 保护既得利润

在趋势性波动中，行情流畅性还未被破坏，但遇到了关键阻力，为了警惕行情出现大幅回撤，保护既得利润，可以选择出场一部分仓位。现在手机和电脑软件都带有移动跟踪止损，利润一旦回撤，会自动帮助交易者完成止损。

（二）趋势状态决定运用何种方法止盈

1. 单边趋势波动

客观贴近行情走势，就会区分出短、中、长线策略该如何选择。在单边趋势中，产品的价格会不断有新高（或新低）出现，延续性良好。这是交易者最应该关注的趋势状态。一旦遇见，就不要拘泥于短期盈利，可多关注中长线的获利机会。

2. 宽幅震荡波动

震荡行情可分为宽幅和窄幅，一般窄幅震荡波动不推荐过多操作，宽幅震荡波动则可以考虑高抛低吸策略。因为是震荡走势，所以阶段性的高低点都需要等待较长的时间，出场点也是如此。而且震荡走势不一定标准地达到边界线附近，因此，为了保持稳健性，该阶段的策略多以短线为主。

（三）选择出场的基本方法

1. 参考前期高低点

如果是新手交易，还未能熟练运用各种技术分析方法，最基本的方法就是选择前期的高低点来参考止盈。

以图 3-16 为例，一波上涨浪，经历回调走势后出现企稳信号。再进场多单后，无法预知能否走出第三浪，但是前期上涨高点可以作为持有多单的目标参考。这样的运用最为普遍，也是很可行的方法。如果行情只是震荡格局，那么前期高点附近会是阶段性高点，为出场最佳点；如果是趋势性行情，走出新高，参考破位点出场，也是抓取了大部分的利润空间，不会有遗憾，后期真实突破后仍可考虑继续操作。

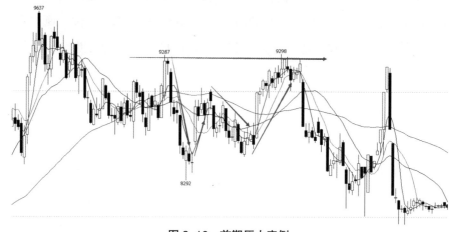

图 3-16　前期压力实例

2. 关注势的变化

多头和空头在势的强弱上是有显著区别的。在强势行情中，行情显示一去不回头的特征，顺势单可始终持有，直到出现了势的改变。

以图 3-17 为例，在单边下跌中，行情顺着 5 日均线不断下行，一直没有翻越过该"生命线"。空单可以始终持有，直到行情翻越了 5 日均线至长期均线上方。进入低位盘整，空头的势开始变弱，空单也可以开始止盈动作，以保护相当的利润。

图 3-17　势的变化实例

3. 按照标准形态进行计算

如果参加了技术分析的学习，了解了一些标准形态的操作技巧，投资者可以在遇到信号时，按照突破的标准距离去做止盈。

以图 3-18 为例，在遇见"W"底形态后，若有在颈线附近介入多单的，就可以按照震荡区间的 H 高度，来度量后期多单的止盈目标。分阶段止盈，第一个点位就是 1 倍的 H 高度。在超预期完成 H 高度后，涨势未见衰减，可轻仓搏一下两倍的 H 高度。

图 3-18 "W"底图形实例

（四）回撤止盈

在实际操作中，行情总是来回波动的。投资者入场以后，很有可能出现行情反复的情况。遇到这种情况时，可以利用软件来实现回撤止盈。其专业术语叫移动止盈 / 止损，或者叫跟踪止盈 / 止损。移动止盈 / 止损也称为移动锁利、动态止盈、追踪停止、追踪出场、跟踪停止等，就是用来锁定获利、控制亏损的方式，移动指的是可以跟着价格变化自动止损锁利的设定。

投资者事先设置好触发点，股价上升时，这个触发点就会跟着上升，但当股价下降时，触发点就维持不变；而当股价下降到触发点的价格，即会触发出场，因而止盈 / 止损（自动锁住利润、停止损失）。

移动止盈 / 止损的目的，就是要让投资者在行情大幅波动的情况下，能够保持纪律，限制回撤幅度，尽可能地放大行情、减小损失，避免出现盈利变浮亏，甚至大幅盈利全部回撤的情况。

在期货市场中，支撑位和阻力位是投资者必须掌握的基本概念。支撑位，指的是价格下跌时可能遇到支撑，从而止跌回稳的价位；而阻力位，则是价格上涨时可能遇到压力，从而反转下跌的价位。在支撑位上买，在阻力位上卖，这无疑是期货交易中最基本的策略。

然而，这并不意味着只要遵循这一原则就能稳操胜券。在实际操作中，投资者还需要根据市场情况灵活调整自己的交易策略。建仓、平仓、加仓、减仓，这些操作都需要投资者根据市场走势和自己的交易计划来作出决策。有所为有所不为，这是交易中的智慧。

仓位控制，更是期货交易中不可或缺的一环。合理的仓位管理可以有效降低风险，提高收益。投资者应该根据自己的资金状况、风险承受能力以及市场情况来合理安排仓位。过度交易或者重仓操作，都可能导致资金的大幅波动，甚至爆仓。

在期货市场中，理念、心态和经验同样重要。理念决定了投资者的交易方向和策略，心态影响投资者的决策和执行，而经验则是投资者在不断实践中积累的宝贵财富。这三者相辅相成，共同构成了投资者的交易体系。

在理念方面，投资者需要树立正确的交易观念，以长期稳健盈利为目标，避免盲目追求短期的高收益。同时，还要不断学习和研究市场，提高自己的交易技能和认知水平。

在心态方面，投资者需要保持冷静和理性，不被市场的波动所影响。在交易中，要敢于面对亏损，及时调整自己的交易策略。同时，还要学会控制自己的情绪和欲望，避免因贪婪或恐惧而作出错误的决策。

在经验方面，投资者需要通过不断的实践和反思来积累经验。在实践中，要敢于尝试不同的交易方法和策略，找到适合自己的交易方式。同时，还要善于总结和分析自己的交易记录，找出成功的经验和失败的教训，不断完善自己的交易体系。

总之，期货交易并非简单的买卖行为，而是一门需要不断学习和实践的技艺。在掌握基本技术的同时，投资者还需要树立正确的理念、保持良好的心态、积累丰富的经验，才能在市场中取得长期的稳定盈利。

第四节 技术分析

新手不能迷信技术分析，技术在大多数情况下是用来优化做单手法、规范做单习惯、克服人性弱点的，用技术分析来做预测会舍本逐末，不能完全依赖技术分析对行情未来走势的判断。从某种程度上来说，技术方法是有缺点的，如滞后性、矛盾性、局限性等。

期货市场变幻莫测，任何应对市场的方法都不是十全十美的。可是，一些新手存在认知偏差，总想找到一种方法，能够完全应付整个市场，实现持续盈利和高胜率的目标。

一、技术分析的优点

技术分析具有三个优点，分别是简单性、明确性和灵活性。

（一）简单性

价格走势图可以清晰地表现各种变量之间的关系及其相互作用的结果，将复杂的因果关系简化为简单的价格走势图。通过观察价格走势图，投资者可以轻松地把握价格变化的趋势。此外，利用计算机进行技术分析也非常方便。

（二）明确性

技术分析中可以出现明显的底部或顶部形态，以及各种买卖信号，这些信号的出现可以提示投资者做好交易准备。此外，一些主要的支撑位或均线被突破，往往也意味着巨大的机会或风险来临。这些就是技术分析的明确性，但需要注意的是，明确性并不等于准确性。

（三）灵活性

技术分析适用于任何交易媒介和任何时间尺度，无论是期货、外汇、贵金属还是股票，无论是分析上百年的市场走势还是几个小时的标的物价格走势，其基本技术分析原理都是相同的。只要调出任何一个标的物的价格走势图，就可以获取有关价格的信息，并进行走势分析，从而预测其未来走势。

二、技术分析的缺点

技术分析固然有优势，盘面可以反映一切信息，但盘面所反映的终究只是结果，由果推因，就会出现一对多的情况。多种因素会导致一个结果的出现，一旦分析错误，依然不能有效把握技术的优势。技术分析缺点明显，也很难克服。

（一）对于长期趋势的预测效果不佳

技术分析主要关注短期价格波动，对于长期趋势的预测能力有限。长期趋势往往受到基本面因素的影响，而这些因素无法通过技术分析得到反映。只做技术面，往往会因为看不到价格波动的空间，在长期的震荡和洗盘中无法忍受，最终信息不足选择半路下车，可能导致错过一大波行情。

（二）不能准确预测交易价格

技术分析只能提供价格的历史走势和一些技术指标，无法告诉投资者最佳的买卖时机和价格。在实际交易中，需要结合其他因素来决定交易时机和价格，因为盘面价格经常会高于或低于最佳价格位置，下单也只能通过盘面现有价格下单。盘面的阻力和支撑，在有效时，参考意义显著；而一旦失效，可能会丧失盘感，让人无所适从。

（三）容易受到市场情绪和噪声的影响

技术分析往往会受到市场情绪和噪声的影响，如市场传闻、投资者心理等。这些因素可能导致价格波动，使得技术分析的准确性受到影响。有时候，一些品种波动极快，忽上忽下，紧盯 1 分钟，或者短期的波动周期，会导致操盘手精神紧张，心情压抑，身心承受巨大压力。

（四）需要花费大量时间和精力进行分析与研究

技术分析需要投资者花费大量时间和精力进行分析与研究，包括查看价格走势图、计算技术指标、分析市场趋势等。这可能会对投资者的工作和生活产生一定的影响。做好基本面，每天和每周的复盘必不可少。

三、新手容易被误导的几点

刚入行的新手心理承受能力较弱，往往希望在不确定的市场行情波动中找到一种确定性的东西，技术是很多交易者误入歧途的开端。

（一）被期货市场的老师误导

有的期货市场的老师过分夸大技术的确定性，并且把这种意识传递给自己的学员，特别是新手；有的缺乏实践经验，所了解的理论知识全部来自书本，却言之凿凿，让新手信以为真；有的自己亏损，但是以亏为荣，或者不敢实盘交易，却给新手讲"心灵鸡汤"，根本看不到市场的不断演变和新的风险；有的以前的确赚钱，但是现在已经退出实战，利用以前的影响力到处讲课，其理论和方法完全与市场脱节，在实战中很难完全应用，以前的图形、指标、战法、策略放到现在根本行不通，但是照样不断忽悠；甚至还有一些自己都不相信技术的准确性，完全是为了忽悠而忽悠，把不确定的东西讲得绘声绘色，很容易让新手产生误解。

（二）因果倒置，让新手产生错觉

人们常说技术是对结果的分析，导致这种结果的原因是多方面的，宏观经济、资金博弈、政策引导、商品基本面变化、短期情绪等。这些因素有很多，但是绝对不会出现涨了是涨了的原因、跌了是跌了的原因。由于新手总想找确定性的东西，所以有些培训老师为了给新手信心，就把某些图形和指标讲得非常确定，如"M"头出现了，一定会跌；"W"底出现了，一定会涨；背离了一定会翻转，诸如此类。新手感觉这些很有用，但是对于老手，顶多是参考，没有必然性。究其原因，技术分析是对结果的分析，根据结果推测未来走势，本身就存在问题。今天拉阳线，增仓放量，明天未必继续上涨，下跌和继续上涨都有可能。只能说，资金在某些时候存在惯性，但商品价格上涨本身就是由很多因素造成的，而不是技术上的结果导致的，技术分析过分把所有波动的因素都着眼于盘面，只会让交易陷入怪圈。

（三）技术不是全能的，但也不是完全无用的

有些人太强调技术、太相信技术，反过来，市场中也有一些人完全相反，就是一点儿技术也不懂，一点儿技术也不学。举个例子，在一个涨势良好的趋势中，突然掉头向下，不懂技术的投资者会继续持有，而有技术经验的投资者会分析是否存在压力、回撤力度、大单走向、资金的情绪等，如果对自己不利，大概率会止损离场。如果持续走低、行情翻转，可能会跌回起点，盈利完全回撤，不懂技术的往往很难有效控制回撤，懂技术的在这方面就优势明显。我们强调，所有的因素都会集中反映到盘面上，盘面反映的是结果，但盘面不是对未来走势没有任何影响。因为大量的投资者参与其中，大家使用的指标、方法、逻辑有可能趋同，在某个点位选择一起平仓，这就导致了支撑和压力的存在。也就是说，技术对盘面也是有影响的，我们不能迷信技术，但也不能彻底否定技术。

新手可以学技术，但只能将技术作为分析的一种手段，而不能把技术当成唯一的分析工具。因为技术是有缺陷的，技术是靠试错和交易规则赚钱，不是靠预测赚钱，但是很多人没看到这一点，以为技术是万能的。

笔者认为，想长期稳定盈利，与技术或基本面无关，其关键是良好的交易习惯，能够坚持一些看似简单但至关重要的理念。比如，在历史价格相对

高位时不能追多，尽可能对多单减仓保收益；在历史价格底部不继续追空，尽可能对做空仓单做减仓动作；增仓放量拉涨不做空，增仓放量下跌不接多；不重仓交易；不频繁止损，不在一段时间内频繁进场；只参与自己看得懂的行情，下单有着自己的计划，分析有着自己的逻辑，不会随意跟单，理性看待市场各种消息和分析；等等。

四、个人对技术分析的体会

个人认为，技术分析和基本面分析都是有缺陷的。技术分析往往夸大技术的可预见性和执行效果，本质上，期货行情发展的方向是不确定的，没有谁能准确预知未来一段时间到底是涨还是跌。那么，分析的价值在哪里？

一是心理安慰；二是用大趋势搏大胜率；三是利用 K 线的变化特征，大家操作趋同，同进同出，搏一个合力方向，所谓的压力和支撑就是这么来的，有时候有效，说明人多力量大，到了支撑位置，大量人去接盘，行情可能就会反转；四是利用技术指标和技术图形的客观性来规范自己的操作手法，知道在什么时候做什么事、在什么情况下不做什么动作。技术没有好坏之分，交易者如何利用技术才是关键。

基本面分析只关注商品本身的特征，有时候期货、现货"两张皮"，分析再多现货也没用。基本面分析的优势在哪里？一是相信期现回归，只要期货最终走交割逻辑，不管期货走得再怎么离谱，总会在交割前调整回来，期货的波动空间就是这么来的，有人能拿住期货赚几千点就是基于这种认知；二是在盘面之外寻找机会，基于现货价格预期的分析，比期货盘面更有前瞻性，期货上有人敢于抄底摸顶，就是基于基本面分析；三是基本面可以通过调研和研究库存等数据判断未来行情预期，基本有迹可循，多、空都有自己的逻辑。对于有一定资源和产业参与者而言，优势明显。基本面的劣势在于，只能判断大方向，对于具体的入场点不好把握，运气不好，还需要大幅扛单，对于交易参与者而言，压力还是比较大的。

综合来看，期货参与需要把技术面、基本面、消息面及政策面结合起来，不能过于片面，但也不能太复杂，避免不好执行。

现在做期货，和 10 年前、20 年前比，难度增加得不是一点点。以前盈亏都是一条斜线，一字线上一字线下，现在曲曲拐拐，说明收益这块不是那么容易了。现在单独做长线或者只做短线，都不好盈利了。只做长线，可能自己抱的品种永远原地打转，权益不增不减，期货长期不盈利，资金大量闲置，也是亏损的表现。只做短线，则必须来回打止损。止损设大了，一次亏太大承受不起；止损设小了，频繁止损，直接变亏大赚小了。而且短线要求时刻盯盘，精神高度集中，体力和精力消耗极大，更适合年轻人。但问题在于有些年轻人心浮气躁，没有经过系统训练，不守规矩，极易重仓扛单和亏损加仓，进而造成亏损。

有些人还想做高频，其实今非昔比，随着计算机技术的兴起和高智商算力人才的加入，量化和程序在这块疯狂刷单，能够预判你的预判，几乎完美对抗人性弱点，若想通过这块盈利，入口几乎已经封死了。这块就是拼智商、拼策略、拼速度，除了部分专业选手，这个赛道已经不适合大部分个人投资者了。

现在做交易，不仅要求交易者懂技术、懂基本面、盘感好，更要有风险意识，知道轻仓怎么做、重仓怎么做、怎么加仓减仓调仓、怎么控制资金风险，管住自己多看少动。简单来说，目前的交易者要想在市场上活下去，要么跟团队，有组织地共同进退，要么就是单干有系统，要对市场适应力极强，有自己的信息和交流渠道，懂技术，能用技术分析遇短做短、遇长拿长，懂基本面，能重点关注和熟悉几个热门品种，给自己寻找机会和加持拿单信心。

现在的期货市场看似风险比以前小、涨停跌停品种减少、波动幅度也没以前大了，但是潜在的风险早已升级，所有交易者都要做好自己，尽快成长。

第四章　苹果期货的基本面分析

关于苹果期货的基本面，郑商所专门出过一个宣传册子和一本关于基本面的书，读者可以参考。苹果基本面有一些是固定的，这些可以通过资料和产区调研获取；有一些则是动态的，需要长期跟踪。

第一节　苹果的基本情况

我国早期的苹果种植，品种比较繁杂，如国光、青香蕉、红香蕉、金元帅、乔纳金等品种都有种植。进入 20 世纪 90 年代，伴随人民群众消费水平和消费需求的多样化，苹果的经济效益凸显，大规模的苹果种植就在一些乡镇逐步流行起来，也是在这个时候，红富士作为一个当时较新的苹果品种，逐渐被大部分种植者认可。下面对苹果的成长阶段做一个整体描述，部分内容参考了网络上的资料，在此特别说明 [1]。

一、苹果种植过程

（一）幼苗期管理

苹果树的幼苗需要购买，或者采用嫁接的方式培育。苹果树的繁殖技术

---

[1] 王大鹏. 我所知道的苹果与苹果期货［EB/OL］.（2018-05-03）. https://www.7hcn.com//article/319799-1.html.

一般先用种子育树苗，将选好的"接穗"嫁接在树苗上，成活后，再长大一点，就分别定植在果园里。

苹果树的繁殖方式包括：①套接法，将接穗枝条拧成只有皮的空管，按要求剪开后，再套接在被嫁接树苗的枝上；②贴接法，将嫁接的树苗去冠，在其树本上，用刀将表皮切成"T"形的开口，然后将空管的接穗按开口形状、大小将接穗整好，插入被接树的开口，并包扎好。

当幼苗被精心栽种到土壤中后，通常需要 3~4 年的生长才能开始挂果。特别是在第 4 年，产量就会有明显提高。然而，如果地质条件优越，土壤具备良好的透气性，并且给予充足的施肥和水分管理，那么苹果树甚至可能提前 1 年开始结果。

种植苹果幼苗的过程与在植树节时植树相似，但在这之前，对土地进行 50~60 厘米的深耕是一个重要的准备步骤，以确保土壤疏松，有利于根系生长。种植完成后，可以根据树木的生长需要适时进行施肥，为其健康成长提供必要的养分。

在种植苹果幼苗时，株距和行距的设定至关重要。传统的种植间距从 3 米 ×3 米或 3 米 ×4 米起步，随着种植技术的演进，现在常见的间距已经扩展到了 4 米 ×4 米。这些间距都是基于一般苹果树的生长需求来计算的。不过，近年来随着新品种的培育，矮株和乔株等苗木逐渐进入市场。矮株树因为长得较矮，其行距可以缩减至 2 米甚至更小，以适应更密集的种植方式。而乔株树由于长得高大，其行距和株距则需要相应增加到 5 米 ×6 米，甚至更大，以确保树木有足够的空间生长。在理想的条件下，按照上述的种植间距计算，一亩地大约可以种植 50 棵苹果树。然而，实际种植数量会因地形的不规则性及周边环境的影响而有所变化。若周边已有果树，为避免互相影响，新种树苗的位置可能需要向内部偏移，从而使得实际的种植数量产生一定差异。

苹果幼苗期的管理相对简单，重点在于施肥、适时浇水、田间除草等基础养护工作。随着幼苗的生长，当其达到一定高度时，还需关注枝条的伸展管理。在自然生长状态下，苹果树新长的枝条往往会紧密围绕树干向上生长。为了优化树形结构，提高产量和方便后续管理，需要引导主枝向侧方伸展。这种伸展操作最好在枝条尚未过粗时进行，因为一旦枝条过粗，操作起来会相对困难。通过这样的管理，可以逐渐在树上形成自下而上的层次结构，不仅方便日后的维护和修剪，还有助于促进果实的生长和增加产量。

（二）成熟期管理

苹果树在栽种后的第 5 至 6 年（这一时间点并非固定，因管理水平和苹果品种而异）会逐渐进入成熟期，也称为盛果期。在此阶段，若管理得当，盛果期可维持大约 12 年之久，这一时长也会因苹果的具体品种而有所变化。进入盛果期后，管理任务虽年复一年地重复，但每个环节都至关重要。

苹果成熟期的管理流程包括多个关键步骤，果农需按照时间节点有序进行：首先是修剪，确保树形健康；接着是开花与授粉，这是结果的基础；然后是疏花和疏果，去除发育不良的花朵和果实；套袋则用于保护果实免受病虫害；日常的田间管理也必不可少；果实成熟后，需摘袋并等待上色，之后摘果；摘下的果实还需进行分级分拣，以便后续销售。

1.修剪

通常，修剪苹果树的时间集中在农历十二月至次年一月，即春节前后大约 1 个月的时间段内。这一修剪过程主要是为了去除老枝、产量低或性价比不高的枝条、已经腐烂或死去的枝条，以及那些可能在未来阻碍光线照射或阻碍其他树木生长的枝条。修剪时，应使用专用的剪刀进行精确操作。根据果农的经验，新长出的枝条往往更有可能结出质量上乘的苹果。因此，通过适时的修剪，不仅可以优化树形结构，还能促进果实的品质提升。

2.开花与授粉

根据各地物候和气候的不同，各地开花时间稍有差异，大体从南向北依次开花。苹果开花一般在公历 4 月底到 5 月中旬，视天气的温度和湿度情况，持续约半个月。这一时期，一旦出现倒春寒，会直接导致花开不了或者花蕾生长不好，进而影响苹果生长。花季温度过高、过低，或者持续阴雨、干旱，都可能影响后期的坐果。

大多数红富士苹果是需要授粉的，有些早熟和新品种可能是自花授粉，则对天气影响不是特别敏感。苹果的授粉分为人工授粉和蜜蜂授粉两种，最初苹果量不大的时候，以人工授粉为主，2000年以后，蜜蜂授粉逐步推广。人工授粉一般早上先去别的果园掐一些不太妨碍苹果生长的花（早上的时候掐，中午太热，花粉易掉落），两朵花对搓，花粉即可掉落。然后用小瓶子盛好花粉，用带橡皮头的铅笔，蘸取花粉，对准苹果花的花蕊，如蜻蜓点水般轻轻一点即可。现在也可以购买现成的花粉授粉。

人工授粉费时费力，而且极不均匀，有漏掉的可能，花粉的质量也很难保证。而蜜蜂授粉没有选择性，授粉质量好，但是蜜蜂授粉需要禁止打农药，避免毒死蜜蜂。但不管采用哪种方式，都应尽量在果园栽授粉树，防止无粉可授的情况。

3. 疏花和疏果

有时候开花量太大，会导致后期座果太多，所以很多果园会考虑减少一些花，以保证后期苹果果实的营养。疏花时，尽量保留中心花，疏掉边花和弱树上的花朵。

在采用蜜蜂授粉的方式时，由于蜜蜂的无选择性授粉特性（遇到一朵花就进行授粉），往往会导致在同一个枝头结出过多的苹果。为了确保果实的品质和树木的健康，需要进行疏果，即摘除多余的苹果，仅保留长势最佳的一个。同样，对于采用人工授粉的情况，果农也会根据经验判断每个小枝所能承受的苹果重量，进而进行疏果，以确保果实的均匀分布和树木的稳定生长。

4. 套袋

疏花和疏果完成，打过农药后，随着幼果的成熟和表皮的脱毛，一般在苹果长到山楂大小或稍大时，果农会开始为它们套上保护袋。这一步骤通常在公历5月底至6月间进行。套袋是为了给苹果提供一个透气但不透水的保护屏障，以防止它们受到风吹日晒的损害，同时也避免虫害和农药的侵害。尽管套袋的过程相当烦琐，但它是保护苹果品质的重要一环。

对于技术好的农户，他们日常的工作效率是每天套 2000~3000 个袋子，每个袋子对应一个苹果。当进入苹果盛果期，普通的农户家庭能套大约 10 万个袋子，这实际上代表了约 6 亩地的苹果产量。设想一下，当五六月忙季来临，一对夫妻全天工作，若以他们每天平均套 2500 个袋子的速度来计算，完成 10 万个袋子的大致工作量需要大约 20 天。然而，这仅仅是理论上的估计，实际上，由于天气因素如阴雨连绵，或是操作时需要频繁上下梯子以应对高处作业，这些都会增加工作的难度和时间成本，因此他们可能需要超过 30 天才能完成这一艰巨的任务。并且，这项工作纯粹依赖人力，机械化设备无法完全替代人手的精细操作。在人手不足的情况下，农户可能需要额外雇用劳动力来给苹果套袋，从而保障当年的丰收。

5. 田间管理

苹果的田间管理涉及多个关键步骤，首先是整地，确保每棵果树都有足够的生长空间；其次是除草、浇水，确保土壤湿度适宜；再次是打农药，以保护果树免受病虫害的侵扰；最后是施肥，为果树提供必要的营养。

在套袋技术大规模流行之前（大约是 2000 年之前），给果树打农药是一项非常繁重且费力的任务，因为需要频繁使用多种农药，并对每棵树都进行仔细处理。然而，随着这种防水防病虫害的袋子在田间管理的广泛应用，苹果在套袋之后，农药的使用量显著减少。现在，只有在需要追肥或防止叶子过多掉落时，才会偶尔使用农药。

关于施肥，起初主要使用的是氮磷钾复合肥或单项补充肥料。但随着国内化肥品种的丰富，各类果树专用肥料和有机肥料也逐渐崭露头角。这些新型肥料不仅提高了果树的营养吸收效率，还有助于提升果实的品质和口感。

下面是关于苹果花期落果的一些资料，大家可以参考一下。

造成苹果落花落果的原因

1. 生理性落果

苹果一般有两个主要生理性落果阶段，第一个生理落果期是苹果授粉后的3~4周，此次落果主要与同化养分不足相关。第二个生理落果期是苹果开花后的1~2周，此次落果主要授粉受精不良、气候不适、养分不足、内源激素缺失有关。

2. 果树管理不当

苹果花期时开花量比较大，但果农又没有及时进行合理的疏花疏果或者留花留果量过大，就会导致果树因为开花坐果过量消耗树体内积累的养分，使幼果因为营养不足而脱落。除此之外，氮肥使用过度、果树疏枝短截过重等都属于管理不当。

3. 病虫害危害

苹果树是一种病虫害比较多的果树，如果生长期内发生了较为严重的轮纹病、炭疽病、根腐病以及蚜虫、红蜘蛛、金龟子等病虫害，也会导致果树发生落果。

4. 授粉果树单一或数量少

苹果具有自花授粉不实、结实率低的特点，如果果园内及周边能授粉的果树单一或者授粉果树较少，尤其是没有配施授粉果树的果园，就容易出现比较严重的落果问题。

5. 低温冻害的影响

苹果在花果期时发生倒春寒、晚霜冻害，也是造成苹果落花落果的常见原因之一，需要特别注意。

现在国内许多地方都种植苹果，但是苹果的品质不易保证，进而出现市场行情波动，造成很多种植户出现经济上的损失，所以当前要解决的问题就是提高苹果品质。

6. 摘袋

当 10 月来临,苹果园便迎来了摘袋的时节。摘袋的速度相较于套袋时稍快一些。经过袋子精心保护的苹果,在初次摘下袋子时,呈现出青绿色并带有一丝淡黄白。种苹果的果农凭借无穷的智慧,发明了两大神器来助力摘袋过程:苹果垫和反光膜。

苹果垫是一种柔软的泡沫塑料片,一面带有黏性,大小约为 1.5 厘米 × 0.6 厘米,厚度约 1.5 毫米(尺寸可能因规格不同略有差异)。果农将这些垫子巧妙地放置在苹果与树枝可能接触的地方,以防止风吹动苹果时与树枝发生碰撞,造成苹果的损伤。

而反光膜则是铺设在果园地面上的一种特殊材料。它能够有效地将太阳光反射到空中,使苹果能够接收到更多的阳光照射,从而上色更加充分。细心的观察者会发现,果树根部覆盖的白色薄膜就是反光膜,它们为苹果的上色过程提供了有力支持。

近年来,市场上流行起一种奶油苹果。这种苹果实际上是在成熟后连袋子一起摘下进入市场的,没有进行摘袋处理。不过,由于这种苹果在袋子中成熟,其储存期限相对较短,成本也偏高,因此销售价格也相对较高。尽管如此,它独特的口感和外观仍得到了不少消费者的欢迎。

7. 分级分拣

摘袋后的苹果受到阳光照射,大约 15 天之后(红富士有很多细分品种,上色时间略有区别),会比较均匀地上色,即变成人们日常看到的红色苹果。摘果时须将果柄(苹果跟树枝连接的部分)剪短,以防堆砌苹果的时候扎伤上面的苹果。用于剪短苹果果柄的剪子也是一个重要发明:剪刀的两片刀刃不是直的,而是略带弧度,可以贴合苹果底部,避免下剪时伤到苹果。

果农分拣标准比较简单,主要是看苹果的大小和瑕疵,所以有果农货一说。

(1)大小。判断苹果大小的标准是果径,即苹果横截面的最大直径,一般可分为果径 < 75 毫米,75 毫米 ≤ 果径 < 80 毫米,80 毫米 ≤ 果径 < 85 毫

米，果径 ≥ 85 毫米。苹果的大小是先于级别区分的，即 80 毫米的一级苹果、二级苹果，75 ~ 80 毫米的一级苹果、二级苹果等。一些果商收购时会把果径大于 80 毫米的苹果归为一类。一个新鲜的果径为 80 毫米苹果的重量约为 200 克，承重 10 斤的箱子大约能装 20 个苹果。

（2）瑕疵。确定了苹果的大小，再看苹果的具体等级，标准主要有以下几个：一是色泽覆盖，一般一级苹果色泽是全覆盖或者 80% 以上覆盖；二是无任何病斑；三是锈斑，一级果没有锈斑（除果柄附近的碗状区域）；四是形状，即形状是否规整。总之，果农就是凭借经验分拣苹果，如果当年苹果质量很好，就会分拣得严一些；如果当年苹果质量较差，就会分拣得松一点。

影响苹果上色的因素主要有以下几个：一是光照，这也是最重要的环境因素，只有光照强度达到 40% ~ 85%，才能让苹果正常上色；二是温度，低温会促进花青苷的合成，高温会增加花青苷的分解，合适温度在 15℃ ~ 25℃；三是湿度，相对湿度以 70% 以下为宜，湿度过大，果面着色较差；四是海拔，主要是通过光、热、水、气等起作用，海拔 1300 ~ 1800 米地区的苹果着色良好，果面能达到 90% ~ 97% 着色。

和东部地区的销售模式不同的是，西部的陕西、甘肃的果商主要采取订园子或根据当年果园收购的形势直接到果园收购符合自己要求的苹果，然后装箱打包拉走。这个和山东的集中销售有一定差别。

（三）苹果的销售

1. 地面货销售

分拣完以后，不管是拉到市场还是在果园就地销售，地面货会在短时间内出售，果商看货给价，或者由当地代办为果商引荐，推荐一些符合其要求的苹果。由于果商人生地不熟，代办作为中间商，就起到了重要的牵线作用。

2. 入库

对于那些不打算立即销售或者地面销售不畅的苹果，果农通常会选择将它们打包并放入冷库中储存。近年来，尤其是对于春节前未能售罄的苹果，果农更倾向于选择这种方式来延长销售期。在冷库中，苹果通常以桶为单位进行存放，每桶大约装载 800 斤的苹果，但具体的装载量可能会因不同的冷库有所差异。

苹果入库，应该尽量选择早期下树的晚熟富士，可以保证更长的存储时间。尽量选择质量高、表光好、糖度低、硬度高的富士品种入库存放。如果选择成熟度过高的苹果入库，应该尽量在清明节之前全部清库，避免存放时间太长，或者出库后温度过高，引起质量大幅降低。

果农在销售苹果的方式上，东西部略有差异。西部果农会把下树的苹果堆放在地面或路边供客商挑选收购，而东部果农则是利用大桶把苹果装到市场统一出售。在存储方式上，西部果农还会放在地窖里供冬天出售，而东部果农还是以入库为主。

苹果的入库方式会根据果农货和果商货而存在差别。果农货在存入冷库后，通常会在新年之后继续寻找客商进行销售。市场行情的好坏会直接影响苹果的出库价格。如果市场行情好，价格就会上涨，出库价格也会相应提高；反之，出库价格可能会低于入库前的收购价格。

无论是果农还是果商，将苹果放入冷库都需要支付一定的仓储费用。这笔费用通常是一次性收取的，与苹果的储藏时长无关。一般而言，仓储费为 0.1 ~ 0.3 元 / 斤。

3. 后期销售

入库以后，这时销售的主要模式是在冷库里完成。苹果收购商有需求时直接去冷库，根据所观察的苹果质量给出收购价格，而后冷库跟果农联系，果农同意销售，即可进行销售。冷库老板在这里会起到中间商的作用，不仅仅是代为保存入库的苹果。

二、苹果种植的相关问题

（一）苹果的产量和质量

苹果的产量和质量在同一地区内存在显著差异，这主要受到以下几个关键因素的影响。

首先，土地的肥沃程度和透气性是关键。肥沃且透气性良好的土地能够为苹果树提供充足的养分和适宜的生长环境，从而促进苹果产量和质量的提升。

其次，水肥管理同样至关重要。这包括在天旱时能否及时、有效地浇水，以及所采用的灌溉方式，如滴灌、喷灌等，都会影响果树的生长和果实的品质。同时，施肥的数量、化肥的档次与质量也是影响苹果产量和质量的重要因素。

再次，苹果品种的选择也会影响其产量和质量。新近开发的红富士品种相较于 10 年前开发的品种，通常表现出更高的产量和更优的品质。

复次，树龄也是一个不可忽视的因素。苹果树在种植后的 6~15 年（盛果期）所产出的苹果质量往往较高，与树龄超过 15 年的果树相比，其果实品质更为出色。

最后，当年的气象条件对苹果的产量和质量也有着显著影响。避免极端干旱、炎热、寒冷（如倒春寒和早霜冻）、冰雹等恶劣天气，是确保苹果产量和质量的重要条件。

总体而言，苹果的产量和质量与土壤条件、管理水平以及当年的气象条件紧密相关。在盛果期，一亩地的苹果产量约达到 20000 个，其中一二级（果径 80 毫米以上）果率最高能达 90%，而较为常见的比例为 60%~80%。以 70% 的一二级果率和每个苹果平均 250 克（果径 80 毫米的约 200 克，80 毫米以上的更重）计算，一亩地大约能产出 3500 千克，即 3.5 吨或 7000 斤的一二级商品果。

（二）苹果"大小年"

从生物学的视角深入剖析，苹果树的生长和结果习性中普遍存在一种被称为"大小年"的现象。这种现象主要源于苹果树自身的生理特性和生长规律。具体来说，由于树体内部养分的积累和分配不均，以及环境因素如气候、土壤等的影响，导致苹果树在某些年份能够产出较多的果实，而在另一些年份则相对较少，形成了所谓的"大年"和"小年"。

对于一般的果农而言，他们在自己的果园中或多或少都会观察到这种现象。有时，一棵苹果树可能会在某一年结果繁盛，硕果累累；而在接下来的一年里，其果实数量却可能锐减，让人倍感失落。然而，这种"大小年"的现象在单一果园中或许明显，但若将视角扩展到整个地区时，这种差异就变得不那么显著了。

当一个地区内的苹果树都受到类似的气候、土壤等环境因素的影响时，它们所表现出的生长和结果习性也会趋于一致。因此，即使某些果园的苹果树在某一年结果较多，形成了"大年"，而另一些果园的苹果树则结果较少，形成了"小年"，但整体来看，这种差异会被平均化。也就是说，整个地区的苹果产量在宏观上仍然是稳定的，不受个别果园"大小年"现象的影响。

从这个角度来说，对于一个地区而言，苹果的产量主要与其种植面积有着最直接的关系。当种植面积扩大时，即使存在"大小年"的现象，但由于这种差异在宏观上被平均化，所以整个地区的苹果产量仍然会呈现出增长的趋势。因此，对于地区性的苹果产业而言，"大小年"的现象并不具有显著的影响。

（三）苹果的口感与保质期

当苹果初上市时，它们往往还带有一种青涩的口感，这种口感并不足以让人惊艳，甚至可以说有些平淡无奇。然而，这正是它们成长的开始。随着时间的推移，这些苹果逐渐步入它们生命的黄金时期——成熟期。在这个阶段，苹果内部的糖分如同精心酿造的美酒，逐渐积累，使得果肉的口感变得更加香脆可口，甜度也达到了完美的平衡。这时的苹果，无论是口感还是风味，都是一年之中最为出色的时候。

然而，任何事物都有其生命周期，苹果也不例外。随着时间的推移，即使它们在外观上依然保持着诱人的红色，但内部的口感和甜度却开始逐渐下降。这通常会在采摘后的 4 个月左右达到一个转折点，也就是口感下降的峰值。过了这个时期，虽然它们看起来仍然新鲜，但实际上已经开始走向衰老。

说到苹果的食用时机，最佳的时机无疑是在它们摘下后的 1～3 个月内。在这个时间段里，苹果的口感和甜度都达到了最佳状态，无论是直接食用还是用来制作各种美食，都能让人感受到它们的美味。

至于苹果的保质期，也与存放的环境和条件密切相关。在寒冷的冬季，苹果的保质期相对较长。即使在不透气的环境下，它们也能维持至少 2～3 个月的新鲜度。这在我国南北气候差异明显的地区表现得尤为明显。北方的冬季气温低、空气干燥，这样的环境非常有利于苹果的保存。而在南方，由于气温较高、湿度较大，苹果的保质期会相对较短。

值得注意的是，苹果一旦从冷库中取出，尤其是在外界温度较高的环境下，它们的保鲜期就会大大缩短。这是因为温度的变化会加速苹果内部的水分蒸发和呼吸作用，导致它们迅速失去水分和营养。此时的苹果极易脱水，表皮会变得干瘪，口感也会大打折扣。更严重的是，如果存放不当，苹果还容易发生腐烂现象，这不仅会损失营养，还可能对人体健康造成危害。

因此，在享用苹果时，需要注意它们的存放条件和时间。只有在最佳的状态下食用，才能充分感受到苹果的美味和营养。

第二节　影响苹果期货波动的因素

一、做苹果期货的目的

苹果期货作为第一个在期货交易所场内上市交易的水果期货品种，自 2017 年年末上市以来最高期价报 12344 元 / 吨，最低期价报 6330 元 / 吨。2018—2020 年累计涨跌情况分别为：2018 年累计上涨 42.65%，2019 年累计下跌 30.49%，2020 年累计下跌 14.20%。2021 年的波动幅度也非常惊人，从 5802 点一直涨到最高点 11773 点，涨幅超过 100%；2022 年也有 2000 多点波动；2023 年的整体波动较小，上下大概在 1000 点以内的幅度震荡。对比同期的农产品来看，苹果期货的历年累计涨跌幅度较大。

与农产品相比，大豆、菜籽、菜籽油、豆油、棕榈油、白糖等品种都有对应的外盘，受外盘波动影响比较大。与鸡蛋、花生这类国内因素占主导的期货相比，苹果期货的波动幅度明显远远超过这些品种。

由于苹果期货波动幅度大，如果做对一波趋势，收益也是非常惊人的，以 100 万元的初始资金来说，以 30% 的仓位介入，如果遇到了 2020 年的下跌行情，排除浮盈加仓，收益轻松超过 100%。

良好的趋势和简单的基本面，是苹果期货吸引大量投机资金参与进来的重要原因。

二、影响苹果期货波动的基本因素

影响苹果期货盘面波动的因素有很多，最基本面应该是供求关系、生产成本和交割标准。

（一）供求关系

只要是市场化的商品，都会受供求关系的影响。苹果的价格也由市场调节。苹果期货是全球第一只新鲜水果期货，交割标准比较严格，当苹果的需求量上涨、供给量下降时，苹果期货的价格自然上涨，行情走势甚好；当苹果供给量开始上涨、需求量下跌时，苹果期货的价格也会下跌，行情走势一般。

苹果的需求主要分为三个部分：①鲜食，即消费者在商超购买的苹果，约占总量的 80%；②深加工，即果汁等苹果加工制品；③苹果的节假日消费需求，这一需求非常明显，中秋节和国庆节对早收苹果的消化，元旦到春节前后集中消费会带动苹果大量走货，春季的清明节和劳动节也是苹果销售的重要节点。这些需求的变化及预期，也会引起苹果期货市场的价格波动。

（二）生产成本

苹果的生产成本主要包括种植成本和冷藏存储成本，其中，种植成本又包括人工成本、化肥农药费、果袋费和机械折旧等，而且这些成本近年来呈直线上升趋势。如果生产成本上升，售价反而一直下跌，则很容易出现"丰产却不丰收"的状况，会极大地打击果农的生产积极性，促使未来供给量逐渐下滑，但如果需求量不减，价格则再次上涨，期货行情走势会出现攀升。

（三）交割标准

苹果期货从上市伊始，其交割标准经历了多次修改，大致方向是偏向于放宽标准，增加可交割的标的物数量。由于苹果和其他商品不同，不同的产地、品相、等级、品种之间的价格差异非常大，而且每年一个行情，很少出现一个因素一直主导行情持续走下去的情况。所以，在研究苹果期货盘面价格波动时，必须留意可交割苹果的价格波动以及预期，同时还必须综合分析和评判统货甚至其他水果对可交割苹果的价格影响。

三、影响苹果期货波动的其他因素

天气、库存、替代品和大环境（如进出口、通胀、资金等）等因素对苹果价格的影响也值得考虑，尤其是资金情绪有时候对短期的盘面波动影响巨大，不得不让期货交易者对其格外重视。苹果周期节点如图4-1所示。

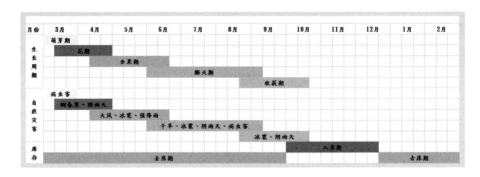

图4-1 苹果周期节点

（一）天气因素

天气影响到苹果的产量及质量，对苹果期货的价格影响较大。而天气因素很大程度上不可控，也使得其影响较为剧烈。苹果从开花一直到收获前，整个生长期都受到天气的影响。

一是倒春寒。倒春寒是天气变化的一种表现形式，一般指春季初期、进入3月以后，气温快速回升，然而持续了一段时间的高温天气后，又出现温度骤降，且比正常年份偏低的天气现象。一旦倒春寒来袭，刚好遇到苹果开花或者挂果，会造成当年大面积减产。

二是霜冻。霜冻是指空气温度突然下降，使植物体温降低到0℃以下而受到损害甚至死亡的农业气象灾害。其危害的机理：其一，温度下降到0℃以下时，细胞间隙中的水分形成冰晶，细胞内原生质与液泡逐渐脱水和凝固，使细胞死亡；其二，解冻时，细胞间隙中的冰融化成水很快蒸发，原生质因失水使植物死亡。相关研究表明，苹果树萌动后，各器官的抗寒力逐渐下降，其受冻的临界温度是花蕾期-2.1℃左右、花期-1.7℃左右、幼果期-1.1℃左右，一般稳定在 –2℃以下时，果树便出现霜冻现象。比如，富士系苹果花晚霜冻临界温度为 –2℃，气温越低、持续时间越长，苹果花的受冻率就越高。霜冻发生以后，对苹果的产量和质量会造成较大影响。

三是高温和干旱。高温和干旱对苹果的生长影响也非常大。比如，夏季持续高温叠加干旱，会对套袋果实产生严重不良影响，引起果实发生日灼和形成"皮球果"，使果实失去商品价值。同时，高温和干旱会显著降低叶片光合作用，抑制树体生长，导致树势变弱，加重病虫危害。干旱主要影响的是苹果的质量，会导致商品率大幅降低。

四是暴雨和持续阴雨。短期的下雨对苹果是有好处的，有利于苹果膨大生长，但是暴雨和持续的阴雨天气会严重影响苹果的品质。苹果生长期持续阴雨会导致苹果生虫和霉菌泛滥，导致套袋苹果质量下降，对其甜度和成熟度都有影响。收获前期，暴雨和持续阴雨还会影响苹果上色，导致品相变差，进而影响后期销售。

（二）库存因素

苹果的入库量主要指苹果采收以后，存入冷库的总体数量。一般在 10 月开始统计，到 12 月初基本统计完毕。每年的入库量，决定了以后苹果的销售总量，如果入库量过大，是不利于第二年苹果销售的。反之，入库量小，销售压力相对就小。需要注意的是，库存不是决定价格的唯一因素。

库存相关数据，既有入库的总量，又有去库的速度，以及库存的结构问题。库存的总量，目前不好全面统计，除了各级统计局的数据外，有些机构和期货公司会提供一些数据参考。库存的结构，需要考虑一二级果、统货、次果之间的占比问题，还有库存的货权方面，如果农货、果商货的占比情况。不同的库存结构，对苹果未来价格影响是比较大的。

2020 年 8 月底至 9 月初，主要是嘎啦 70 毫米以上优果，价格为 2 元 /升，早熟红富士 70 毫米以上优果，价格为 4 元 / 升。嘎啦果上市时，如果旧果库存较高，新果的价格会进一步被打压。如图 4-2 所示，白水和洛川地区纸袋嘎啦果受旧果库存影响较大。

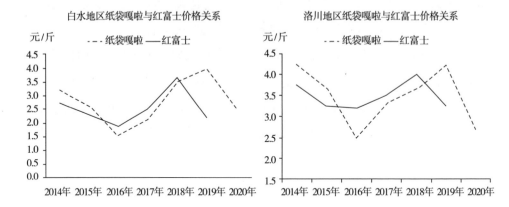

图 4-2　白水和洛川地区纸袋嘎啦与红富士价格关系

通过对比陕西白水和洛川地区近 5 年纸袋嘎啦开秤价格与红富士开秤价格来看，两者整体运行规律基本相同，只有 2019 年出现差异表现，主要是2019 年苹果市场受到 2018 年大幅减产所带来的惯性高价干扰，纸袋嘎啦开秤价格较高，货源运往市场之后利润空间较小，客商采购更加谨慎，后期价格回落，使得红富士价格同比也出现一定程度的下滑。整体来看，除去行情不佳的年份，嘎啦与红富士走势基本一致。

10 月合约无缘国庆和中秋节日炒作，主要是 1 月合约受圣诞节和春节影响较大。春节后，劳动节对其也有一定影响。

山东和陕西的库存是决定 1 月、3 月、5 月合约价格走势的关键因素。所以必须时刻关注苹果库存的变化，其他地方的库存不占主导，可以不参考。特别是春节以后苹果期货的价格主要由库存决定。

（三）替代品影响

苹果的价格，有时候并不完全取决于苹果本身，任何商品都存在互补和替代的问题，苹果也不例外。如果有其他种类水果的价格降低了，苹果就会受到挤压，很难卖上好价钱。反过来，如果所有水果的价格都涨了，苹果也会水涨船高。与苹果有一定替代性的水果主要是大众水果，包括和苹果属性非常相似的梨，几乎和苹果同涨同跌，但是梨受资本影响较小，走势更清晰。还有应季水果，尤其是冬天的柑橘类水果，对苹果的价格影响特别大。春节前后是砂糖橘销售旺季，也是苹果的走货高峰，两者的竞争很大。春季以后，各种应季水果，如草莓、桃、西瓜、香蕉等都会对苹果产生一定的替代作用，也会在一定程度上影响苹果的销售。

（四）进出口影响

进口和出口对于商品的价格也会产生重大影响，尤其是苹果这种以出口为主型的产业，出口量越大，对于消耗库存和提高价格预期都是有重要作用的。

根据中国果品流通协会的数据，2023年我国水果进出口量双增长。水果进口量752.4万吨，同比增长3%；进口额168.5亿美元，同比增长15%；水果出口量386.8万吨，同比增长19%；出口额49.8亿美元，同比增长8%。需要注意的是，虽然是水果进出口量双增长，但是水果进口量几乎是出口量的2倍，水果进口额是出口额的3倍以上。

苹果作为我国水果出口的主力，长期位列我国水果出口量第一。但是，2023年苹果出口量仅为79.6万吨，同比减少3%；苹果出口额9.7亿美元，同比减少7%。苹果出口量已连续两年不及柑橘出口量，2023年我国柑橘出口量为83.2万吨。2023年是我国苹果出口量近10年来最少的一年。

（五）通胀因素

通胀是指货币供应量增加，导致通货膨胀，物价不断上涨的一种现象。而商品期货是指以某种商品为标的物，通过合约进行买卖的金融工具。通胀对商品期货市场有着复杂的影响，既有推高价格的作用，也有加剧波动和影响交易量的作用。

苹果作为上市的大宗商品，也会受通胀影响。由于通胀的发生是不可避免的事情，也就是说从长期来看，商品价格会逐步上升，历史的低价位在未来不会出现或会很少出现。就苹果期货而言，由于人们整体消费水平的提高，或者水果均价的提高，苹果整体价格是呈现上升趋势的。

（六）资金因素

期货价格的波动，从直接因素上来说，是资金推动和博弈的结果。尤其是短周期的行情，基本上都是资金推动的结果。在苹果期货的交易历史上，曾经出现过大量资金博弈导致对手爆仓的情况。

（七）交割话题因素

一般来说，商品交割标准会是一个能量化和有明确细则的标的物，但是苹果比较特殊，很多指标往往不能完全量化，这就让其在某种程度上成为一个"非标品"的交易标的。很多人觉得，既然有交割标准，为何不能明确量化呢？这主要是因为，苹果作为水果，在成熟以后，各项指标会随着时间和储存环境的变化而不断变化。比如，可溶性物质、色泽、碰伤、压伤、虎皮等，都可能出现变化。而这种变化对于交割双方都存在有利或者不利的影响，有时候也会成为炒作话题。另外，苹果交割明确规定了交割一级果，但一级果的标准是比较高的，有些产区生产的大部分苹果都达不到一级果的标准，自然也就无法参与交割。这个和红枣存在较大的不同，可能会在以后的交割中逐步放宽，防止炒作。

（八）"黑天鹅"事件

"黑天鹅"事件是期货交易中无法避免的因素，虽然发生概率极低，但是一旦发生，影响会非常大。"黑天鹅"事件是指难以预测，但突然发生时会引起连锁反应、带来巨大负面影响的小概率事件。它存在于自然、经济、政治等多个领域，虽然属于偶然事件，但如果处理不好就会导致系统性风险，产生严重后果。某些"黑天鹅"事件发生后，整个市场弥漫着悲观情绪，期货开市以后，几乎所有的商品期货价格会出现大幅下跌甚至连续跌停的现象。如果在事件发生前留仓了多单，事后开盘就会面临巨大的亏损。

苹果作为商品，也不可能独善其身，一旦遇到"黑天鹅"事件，也会对价格产生重大的影响。

总体来说，影响苹果价格波动的因素很广，涉及整个产业链，如图 4-3 所示，任何一个环节产生变化，都可能对价格波动产生影响。

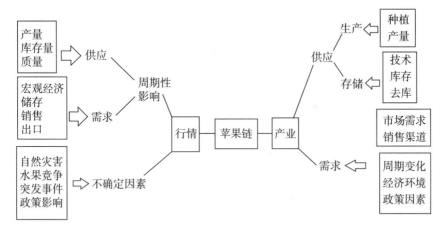

图 4-3 苹果产业链图示

第三节 相关问题

从苹果基本面的角度来说，有些问题是值得讨论和重视的，笔者在此整理了一些问题，供大家探讨。

一、关于苹果的优果率

第一次听说优果率的时候，有点让人摸不着头脑，所以笔者问了产业相关的朋友，但得到的答案也是模棱两可，这就加剧了笔者对"优果率"这个概念的探究热情。

根据大家的讲述，所谓优果率，就是指好果占的比例，好果占比越高，优果率就越高，反之越低。这里有几个问题，第一，好果的标准是什么？是国家标准、交割标准，还是果农或者果商自己定的标准？这些标准之间的差异还是蛮大的。第二，多少算高、多少算低？好果达到怎么样的比例算优果率达标，笔者始终不太清楚。按照业内标准，达到商品果的标准占比80%，就算优果率较高。其实这里面的弹性太大、水分太大。一个园子，如果管理得好，优果率超过80%，问题不大；如果管理得不好，可能不到50%，所以优果率还有一个适用范围。再扩大一点，一个县、一个省、一个地区，乃至全国，这个优果率怎么算？有的数据公司直接抽样，但是抽样并不是特别准确，有一定的诱导性。比如只选择自己认为或者熟悉的县市，就不会太准确。

正是由于种种因素，所以优果率这个说法感觉有问题。以前没怎么听过这个词，还是近两年用得较多。以前听过商品率。商品率是指产品总量中商品量所占比重，是反映社会生产水平的重要指标。考察某一种产品的商品率，可用实物指标或货币指标。考察多种产品的商品率则用货币指标。对于苹果而言，就是按照国家标准，多少达到国家商品果标准，商品率就是多少，非常准确和直观。但是很少看到用商品率的，反而用优果率的比较多。这让人十分不解。

现在大家对苹果的基本属性定位不清，有的人认为它是高端消费品，有的人认为它应该是大众消费品。我们必须有个最基本的认识，苹果到底是大众消费品还是高端消费品。如果是大众消费品，价格过高，肯定会失去大众这块"自留地"；如果是高端消费品，那价格过低肯定有问题。就目前来说，苹果的消费对象还是大多数百姓，不是什么高端奢侈品，所以它的属性应满足大多数百姓的需要。一厢情愿，总想着不断拉高价格，是不切实际的，必须结合普通百姓的消费水平。如果定位较高，只想走向高端化，也不是不可以，那就必须放弃大众消费品市场。

同时，再看交割果对应的是什么？根据各种指标可以看到，交割果指标并不过分，只是剔除了一些糖度和硬度特别低的红富士，大部分晚熟红富士都是可以交割的。红富士量大，耐存储。能交割的，肯定不是高端苹果，是低于商品果的普通苹果。如果苹果在产区的价格达到 4.5 元 / 斤，甚至超过 5 元 / 斤，那到消费者手里，价格至少翻一番，将达到 10 元 / 斤，这个消费级别算不上大众。而超市中卖 5 元 / 斤的苹果，产区最多 2 元 / 斤，超过这个价，走货一定会慢的。所以，期货的定位，价格应该多少算正常，从接货角度来说，9200 点以上高了，8200 点以上其实也是高的。所以很多人总想去抄底，盘面上 8300 点附近确实看起来有点支撑，但是从现货价格来说，这个接货价还是偏高了。至少接来的货不是大众消费品级别的，是高端货，是奢侈品。

期货不断炒作，不断释放利多，炒得高了必然会下跌，因为它终将回归它的基本定位，回归它的大众消费基础。同时，也需要注意，一旦苹果价格等于或低于一般消费水平，那么它就会极大地刺激需求，消费量会大增。一般来说，按照现在的百姓消费水平，终端价格在 3 元 / 斤以下，苹果走货会偏快；超过 5 元 / 斤，走货一般；超过 8 元 / 斤，走货就会明显下降。对应产区，1.5 元 / 斤左右的苹果走货最快。在苹果采摘季节，这部分苹果走货量会非常大，包括这个价位的寒富，走货都非常快，原因就是价格低。2.5 元 / 斤以下的商品果对应到期货盘面，大概就是 5000 点。低于 5000 点，有利于刺激消费，未来价格会反弹。如果产区价格在 2.5 ~ 3 元 / 斤，走货会比较一般，产量低走得相对快一些，产量高则走得相对慢一些，对应到盘面大概为 6500 ~ 7500 点。如果产区价格在 3.5 元 / 斤以上，消费量就会变差，影响走货的速度和去库速度。这对应到期货盘面，大概是 8500 的价格。所以笔者在苹果期货盘面 9200 点的时候，一再认为价格偏高，就是基于这样的分析。

二、苹果片红和条纹有什么区别

从外形上看，红富士苹果有片红和条纹的区分。整体上，两种苹果营养价值区别不大，只是外形上存在区别。

（一）片红苹果

片红，顾名思义，就是颜色上偏红，而且是连片的红色，不存在其他杂色。片红苹果的着色度能达到95%，从外观上来看极具吸引力。和同类的红富士苹果比较起来，片红苹果的价格要高很多。

（二）条纹苹果

条纹红富士苹果的果皮上面有条状的红色，看起来非常鲜嫩，果子要比片红苹果大。在同样的管理条件下，条纹苹果的果树要比片红苹果矮。

在苹果交割上，条纹苹果更有优势。其原因是，当苹果出现果锈时，片红苹果表现得更为明显，而条纹苹果的颜色纹路会遮住部分果锈，从而更容易通过人眼检测。在实际交割上，片红和条纹可以不分，进行混合交割。但当大小、品相都相同时，条纹苹果的销售价格一般略高于片红苹果。

三、苹果出现黑星病等病虫害时是否会影响产量预期

网上偶尔会流传某些产区出现黑星病等病虫害的信息，很多人担心这些信息会对盘面有影响，在这里笔者谈谈个人看法。

第一，果农每年都会定期对果树进行保养，就和开车一样，对于各种疾病的预防和防治都会做的。如果连简单的病都不会防治，那果农还是果农吗？所以要对果农有信心，不要一谈到果树生病就以为会大面积减产。

第二，有些病虫害，如黑星病确实存在传染性，而且与阴雨天气过多有很大关系，如果一个果园有果树生病，会蔓延得到处都是。病虫害对果树造成的伤害是很大的，但不是全局性的。

第三，苹果套袋的作用就是减少病虫害，在一定程度上会抵御各种病虫害，不然套袋就失去了意义。

第四，黑星病等病虫害不是无药可治，也不是无药可防，是可以通过打药来应对的，只要应对得当，不会大面积传染。生病不可怕，就怕放弃不管。

第五，病虫害如果真的发生了，是会引起产量降低的，但是具体多大面积、涉及多少个产区、会影响多少个地区，短期内无法准确知晓，还需要时间验证。

第六，某些产区的阴雨天气过多，的确会导致苹果生虫、生锈，苦痘病频发，影响整体质量。

第七，不符合条件和要求的苹果从来就不能参与交割，苹果的盘面主要还是参考可交割的苹果，至少和商品果挂钩，不是每年产的所有苹果都可以交割，最终能交割的，走期现逻辑的只是一小部分苹果。也就是说，只有很少的苹果影响盘面波动，所以大可不必太关注普通的三级果及以下品级的果。

总体来说，如果苹果发生病虫害，对产量和质量是有影响的，但是目前的各种药剂和技术管理都比较到位，对优生区的苹果影响有限，如果连开秤价几元钱的苹果的病虫害都解决不了，这种苹果还配这个价格吗？不过，仁者见仁，不同的人的确会有自己的看法。

苹果容易发生的一些病害

1. 黑星病

苹果黑星病又称苹果疮痂病、黑点病，是世界各苹果产区的重要病害之一，具有流行速度快、危害性大、难以防治等特点。在我国，苹果黑星病仅在局部地区发生，曾被列为我国农业植物检疫性有害生物，现已从《全国农业植物检疫性有害生物名单》中删除（2009年3月修订）。苹果黑星病近年来有逐步蔓延的趋势，主要发生在陕西、辽宁、黑龙江、新疆、吉林、河南、河北、甘肃、宁夏、山东、山西等地，四川的盆周山区和川西高原、云南等地的局部地区，严重威胁我国苹果产业的可持续发展。黑星病菌主要伤害苹果叶片和果实，也可侵染叶柄、花、萼片、花梗、幼嫩枝条和芽鳞等，严重时造成落叶、落果，受害果实开裂畸形，直接影响苹果的产量、品质及商品价值。

2. 腐烂病

腐烂病是苹果树疾病中最严重的一种果树灾害，它会造成部分苹果树的枝干完全坏死，甚至会导致整棵树的死亡。它的主要表现为苹果果实产生病斑，树枝开始枯萎，苹果树外皮开始溃烂。患了这种病的苹果树，产出的果实会发生溃烂。用手挤压会流出黄色的汁液，并且有酒糟味。树枝上的病斑，有明显的小黑点。这种疾病的病原体主要是苹果黑腐皮壳菌。它可以在生病的果树中寄存长达 4 年之久，并靠雨水传播。每年冬季结束，刚到春季的时候便是苹果树的发病高峰期。在应对方法上，果农除了平时要注意果树管理，储存树体营养，提高果树的抵抗力之外。还要及时清除修剪死掉腐坏的树枝，刮除病变死皮，并且转移到园外销毁。早春发芽前应该及时喷洒相应药剂及早进行预防。若有些病斑已经发展到严重影响果树的养分输送，这时可以选用粗壮的树枝在病斑的附近桥接。

3. 轮纹病

苹果轮纹病主要影响成熟果实，如果这个病得不到有效控制的话，会大大减少当年的苹果产量。发病时，苹果的果实表皮上会有暗褐色的病斑。病斑不断扩展，引起果实的腐烂。腐烂的果实会变酸，散发出酸腐的气味，对其他的健康果实也会产生不利的影响。这种疾病的病菌主要藏在孢子中，到了春季随着孢子传播飘散到果树上，通过发芽入侵。带有病菌的果树在成长发育中并不会发病，但是一到果实成熟的时候，便会大规模爆发腐烂现象。所以果农应该在晚秋和早春的时候将粗皮刮干净，并且喷洒相应药剂，并在落花后的 1 个月内完成果树的套袋工作。在果树的生长期还可以用药液每天涂刷粗皮部分，以达到防治的效果。并且果实丰收后要进行严格的人工剔除过程，将病果选出来集中销毁。

4. 干腐病

苹果干腐病主要危及的是苹果树的树枝。它的主要表现是在嫁接部分形成暗黑色或者纯黑色的病斑，沿着树干不断扩散，重则导致幼苗完全死亡。遭受这种疾病的苹果树，也会在果实的成熟期发病，在果皮表面产生黄褐色的小斑，这个症状与轮纹病比较难以区分。这种病原体有潜伏侵染的特点，比较衰弱的果树尤其容易受到侵害。所以在干旱年份，树体吸收养分不足，就特别容易发病。相应地，果农就要培育无病壮苗。苗圃不能施速效性氮肥催苗，嫁接后要及时保护好嫁接的伤口，防止病菌有机可乘。旱季要注意水分的补充，而雨季则应注意及时排水防涝。在严冬之前，果农要及时为果树涂白，进行保暖驱虫工作，还要及时检查和刮除病斑。如果这些工作都准备到位的话，这种病其实也不是很容易发作的。

5. 斑点落叶病

这种病主要发生在北方产区。它会导致苹果树的叶片提早落下，损害新长出来的树枝以及刚发育的果实。发病时，叶片上会出现非常多的黑点，潮湿时，叶片会长出霉层。这种病菌通过孢子在春季传播。由于它的孢子数量较多，会导致树梢大范围的落叶发病。面对这种疾病，果农应该尽量避免从病区引进果苗和接穗。秋冬要认真打扫园内落叶，修剪病枝并集中销毁。还可以选择使用孢子捕捉仪监测。在果园发现第一片病变的叶子时，就要马上喷洒药物救治。

6. 炭疽病

苹果炭疽病在夏季高温多雨的时候发病尤为严重。发病时，果实会出现向下凹陷的、有层次的黑色圆斑，果肉腐烂呈褐色，并且有苦味。炭疽病的病原体会在春季借孢子和昆虫进行传播。它可以直接入侵表皮，也可以通过果树上的伤口侵袭，一般在种植果树比较密集或地势低洼、排水不畅的园区发病率比较高。果农要及时修剪树枝，保证果园内的树体通风透光，并开沟排水，降低果园内的湿度。如果发现病变的果实和枝叶，要及时进行集中销毁处理。

7. 褐斑病

苹果褐斑病是引起苹果树叶早落的原因之一。它会直接影响到果实的产量及品质。发病初期，树叶的背面会出现褐色斑点，进而发展成巨大的圆斑。果肉呈褐色，捏起来如同海绵。褐斑病常发生于地势低洼、透气不良、湿度较高的果园内。在面对这种病症时，果农一般从 5 月就要开始喷药，并且要注意果园的排水，保持果园内空气的干燥，及时修整苹果树枝。

8. 白粉病

白粉病主要会危害苹果的幼苗。幼苗受到伤害时，叶片会出现白色的斑痕，严重时叶片则会枯萎卷曲。秋季雨水减少，容易出现白粉病。如果果园中钾肥施得不够，土壤黏稠、种植密集，又没有及时排水，白粉病也比较容易传播。对此，果农应该在冬剪的时候精心修剪，并且在早春复剪，增施有机肥，避免单独集中地施氮肥，合理密植，选择科学的浇灌方式。

四、冰雹会对苹果期货产生什么影响

在 2021 年秋季，我国苹果产地频繁传来灾情，主要是出现短期冰雹。在苹果即将成熟下树、收获变现的关键时期，冰雹的出现对总体产量影响较大，同时可能导致优质苹果数量减少。这次灾情几乎覆盖了苹果的大部分重要产区。西北的陕北部分县市，包括甘肃一些村落，东部的烟台、蓬莱、莱州和附近各地，山西部分地区，辽宁部分地区，都不同程度地受到了冰雹的影响，受灾面积之大、范围之广，比较罕见。甚至部分村庄、果园出现大幅减产甚至绝产，丰收果变垃圾果。

涉及苹果期货，大家比较关心的是，这么大面积的冰雹对期货盘面有没有影响？笔者认为，有影响。第一，农产品就是靠天吃饭，如果没有天气的变化，将会少很多农产品期货价格的波动。第二，这次冰雹影响面积大、涉及产区范围广，果农有提价意愿也在情理之中。第三，可能有的人会说冰雹只影响短期情绪，但这种情绪的消散也需要时间，在此之前，情绪裹挟资金炒作，加上部分地区预报的高开秤价格，说其对盘面没有影响绝对是自欺欺人。

同时，还需要注意持续的阴雨，它对苹果质量必然产生一定影响。苹果产区的持续阴雨，加上冰雹，大大推迟了苹果的上市时间，尤其是西北产区的苹果，这样导致销售时间缩短，霜降以后天气转冷，销售会出现瓶颈，被动入库概率大，有一定的利空预期。上市时间推迟，大家集中销售，竞争会更加激烈，究竟价格怎么走，还需要进一步观察。另外，出于天气原因，高端的优质苹果会出现不同程度的减少，所谓的"优果"会持续挺价，夹杂利多。

总体来说，期货的长期走势还是要看总产量、入库量和消费情况。

📝 笔者注

2021年前后，投资者对冰雹所带来的影响还是非常重视的，盘面多少都会给予反映。但是随着时间的推移，投资者更加理性，现在冰雹这类灾情的发生已经很难引起盘面的剧烈波动了。

五、驱动苹果期货波动的几个逻辑分析

很多人参与苹果期货操作，但常认为它难以把握，尤其是新手，其实主要还是没把握好它的驱动逻辑。这里简单地说几个逻辑，供大家参考。

（一）资金驱动

苹果期货，资本因素是第一要素。任何期货都是受到资金驱动在不断波动的。这个道理看似简单，但是往往却被忽视，如期货盘面明明是空头增仓再往下冲，但还是有人认为可以多，就冲进去接多，这是不明智的。期货的资金驱动是最显眼的，也是最容易看的，必须重视资金的影响，尤其是盘面资金流入以后引起的盘面方向变化。

（二）现货价格

期货是对现货价格的反映，在某种程度上，它的确是现货价格波动的影子，现货涨了，它就涨，现货跌了，它也跟跌。曾几何时，一些个人投资者

跟着现货做期货尝到了甜头，在苹果上收益颇丰，但时至今日，现货逻辑已经不足以完全驱动期货的所有走势。跟着现货做期货，有时会适得其反，现货跌价了，可能期货预期反而转好，反而应该做多，这种情况屡见不鲜。期货引领现货，有价格发现功能，不能搞反了。

（三）产量预期

产量预期是上半年对远期合约操作的核心逻辑，涉及的因素很多，如砍树减产、灾难天气减产、病虫害减产等，减产会导致供应量减少，价格自然上涨。在苹果没有下树前，驱动期货盘面的主导因素就是产量的预期变化。有人说 9 月前苹果是"空气果"，其实也不全是，至少大家看到了产量预期的驱动逻辑。

（四）需求逻辑

从近几年来看，需求对苹果盘面的影响有转弱的趋势。供需两端，随着供应因素不断变化，需求因素就弱化了。有时苹果期货的下跌，便是因为需求不足影响价格预期，进而导致盘面下跌。但需要注意的是，需求是弹性的，随时可能转强或转弱，一定要防止把需求作为一个定量进行分析。

（五）交割逻辑

实物交割一般也会引起苹果期货的价格波动。以前它的影响不太大，现在的影响力逐步增强，多空博弈逐步转到了交割逻辑上，这个必须引起重视。虽然个人投资者不参与交割，但为期货的不确定性增加了变数。人们经常谈仓单成本，按照仓单成本的价格去交易，就是受交割逻辑的影响。

（六）经济周期

国家相关政策、经济大环境、物价及整个商品期货的走势，都是苹果期货波动的影响因素，这个很可能被忽视。当苹果期货盘面价格比以前明显走高，或者说整个商品期货的均价都在高位时，主要是因为经济周期处于繁荣阶段，商品价格被抬高，苹果期货自然水涨船高。

（七）消息影响

在期货市场上，消息所带来的影响自然不能忽视。需要注意的是，这两年消息对苹果期货的影响力在消退，不是那么明显。市场上的各种传闻，对盘面的驱动力在弱化，这是期货成熟的表现。

总之，苹果期货的波动，要搞清楚内在和外在逻辑，每次的价格波动到底是受到哪个因素或逻辑的影响，作为参与者，要心知肚明。

六、再论苹果的期货和现货关联

很多人做的是期货，却总是死盯现货。无限放大现货的影响因子，无视其他的期货影响因素，笔者认为这是有问题的。苹果现货的情况很复杂，每个地方、每个市场、每个时间段，价格和情绪都在发生变化，只说一个地方、只看一段时间，根本不能代表所有的现货现状。有些人谈到的现货情况，大多是一叶障目，还大谈基本面，有时候误导自己不说，还误导别人。期货表现到盘面时非常简单，就是个点位；然而其背后逻辑却又比现货更复杂，影响因素更多。现货和期货之间有关联，但是并不完全对等，现货是实物，由当前的价格体现出来；期货是未来的现货价格，有不确定性。如果用确定的价格去判断不确定的东西，本身就有误差。当然，也正是因为未来价格看不清，所以才有分歧，才有博弈的必要。

参与苹果期货，一定要记得，做的是期货，不是现货。衡量现在的价格能不能参与或者怎么参与，不能对标市场上销售的苹果，必须考虑交割仓单的问题，毕竟最后要走交割。只要仓单价值之下，逢低试多没毛病，目前苹果"盘子"比较大，只要贴水现货，就是机会，尤其是本身已经在很低位置入场的，继续搏一搏，未尝不可。清明节之前，现货大跌的概率不是很高。期货做的是概率，没有百分之百一定对，但是谁愿意去站在概率小的一方，谁的胜率就低。为什么空头砸不下去盘面，一下去就有大量的资金接盘？因为持有资金的人知道不可能深跌，都在赌概率。所谓的清明节后大跌、劳动节后大跌，那是现货商需要考虑的，不是期货交易者需要考虑的问题，期货交易者甚至不需要过分关注 5 月交割月的情况，因为到了 5 月，当年的苹果期货博弈周期就结束了。思路要清晰，不要被现货消息带偏了。现货最后跌1 元、跌 2 元，可能期货还在高位，也是正常的。

期货是对手盘，一手多单的背后必然有一手空单，有人赚钱，那么必然对应有人亏钱。从目前来看，空头对未来下跌预期还是很足，没有认输离场的意思，加上空头资金充裕，大量被套在低位的空头不愿意止损，甚至一直在加空。由于期货做的是对手盘，只要一方不认输，博弈就会持续。

当然，期货风险很高。如果坚持低多思路，也需要警惕多头互杀。很多人做的空单，短空是没有问题的，但如果深套，一定不要执着，别想着跌到8000，跌到 7500，跌到 6000 去，基本已经是不可能完成的任务了，即使劳动节以后苹果烂市，期货也不会在交割前倒"V"翻转。苹果期货空间大，但是那种点位不是没概率，只是概率很低了，期货做小概率方向和目标，风险和压力可想而知。

最后，大家反过来想想，如果盯着现货做期货就能赚钱，那现货商都去做期货了，何必辛苦做现货。期货和现货的确存在关联，但是两者之间也存在差异，别盯太紧。

七、苹果期货和红枣期货特征对比

苹果和红枣都是生鲜水果，两者各有特点，苹果对鲜度的要求更高，而红枣则可以晾晒卖干枣。下面简单对比一下苹果和红枣的期货特性。

（一）相同点

一是上市时间相近：苹果期货的上市时间是 2017 年 12 月 22 日，红枣期货的上市时间是 2019 年 4 月 30 日。

二是基本面相似：受天气影响较大，库存有限，周期性强，一年一个周期。

三是交割情况相似：在同一个交易所上市，交割都分级。

四是持仓低、小品种，容易控盘，和产业联系紧密。

（二）不同点

一是期货的波动幅度不一样，苹果一个波动是 1 点 10 元，红枣一个波动是 5 点 25 元。

二是基本面存在差异。①苹果总产量高，可交割品有限；红枣总产量低，但大部分红枣都可以参与交割，除了特级和一级，二级、三级都可以贴水交割。②炒作时间节点有差异，苹果在 4—6 月花季炒作减产，红枣在 6—10 月炒作减产。③苹果一二级和三四级之间价差比例较大，经常高达 2 元以上；红枣特级和二三级价差绝对值较大，超过 5 元。④苹果不耐存，越到后期质量越差，不能交割隔年仓单；红枣耐存储，在保存得当的情况下，质量不会受太大影响，陈枣也可以交割。

三是交割规则存在差异。①苹果期货只能交割一级果，二级和三级不能用于交割；红枣期货可以交割一级果，特级、二级和三级只是贴水幅度有差异。②苹果期货仓单不好制作，车板交割量大，仓单量小；红枣期货大多是仓单交割。③苹果期货仓单制作成本偏高，目前成本在 800~1600，统货制作仓单总费用超过 5000；红枣期货仓单成本制作费用低，几乎和市场包装费用持平，加工成本 1200，总费用不超过 3000。

四是资本因素存在差异。苹果资本和产业观点差异较大，经常是产业看空、资金看多，或者资金看多、产业看空，联合程度较低。2020 年以后，两者分歧变大，之前资本和产业联合得较为明显。当产业和资本结合，趋势性就明显；当产业和资本分离，行情要么不动，要么就大幅波动。2024 年，苹果大额资金控盘不明显，涨跌空间不大，而红枣则显而易见，大幅拉涨或大幅下跌。

八、以坐果预测开秤价是一个伪命题

有人通过坐果情况来预测当年的开秤价，笔者认为这存在很大问题。其原因如下。

一是坐果时距离开秤还有好几个月，其间变量因素太多，突发情况随时可能发生。自笔者接触苹果期货以来，每年都能遇到各种情况，参与苹果产业的人士也应该能体会到。

二是果农和果商容易得"健忘症"，到了 10 月，未必记得前一年的亏损和高价经历。到了 10 月，各种看涨预期会诱导果农高价出货，比如果农不容易、辛苦一年要多卖钱、经济环境肯定会变好，等等。

三是一些大额资金会在 9 月、10 月高价订购一些园子，给市场传导一些利好预期。加上一些新入行的果商，初生牛犊，敢高价收货，直接拉动产地价格。这种情况屡见不鲜。

四是每年的 5 月，甚至到了 8 月，能正确预测当年开秤价的少之又少，大多是不准确的。总而言之，苹果开秤价是不确定的。

还有一个问题，就是看问题要全面。一些自媒体刻意放大受灾和减产地区的个别现象，比如哪里受了冰雹，坐果极差，一个园子没几个苹果；哪里砍树，苹果树大面积减少……这会让关注者产生一种错觉，是不是整个产区都这样？其实实地跑过产区的都知道，每一年都有各种问题。同一个园子，一半坐果好、一半坐果差；同一个地区，某些园子坐果好、某些园子坐果差，某个县坐果好、某个县坐果差，这些都很常见。做期货需要有大局观，不仅要正确认识苹果的产量预期，还要从资金、需求、市场、同类水果，甚至经济、政治、国际局势等因素分析，看起来就一个多空，其实背后涉及因素还是很多的。

九、研究苹果基本面的方法和感受

关注苹果这么多年，笔者感觉期货和现货之间，还是有着一道不可逾越的鸿沟，也就是说，期货和现货还是有差别的。虽然研究基本面的价值不易凸显出来，但基本面对商品大方向的影响是不言而喻的，其作用不容小觑。它在提升认知、高度预测、价格定位和大方向把握上优势明显。而且对基本面的研究可以推而广之，遇到其他品种也可以知道应该怎么做，其本质是一样的。下面以苹果基本面的研究方法为例，谈谈大部分品种基本面的研究方法。

（一）了解这个品种的基本情况

苹果期货的标的是苹果现货的交割。无论是作为商品、农产品，还是作为交割品，全面了解苹果本身都是必要的，包括苹果生长、种植、采摘、销售、储存、批发、转运、食用等各个环节。因为我们并不清楚哪个环节会影响价格预期，且农产品周期性强，年年跟着过一遍，就能搞懂个七七八八。

（二）了解这个品种的价格变化

苹果的价格每年都不一样，了解价格变化，是因为期货直观上就是博弈价格预期。苹果从下树收购、入库保存、出库流通、市场批发、超市销售，不同的环节和时间点，其价格都是有变化的，甚至每个地方、每个城市、每个档口的价格都有差异。及时捕捉并分析价格差异是一项浩大的工程。

（三）时时关注产地的行情变化

苹果产区的行情变化可能会影响到价格预期，对盘面也会造成扰动。比如，产区天气变化、果商的收购情况、果农的出货情况、冷库的库存情况等，都是不断变化的，必须动态跟踪。做期货基本面，深入产业是必然的，泛泛而谈、一知半解，容易吃亏。

（四）了解产业链上企业和从业者的变化

了解产业链上企业和从业者的变化，包括产业信息、企业新闻、收购和销售情况，以及一些从业者的看法、心态和价格预期等。就苹果来说，10月苹果下树，如果很多果商认为价格太高，不愿意收购，说明这些果商已经意识到高价格带来的不利因素。到了第二年，如果这种预期真的兑现，说明果商的判断是正确的。相反，如果果商认为收购价格低，有利可图，预期看涨，那么到了第二年涨价的概率就很大。

（五）对宏观经济的跟踪也非常重要

很多基本面研究者容易忽视宏观经济研究，这是有问题的。宏观政策和经济大势对任何一个品种都是有影响的。比如，通胀或通缩影响、需求和供给环境、替代品和同类商品的行情变化等，都可能对我们关注的品种形成影响，及时的关注和跟踪可以规避一些风险。

有些人说，做基本面自己没这些资源，压根儿谁也不认识，不知道问谁。其实只要一个品种做久了，相关的人脉自然也就出来了。比如，可以通过参加调研，认识一些产业方面的朋友；通过期货交流，认识一些企业客户。就笔者个人而言，通过发微博与大家相互交流，认识了很多品种的产业相关人士，几乎遍及各个产业。这样既提升了自己的认知，也熟悉了产业相关的基本面信息。

基本面的学习是一个循序渐进的过程，不可能一蹴而就。深入一个行业，需要精耕细作，需要长期躬身亲临，学无止境、不断积累，心有所信，方能行远。

第五章　近年苹果行情回顾

2005年以来，我国苹果价格总体上经历了2005—2010年剧烈波动阶段、2011—2014年稳步上涨阶段、2015—2016年价格突降阶段三个不同特征的价格变化阶段。

2005—2010年剧烈波动阶段：2005年苹果市价提升20%～30%，达到1996年以来苹果价格最高水平。由于当时种植生产的技术水平得到显著提升，苹果质量大幅提高，消费需求增加，但由于天气因素，供给不足，极大拉升市价。自2009年以来，苹果收购价格连年上涨，市价长期处于高位，"苹什么"成为当时苹果价格波动的标语。2010年开春时气温较低，待苹果开花时又遇上冷空气，北方大部气温下降，致使刚开的苹果花大部分脱落，相比往年总体减产40%。加上2010年的物价较高，农产品价格大幅走高。所以2010年的价格比往年要高出近30%。

2011—2014年稳步上涨阶段：2011年，多数果农由于前一年度苹果走高的价格，降低了当年苹果市价的期望值，而气候条件适宜使得我国主产区苹果品质普遍提高，加上当年苹果上市时间较晚，在卖方市场下，苹果总体价格持续上涨。2014年，山东和陕西分别遭受的严重涝灾及霜冻灾害，导致这两大产区出现减产迹象，从而抬高了市场的预期价格。

2015—2016年价格突降阶段：受2010年以来价格持续增长的刺激，果农普遍有看涨心理，导致2015年度苹果大幅增产；产量增加，再加上大量库存，出现供给过剩，价格大幅下跌。价格突降，果农惜售，又会处于旁观状态，导致滞销。2016年春节后，虽然价格下降趋势有所缓和，但苹果的销售量却止步不前，苹果市场始终滞销甚至赔本。另外，随着生活水平的提高，人们对苹果的替代品（如樱桃、草莓、菠萝等）消费需求提高，大大挤压了苹果的销售空间，这一阶段全国大宗水果销售量普遍不高。

回顾苹果行情走势，对于研究基本面是非常有帮助的。我们经常说，历史从来不会简单地重复，但总是惊人地相似，也是这个道理。下面便是笔者根据中果网、卓创资讯、我的钢铁的相关数据以及研报信息，结合个人的记录做的 2017 年至 2023 年的苹果行情整理。

第一节　2017 年苹果行情

2017 年，苹果市场受各种因素影响，全年价格以小幅波动为主，新果上市后略有企稳，苹果下树偏晚，入库量偏低，后期价格有看涨态势。下面回顾 2017 全年的行情。

一、1 月，春节前行情偏弱

春节前，苹果市场行情较差，产地果农尤其是西部地区果农出现恐慌心理，大面积降价走货，带动了苹果市场整体价格的下滑。大量的果农货在春节前被果农出手，客商货占据了货源的绝对主导地位，这也为年后客商炒货带动价格上涨提供了绝佳机会。

二、2 月，春节后价格平稳

春节期间，苹果市场走货不甚理想。受节前备货剩余充足的影响，市场行情一般，走货情况不如预期。元宵节备货情况稍显冷淡，各苹果产区并没有出现较大规模的交易情况，多以小吨位补发市场为主。在春节后大约 1 个月的时间里市场都在消化客商春节备货，整体价格走势比较平稳。

三、3 月，价格上涨

从 2 月底开始，大量客商开始在西部地区采购囤积好货，并逐渐扩散到山东等其他产区。同期，60 毫米、70 毫米小果外贸行情较好，出口南亚、东南亚国家比较顺畅，小果价格持续上涨，最高峰时接近 1.8 元 / 斤，这两个因素带动了苹果市场整体长达 1 个半月的价格上涨期。

进入 3 月，苹果市场交易照常展开，价格稳定，副产区行情开始好转，走货加快，膜袋秦冠加工需求依然强劲，价格上涨 0.10 元 / 斤左右。甘肃地区条红富士货量偏少，客商积极寻货，态度积极。

四、4 月，市场低迷，价格涨势乏力

虽然苹果产区价格持续上涨，但是销区给出的反馈却不尽如人意。苹果在销区的消化速度缓慢，尤其是清明节期间，苹果虽走货略有增加，价格却仍旧稳定，没有丝毫上涨迹象。销区的乏力表现，使得产区价格上涨后继乏力，进入了持续稳定的阶段。

五、5 月，节日消费落空，价格下滑

"五一"国际劳动节期间，苹果交易低迷，市场价格依旧上涨乏力，前期高价存储的客商心理恐慌情绪蔓延，开始大量降价走货，苹果价格迅速滑落。2017 年赔钱的客商多数集中在这一时期。

受销区苹果走货缓慢的影响，苹果产区交易持续冷淡。因销区山东货走货较陕西货稍差，山东沂源、蒙阴等部分产区价格虽有下调，但走货未见好

转。烟台栖霞交易量也出现下滑，整体行情偏淡。陕西产区原本货源稍多的礼泉地区走货稍好，但半个月左右基本就将开始清库。山西产区价格持续偏弱，交易情况一般。

六、6月，行情转冷清

6月，大量时令水果上市，不利于苹果销售。在销区，来自北方的西瓜、桃子以及南方的荔枝等大量上市，占据了水果交易的中心位置，苹果受其影响行情偏弱。苹果一般货质量下滑，难有销路，好货价格依旧偏高，整体走货继续放缓。销区交易的不利局面也直接影响到产区的交易，客商寥寥无几，行情较为冷清。

6月底，桃、西瓜、杏等时令鲜果继续大量上市且价格便宜，使得当时水果市场的焦点全部集中于时令鲜果，苹果走货格外缓慢。市场的滞销使得产地苹果的交易也较为迟滞，客商人数较少，采购积极性偏低。

七、7月，库存苹果质量下滑

进入7月，各种时令鲜果陆续上市，加上保鲜冷库库存苹果出现了硬度不足、虎皮等质量问题，导致保鲜冷库库存苹果价格持续滑落。不过，整体库存量已经大幅减少，旧果销售进入尾声。

7月后期，随着各苹果产区交易的持续进行，货源已经不多，而在山东沂源、日照等产区因前期以较低价格交易走货，当时剩余货源总量也不太多，且质量下滑比较明显，客商采购意愿不强，这也导致客商开始陆续集结在烟台栖霞等地，搜寻合适价格的好货交易，整体行情有了明显好转。

八、8月，价格好转，红嘎啦上市

8月，山东栖霞地区走货略有加快，但价格未见有偏强迹象，气调库因价格略高，走货不快。陕西红嘎啦少量上市，但相较往年质量较差，果个小，故价格略低。山西因外地存库客商采购热情减退，使得当地苹果价格出现偏弱的迹象。陕西地区存库稳步消化，部分地区价格慢涨。甘肃秦安、庆阳等地交易正处于高峰，价格比较稳定。红嘎啦上色较慢，预计红嘎啦上市要比陕西偏慢。

8月中旬，烟台地区冷库富士交易持续好转，果农一般货成交价格出现偏硬迹象。西北地区红嘎啦交易依旧不太理想，部分地区果农几乎以成本价出售，毫无利润可言，价格接近谷底。

8月底，烟台地区富士交易比较活跃，因当年病虫害严重，嘎啦交易比较冷清。此后甘肃、陕西多地降雨，苹果的交易整体有所放缓。

九、9月，嘎啦质量不佳，库存富士价格反弹

9月，烟台冷库富士正常交易，山东沂源地区红将军大量上市，质量好于往年，客商采购积极。甘肃以及陕北地区嘎啦仍继续走货。市场行情由果品质量决定，甘肃天水秦安地区纸袋嘎啦因质量较好，成交价格均在3.00元/斤以上，受到客商热捧；陕西延安黄嘎啦价格多在2.00元/斤左右，成交以质论价。

9月末，受货量及客商采购不积极的影响，各地库外苹果交易价格都呈稳中偏弱的态势，出现0.10~0.20元/斤的降幅。同时，受气候影响，西北地区晚富士上色情况不甚理想，陕西零星上市晚富士红度多在30%~50%，甘肃静宁地区小雨不断，也给苹果上色造成一定的不利影响。山东栖霞地区嘎啦受气候及病虫害影响，质量不佳，很多原本想采购嘎啦的客商转为采购库存富士，因剩余货量不佳，导致库存富士价格出现翘尾的迹象。尤其是质量较好的客商货，价格上涨比较明显。

十、10月，在产新富士下树，好货带动价格上涨

10月初，山东产区各地红富士陆续上市，货量虽不大，但客商陆续赶来收购。陕西、山西及甘肃迎来大规模降雨天气，对苹果上色影响较大，红富士上市时间有所推迟。

本年度受干旱影响，栖霞地区整体产量下滑，好货量偏少。在产新富士下树的时期，有固定销货渠道的大户以及以大型超市为主力的采购商，大量囤积好货，带动了苹果地面价格长达1个月左右的上涨，甚至高峰期好货的价格突破了4.50元/斤，进而造成本年全国总体产量比上年增加100万吨左右，但地面交易价格也比上年偏高10%~20%的现象。

十一、11月，地面交易接近尾声，价格持续稳定

11月，山东烟台地区存库客商采购热情减退，当地苹果收购价格出现偏弱的迹象。陕西地面货源减少，价格略有上涨。甘肃静宁入库进入尾声，地面货交易减少。

11月中下旬，地面交易接近尾声，尽管剩余货源因质量有所下降而价格略显疲软，但鉴于本年栖霞产区产量减少，果农在价格上偏向挺价。因此，后期整体价格表现相对平稳，未出现大幅波动。

十二、12月，冷库交易开幕，整体情况不如预期

进入12月，产区交易逐渐降温，地面交易已近尾声。冷库交易刚刚开始，但数量不多。在此期间，价格整体保持稳定，未出现显著波动。销区市场同样冷清，多数市场客商在产区购货后，选择在批发市场快速销售，若无法及时售出，则选择在销区存货。由于销区压力较大，在当时的市场行情下，果农们惜售盼涨的心态已经有所转变，他们更倾向于将货物售出，不过对于价格仍保持一定的坚持。

从 12 月起，冷库苹果销售正式拉开帷幕。由于地面交易价格偏高，加上包装和人工等费用的上涨，导致出库价格明显高于上一年。果农们最初以较高的价格试探市场，但并未获得买家的积极响应，所以不得不将价格下调 0.30 ~ 0.40 元 / 斤。高价苹果市场接受度不高，在长达 1 个月的时间里，冷库的零星交易主要集中在价格较为低廉的果农三级货上，而一级货和二级货则几乎无人问津。即便是圣诞和元旦这两个重要的节日来临，也未能给一级货和二级货的交易带来太大的改观。整体来看，冷库苹果尤其是优质的一级货和二级货的交易行情相比上年明显遇冷，库存苹果陷入滞销的困境。

在 2017—2018 年度，苹果价格一直维持着相对平稳的状态。这主要归因于 2017 年收获季节时，果农们普遍惜售心理较强，导致市场供应相对紧张。在春节前，苹果价格小幅上涨，但随后回归平稳。

2017 年，冷库的库容量已经达到 1400 万吨，但最终入库量只有七成左右。通常情况下，山东产区苹果摘袋工作集中在国庆节日前后的 5 天时间内，大约从 10 月 8 日开始陆续进行摘果，15 日左右大量上市交易。然而，苹果摘袋期间遭遇了连续的多云天气，对上色造成了不利影响，上色偏慢，下树时间推迟，集中上市比往年延迟了 10 天左右。同时，优质苹果的比例较低，好果数量不足总量的一半。这使得客商们在前期面对高价低质的苹果时犹豫不决，迟迟不敢大量采购。而在后期，尽管有意收购，但由于供应量不足，难以达到预期的采购量。

第二节　2018 年苹果行情

2018 年，整个苹果现货产区价格呈现先抑后扬的行情走势。2017 年苹果期货上市，苹果现货已经完成入库，但期货价格的波动对现货开始构成影响，产生了一定的价格预期效应，期现联动效果显现。

一、1月，春节后，平稳期

1月，现货预期不佳，价格基本处于底部。春节备货行情持续，礼盒、套盒包装货源及单位福利采购成为主流。山东、山西、陕西多地走货速度均比前期略有加快，但明显不如往年同期，各地价格暂时比较稳定，果农顺价走货现象开始增多。

1月中旬以后，苹果消费量不大，出库非常缓慢，同比往年库存偏多。同期，山西、山东产区由于天气等因素，出库也非常困难，这就形成了苹果行情中的第一波下跌。

通常情况下，销区市场在春节前进入交易时间，但本年销区市场一直没有好转迹象，走货迟缓，价格疲软。受此影响，除个别价格较低的产区，多数产区客商持续备货需求不高，走货情况不佳。果农卖货积极性偏高，价格稍低的一般货源走货比较稳定，果农手中高价商品果价格存在下滑迹象。

期货以横盘为主，逐步偏向弱势震荡。

二、2月后，纸加膜的炒作

春节后，市场偏冷清，受春节期间市场上苹果价格依旧没有起色的影响，客商在产地采购更加谨慎，没有出现大量采购交易的现象，整体价格行情相对平稳。烟台栖霞产区补货客商略有增加，但对于整体行情没有太大提振作用，果农货让价成交现象略有增多。甘肃庆阳及秦安产区在年后价格下调比较明显，尤其是甘肃秦安，客商在年前一直坚守报价，但在年后，价格迅速下调，客商货片红75毫米以上价格从年前的3.80元/斤左右下调到3.20～3.30元/斤。

2月后，现货库存偏高，市场价格还是表现较差。这与期货炒作和纸加膜有一定关系。市场上很大一部分苹果是套纸袋，而山西苹果以纸加膜苹果为主，这种苹果的价格远低于山西、甘肃、山东等主要产区的红富士。

在苹果期货上市初期，很多人认为纸加膜符合交割标准，一度错误判断，有观点甚至认为期货价格可能会跌到 3000 点附近。但是经过投资者的广泛调研，加上交易所公开说明，要严控交割质量，最后形成定论，纸加膜苹果不符合交割标准，达不到交割条件。期货盘面的下跌预期才暂告一段落。

三、3—4 月，清明后，天气炒作

3 月初，陕西及山西产区整体交易冷清，受连续几日阴雨天气影响，气温偏低，冷库看货客商不多。甘肃静宁好货价格略有下滑，以纸袋 75 毫米起步箱装 36 斤为例，价格下滑 3~4 元 / 箱。山东沂源产区走货略有加快，交易稍有起色，客商小批量采购发市场，当地果农信心有所恢复。

清明节的来临，并没有给产区带来明显起色，尤其是在西部产区，少量增加的客商依旧难改冷库冷清的交易局面，多数产地行情依旧维持稳中偏弱的大趋势。之所以维持稳中偏弱，是因为客商少，没有带动行情的规模交易。

4 月底，产地走货行情相对平稳。随着气温的回升，销区水果需求增加，市场客商也积极备货劳动节，包括山东沂源、栖霞、蓬莱以及陕西洛川、乾县等产区，走货都比较顺畅，好货价格稳中偏硬，一般统货果农以顺价走货为主。随着库存果农货源越来越少，果农好货惜售的现象越来越普遍，除山西运城地区纸加膜苹果因不耐存储、果农惜售情况而使得销量偏少外，在陕西洛川、甘肃静宁、山东沂源等产区，果农好货价格行情偏硬。

2018 年是一个特殊的年份，4 月遇到了 50 年一遇的霜冻，北方苹果主产区大面积受到影响，只是当时大多数投资者和消费者并未意识到这一点，天气炒作并未发酵。但是，有些投资者和机构先知先觉，进入产区展开调研，大家开始发现当年受灾情况非常严重，预估苹果产量将下降 50% 以上。随后，更多投资者开始重视天气因素对苹果产量的影响。可以说，4 月的恶劣天气，是苹果价格发生从低到高变化的分水岭。

四、5 月，受灾情况曝光

5 月，受各地时令鲜果陆续上市的影响，水果采购客商购销苹果的热情转淡，部分需求转向日益增多的时令鲜果，苹果产地交易整体出现转淡的迹象。采购客商不多，部分产区的库存货源质量也出现下滑，客商出货态度积极，行情呈现稳中偏弱的态势。

清明节期间，一场罕见的霜冻突袭中国西部苹果产区。在"50 年一遇霜冻""苹果产地绝收"等传闻的不断刺激下，越来越多的资金加入苹果多方阵营。1810 合约 4 月以来上涨了 41.14%。一个交易日内，苹果期货交易量达到 3600 亿元，成为期货市场的明星品种，上演"疯狂的苹果"。2018年，苹果冻灾造成的减产是历史上少有的。不管是产业内还是投资者，都没能预见这种情况。加上苹果期货是刚上市的第二年，资本对现货的行情还没摸透，都让所有人猝不及防。

苹果期货盘面，霜冻引发大规模减产，推动行情单边上涨，持续走高。

西北地区苹果总体减产情况较为严重，但是从调研情况来看，灾区分布不均匀情况较为明显。清明节期间的冻灾对山东地区影响不明显。劳动节前后，正值烟台苹果开花阶段，此阶段为苹果坐果的重要阶段，当地降雨较大，影响了座果率。见表 5-1，2018 年苹果全国加权减产 26.02%。

表 5-1　2018 年苹果减产情况

省（自治区、直辖市）	省份加权	产量占比	全国加权
陕西	37.63%	26.14%	
甘肃	36.54%	7.61%	
山西	44.50%	10.23%	
山东	21.08%	20.45%	
河南	7.00%	10.23%	26.02%
河北	35.00%	8.41%	
辽宁	5.00%	5.23%	
新疆	3.00%	2.52%	
江苏	40.00%	1.36%	

资料来源：卓创资讯。

在期货方面，5月以后，苹果行情步入加速上涨阶段。苹果受灾情况的调研报告被市场重视，大量的信息坐实了天气带来的减产预期和质量影响结论。在此背景下，越来越多的资金涌入期货市场，推动苹果期货行情加速上涨。

五、6—7月，持续炒作

进入6月，产区整体采购客商不多，库存富士苹果价格受质量影响，继续分化，客商存储的优质货源依旧稳定，以山东栖霞为例，客商存货低价不售。果农及客商急于处理质量出现问题的货源，导致整体上苹果价格弱势下滑。

端午节期间，产地交易整体冷清，采购客商不多，且以客商货出库为主。各地成交价格走势略有不同，质量下滑的产区，如山东沂源的客商存货价格持续慢滑；而一些产区质量较好的客商存货价格维持稳中偏硬的态势。

6月底，产区库存富士交易整体比较缓慢，西部产区多以客商自提出货为主，山东栖霞产区市场客商采购也不甚积极，整体行情价格相对稳定。纸袋80毫米以上一二级中档货受质量及买卖双方心态影响，价格相对混乱。

6月下旬到7月上旬连续阴雨。7月中旬以后，连续20多天持续高温，干旱无雨直接影响业内对当年产量大幅减少的预期。

7月，受高温天气影响，西部产区早熟苹果上色困难，客商想收购有红度的早熟苹果都比较难。西部产区早熟苹果只要有20%以上的红度，价格就比上一年明显偏高。交易中有红度的早熟苹果包括纸袋秦阳、光果美八、光果新世纪等，还有量稍大的嘎啦苹果。早熟苹果上市以后，价格出现不同程度的上涨，这对后期苹果价格预期的支撑非常明显。

由于苹果期货不断上涨，交易所进行了密集调控，交易手续费、保证金不断提升。在官方的干预下，期货价格进入震荡回调期。早熟苹果价格上涨，对晚熟富士价格产生了一定影响，晚熟富士价格预期较高，期货盘面价格出现一波拉涨。

六、8—9月，库存果价格走强

8月初，库存富士行情平稳推进，波动不大。山东烟台产区的库存富士交易顺畅，走货较快，价格稳定，好货略显偏硬。栖霞纸袋嘎啦开始上市交易，整体产量不大，且以质论价，仅观里等几个乡镇有一定货源，收购价格明显高于上一年。西部早熟苹果上货量依旧零散，部分产区诸如山西运城临猗等，早熟苹果交易在零零散散的上货量中结束，产量比上一年减少得十分明显，整体成交价格维持在较高水平。

9月，山东产区的红将军交易整体进入旺季，但供货量仍显不足，呈现供小于求的局面，尤其是优质好货，价格呈现偏强的迹象。一般货源受上色及其他质量问题影响，价格趋稳，部分产区有轻微滑落。整体来看，在质量的影响下，行情有分化趋势。

9月底，陕西、山西、甘肃等产区大部迎来降雨天气，苹果卸袋及零星开始的少量交易均受到影响。烟台产区自中秋节后开始大面积卸袋，片红富士预计在国庆节前后就能上市交易。红将军还剩余零星货源，价格稳定。

七、10月后，受灾坐实

10月，陕西产区红富士交易已经大规模展开，红货上市较多，且当时多以市场客商采购为主，存货商观望态度明显。山东、甘肃产区当时仅有少量交易，好货价格稳定，居高不下。

10月底，红富士交易相对稳定，行情暂未有明显波动，但随着交易的进行，货源整体质量下滑，尤其是统货质量下滑比较明显，导致成交价格受质量影响而有所下调。陕甘产区及山东烟台产区，统货交易成为主流，成交以质论价。辽宁产区采购客商陆续增多，果农卖货积极，优质货源价格暂时稳定，统货价格偏弱。

10月红富士上市以后，减产情况基本确定。陕西地区苹果产量和预期一致。此时预期兑现，盘面反而并没有出现特别大的变化。比较明显的是，由于陕甘产区减产面积和减产幅度较大，所以产量库存等多方面都远远低于山东市场，盘面很明显地反映价格，其实反映的是山东市场的价格。因为期货盘面不能反映出是哪个地方的苹果，从实际的苹果产地、质量、产量来看，总体就靠市场占比较大地区的苹果情况来映射行情预期。由于陕甘产区减产且质量损伤的幅度比较大，以此为标的计算，价格成本远高于盘面价格，成本会很高，折合盘面可能会达到12000元/吨、11500元/吨这种水准。

八、11—12月，趋于理性

11月，库存货整体交易量依旧不大，但开库交易的情况明显增多。受本年各地冷库库存量偏少的影响，果农都存在明显的观望等待心理，主动出货的不多，客商多根据市场情况按需拿货。从整体来看，买卖双方在交易时都比较谨慎，小心试探市场，耐心等待行情。

11月底，冷库富士开库初期，交易购销平淡，果农惜售情绪较浓，货源供应量不大，市场客商拿货谨慎，多是按需小批量走货，总体交易量一般，冷库富士价格高位企稳。

进入12月，冷库富士价格居高，交易量普遍较少，国内批发商按需补货，出口包装商挑选小果采购，由于储存商对好货惜售，成交以果农三级果以及部分半商品果为主，栖霞、沂源产区成交量稳定，交易随行就市，其他产区交易冷淡。

12月底，主产区整体走货平稳，行情没有大的波动。一般产区包括山东沂源、陕西旬邑、甘肃礼县等，果农顺价走货情况增多，实际成交价格有偏弱迹象。比较明显的例子是甘肃礼县花牛苹果，因存货商急于在年前走货，导致花牛苹果价格下滑0.10~0.20元/斤。

苹果交割以晚熟红富士商品果为标的物，11月中旬入库，一直可以存放到次年5—7月。现货预期兑现以后，期货价格回落。

据农业农村部监测的批发市场价格数据，2018年1—10月，富士苹果价格先跌后涨，由1月的3.23元/斤跌至6月的3.15元/斤。7月开始止跌回升，7—10月由3.22元/斤上涨至3.69元/斤，10月价格同比涨幅13.4%。10月新产季富士苹果收购价格呈现"高开高走，尾期略降"的特点。山东栖霞产区直径80毫米以上的一二级商品果开秤价格为3.80~4.00元/斤，10月中旬上涨到4.00~4.20元/斤，10月底采摘尾期价格跌到3.50~4.00元/斤。与往年相比，苹果新产季最明显的特点就是开秤价比上一年每斤提高0.5元以上。

从全年来看，苹果期货价格震荡上涨。2018年4月冻害发生后，市场再度出现惜售心理，走货减慢，现货价格保持平稳。但4月以后，苹果期货主力合约价格呈上涨趋势。9月底至11月上旬价格波动幅度加大，呈现先跌后涨趋势。

第三节　2019年苹果行情

2019年前后，是我国苹果产量和种植面积发生转折的重要阶段。西北产区种植面积不断增加，东部产区面积逐步缩减，虽然西北单产较低，但是随着种植面积的不断扩大，产量有超越东部产区的趋势。尤其是矮砧密植技术、标准化种植、现代农业技术的推广，国内苹果产量呈现逐步上升的趋势。

2019年，苹果现货上半年维持高价，下半年新果上市价格逐步走低，以9月为分水岭，趋势上从高位逐步回落。

一、1—3月，震荡上行

春节前，山东产区整体行情稳定，包括沂源等多个产区客商已经提前开始准备春节货源，但统货质量较差，导致价格下滑明显，优果相对挺价，价格稳定。山东产区春节备货客商持续增多，冷库中多有工人忙于包装。西部产区春节备货氛围不如山东产区，但在甘肃礼县产区，花牛苹果走货速度较好，行情略显偏硬。

春节期间，市场上苹果销售速度较快，走货好于预期，客商在年后陆续赶赴产区拿货，交易行情较好。包括山东沂源及陕西乾县、洛川等多地苹果成交价格呈现偏硬迹象，尤其是好货，整体上浮在 0.20 元 / 斤左右。

2 月底，随着货源持续减少，很多地方的商品果价格略有上浮，但受销区整体走货放缓影响，客商高价拿货的积极性不高，压价心理明显，导致多地虽行情偏硬，但价格上涨也面临较大阻力。

这一时段，苹果的供需较为平衡，现货价格波动平缓。2018 年主产区遭遇大幅减产，产量及库存量相比往年大幅下降，供应缩减。受 2018 年产区收购价提升，以及柑橘类水果丰产等的影响，苹果消费端相比往年也出现了大幅下滑，收购价的提高及替代水果的影响缓解了苹果的供需矛盾。但 2018 年苹果减产的影响依然存在，加上冬季水果供应减少，在气温回暖之前，市场上价格仍呈现出震荡上行的走势。

在期货上，作为 1905 合约而言，苹果价格在 1—3 月持续上涨，这是因为在 10 月合约之前仍采用旧的交割规则。2018 年的苹果通常会在 2019 年 4 月左右从冷库中陆续流入市场。由于 2018 年苹果大面积减产，所以 2019 年冷库存货数量较低。在市场预期一致的情况下，1905 合约不断上扬，这主要是供给端严重短缺所导致的。

二、4—6月，上涨

4 月，产区继续以补货客商拿货为主。存货量充足的客商依然以发自有货源为主，而没有存货的客商以调果农货居多，虽交易量不大，但因果农货少，持续挺价，导致实际成交价格仍呈现偏硬上行态势，尤其是果农手中优质货源，成交价格区间内上浮明显。

4月底，随着产区货量持续减少，产区果农及存货商惜售心理持续，漫天要价的情况越发普遍。拿货客商继续按需采购，谨慎跟进，实际成交价格维持上涨态势，多个产区涨幅在 0.20 元/斤左右。

水果整体供需偏紧加剧了苹果供需偏紧格局。由于这段时间时令水果较少，再加上储存类水果，如苹果、梨都出现较大幅度的减产，所以水果市场整体供应紧张。在水果需求平稳略减的情况下，苹果现货价格不断上涨。

在期货上，2018年12月，郑商所调整了苹果交割规则，新规则将首先应用于苹果1910合约之上。虽然2019年并没有出现较大的自然灾害，但是由于4—6月现货水果供应紧张，所以苹果期货盘面价格也遭到资金大幅拉涨。对1910合约而言，本阶段的上涨主要是受到市场情绪和资金的影响。这段时间盘面价格的上涨与基本面背离，主要是受现货价格上涨引起的投机行为影响。

三、6—9月，震荡下跌

进入6月，时令水果西瓜、油桃、葡萄等大面积上市，水果整体的供应紧张局面大幅缓解，苹果的消费量下降速度远远大于供应量下降速度，现货价格呈现震荡下行走势。该段时间时令水果的种类及数量开始增多，西瓜等的价格大幅低于苹果。苹果的成交量逐步减少，价格也出现回落。

随着现货市场价格的降低，苹果期货盘面价格的上涨也应声而止。对本年度苹果丰产的预期使得盘面价格不断下滑。市场缺少新的消息面的刺激，盘面走势也较为平稳，没有出现较大的上涨和下跌，整体维持震荡下行的趋势。

四、10月，大起大落

新季苹果逐步上市，由于本年度没有出现较大的自然灾害，所以苹果产量在本年出现了较大的恢复，苹果产量的提升使得现货市场价格不断下移。同时10月前，富士苹果上市较少，冷库采购及备货尚未大量开始，下游贸易商仍处于观望为主，市场对未来供货增加的预期使得苹果价格不断下滑。虽然10月西部晚熟红富士因连续降雨延误了上市时间，但整体产量的上升仍使得价格承受了较大的压力。

期货上，盘面价格形成9000元/吨→7500元/吨→9700元/吨的"V"形反转。进入9月，产区苹果大量上市，现货价格的快速下行推动了盘面主力合约1910的大幅下滑，仅3周时间其最低点就从9000元/吨下滑至7447元/吨的位置。但是西部产区在9月出现了连续降雨，使晚熟富士的上市时间有所推延，这造成了苹果盘面近远合约的走势出现了不同。由于缺乏合格工人分拣交割果，10月交割合约上难以生成足够可以交割的仓单，这推动了苹果2010合约在交割月的大幅上行，从9月26日至到期日，1910合约从7500元/吨上涨至9700元/吨。

五、11—12月，震荡

进入11月中旬，各地冷库收货基本结束，好货交易大多进入尾声，地面余货较多的地区都在积极降价销售。虽然应季水果供应量有所减少，但秋季柑橘等水果大量上市，苹果价格在短期内仍难出现翻转。另外，由于春节临近，12月的水果需求也会有所上涨，这支撑苹果价格不会出现较大的下跌。在1月之前，国内苹果价格都将维持震荡调整的节奏。

在期货上，进入11月之后，苹果主力合约也调整至2001合约，由于大量的上市苹果使现货价格始终处于低位，所以苹果盘面价格也一直维持弱势震荡。临近交割，空头交割经验不足，难以生成大规模的交割仓单，导致盘面不断上扬，引发一定风险。

2019 年，国内苹果价格大致分为两个阶段，这两个阶段的不同走势主要是由于 2018 年和 2019 年产量有较大差距。2018 年，国内苹果产量大幅下滑后，当年冷库的库存苹果数量急剧下滑，进而影响到整个 2019 年上半年的苹果供应，使得国内现货苹果价格从 5 月起不断上扬，一直上涨至 8 月为止。2019 年，在天气没有发生较大问题的情况下，苹果产量出现了较大的恢复，基本接近 2017 年的水平。自 9 月起，国内苹果新果已经开始陆续上市，这使得现货市场承受了巨大的压力，苹果现货价格呈现出一路下滑的格局，至 11 月，苹果批发价格已经恢复到往年正常的水平。

回顾整个 2019 年，可以说是热冷参半。上半年，一提到苹果，大家会不约而同地想到"吃不起"三个字。受到 2018 年各种因素影响，苹果大幅减产，库存量下降非常大，造成 2019 年上半年苹果市场紧俏，价格一路攀升，甚至一果难求。到了下半年，受前期苹果高价影响，新果价格预期较高，上市初期开秤价格较高，但高开低走，价格逐渐下滑，一路走低。简单来说，上半年量少价高，下半年高开低走。

第四节 2020 年苹果行情

2020 年，苹果价格行情跌宕起伏，突发行情较多，总体趋势呈现冲高后回落格局。库存果出库期间突发事件使供需结构出现重大转折。苹果花期至坐果期遭遇冻害，生长期冰雹、多雨天气频发，收购期减产预期加重，价格攀升，入库量不减反增，苹果消费持续低迷。多空因素交织，期货价格大幅波动。下面从 5 个阶段来看整个行情的变化，除 5 月和 10 月出现两个高点外，其他时间都处于下跌走势。

一、1—4月，苹果走货旺季不旺

元旦期间，苹果产区整体走货速度不快，仅有零星包装发货，一些冷库因无客商采购选择放假休息，整体行情维持稳弱态势。元旦以后，甘肃、陕西及山西大部出现降雪天气，道路结冰，多处高速公路暂时封闭，客商发货受到明显影响。山东烟台产区客商略有增多，但仍以自提出货为主，包装果农货源较少，春节备货氛围冷清。

2020年春节期间，人员流动受阻，旺盛的苹果礼品消费受到抑制，库存消耗减慢，去化压力后延。进入2月，苹果产区年后交易依旧处于停滞状态。销区水果销售速度缓慢，苹果销量低迷，价格也呈现滑落态势。春节后，陕西产区基本没有出货，山东、山西等产区仅允许当地车辆少量拉货外出补充市场，实际交易量极少。甘肃静宁产区近期基本以百姓自发捐赠湖北货源出货为主，发市场货源寥寥无几。各产区冷库出货交易仍未恢复正常，大量交易展开尚需等待。

2月底，苹果消费快速增加，但因库存充足，供需平衡状态下现货走势基本维持稳定。随着快递物流恢复，产区电商发货量增加较快，价格也相对稳定。少量外地客商也陆续赶赴销区，但以发自存货居多。果农货交易量有序增加，价格暂时未有明显变动。

进入3月，各苹果产区行情略有分化，出货速度快慢不一，整体库存仍旧偏大，行情稍显混乱。部分果农出货心理有所波动，但顺价出货仍是主流，以质论价成交，行情暂时稳定。3月底，山东地区炒货商有所增加，加之部分市场客商收购三级货补充市场，导致产区涨价的情况增多。西部产区果农货剩余不多，货源倒手进入客商手中比较普遍，炒货热度有所降温，价格趋于稳定。

进入4月，时令水果先后上市，苹果价格在替代品的挤压下不断试探新低点。客商开始为劳动节备货，批发市场客商仍倾向于低价货源，但三级货、统货量已经不多。部分炒货商及高端商超入手极好的高端优质货源，价格仍呈现稳硬迹象。中等货源量大，但客商需求不多，加之果农惜售挺价，导致中等货行情略显冷淡。

在期货上，在此期间的苹果期货指数在6500~7800元/吨区间宽幅震荡。

二、5月，霜冻再袭，期货价格持续走高

进入5月，随着时令鲜果陆续上市，山东产区客商都将大部分精力转向时令鲜果，部分采购商也开始忙于时令鲜果收货，苹果交易受到冷落，发市场客商补货为主，交易量不大。西部产区客商存货交易也已接近尾声，苹果质量较前期有所下滑，走货缓慢，价格有0.20元/斤左右的下跌。月底，一些执意不卖的果农及炒货商开始让价处理手中货源，导致成交价格明显回落。有自己渠道的客商货行情暂时稳定。山东产区目前调货客商不多，以按需补货为主，整体行情转淡，果农出货心理增强。现货市场整体较为冷清，并不是很好。

2020年3月中旬至4月下旬，受全国产区三次较大范围降温霜冻天气影响，减产预期弥漫期现市场。其中，以陕西洛川县为代表，4月24日部分乡镇产区最低气温骤降至-8℃，此时西部产区苹果正处于盛花期至坐果期，抗寒能力极弱，陕西、山西、甘肃部分产区受此次降温受灾较重。霜冻所致的减产预期扰动市场，有2018年霜冻减产事件作为参照，市场看涨情绪强烈，期货价格快速拉涨。

从4月冻害调研情况来看，调研区域冻害受灾面积比例达59.76%，其中重度冻害占比39.02%、中度冻害占比8.54%、轻度冻害占比12.20%，未发生冻害的果园面积占40.24%。分县域看，陕西富县受冻最严重，洛川其次，再次是山西万荣县，甘肃静宁县、陕西白水县受冻害影响相对较轻。在多种因素叠加影响下，西部地区受灾实际减产低于预期：首先，冻害发生时多数果农采取的田间管理措施得当，加之果树本身具有一定的自我修复能力，严重受害的果树有所恢复；其次，灾后果农有意减少疏果，实际坐果减少量小于预期；最后，甘肃部分地区仍处于产能扩张周期，增量与减量并存，灾

害影响减弱。

从 6 月坐果期调研情况来看，西部产区套袋情况较前期有明显改善，套袋量的情况明显优于坐果期的冻害调研情况。从 10 月苹果下树收购情况看，西部产区的减产情况与前期冻害、套袋调研结论基本一致，陕北的富县、黄陵县减产约 70%，洛川、庆阳、静宁减产 20%～30%；白水、宜川几乎未受冻害，综合推算西部产区（主要是陕西、甘肃、山西）减产幅度为 20%～30%。

在期货上，在此期间的苹果期货指数从 7200 元 / 吨上涨至高点 9330 元 / 吨，涨幅约为 29.58%。

三、6—8 月，预期修正，价格下跌

进入 6 月，山东、陕西等地毛桃陆续上市，苹果在价格上低价开秤并快速下滑，采购客商人数也较少，各地行情均较为低迷。销区水果销售迟缓的行情传导至产区，库存富士采购客商极少且压价心理明显，行情继续承压。现货行情并不是特别好，产区果农出货心态依旧较为积极，尤其是果农手中货源虎皮现象明显增多后，果农急于脱手出货的心态继续增强，让价成交普遍，弱势行情较为明显。

端午节后，产区整体行情冷清，调货补货客商较少，果农货成交价格继续维持弱势滑落态势，果农让价出货心态明显。客商货行情略有不同，质量较好的货源客商有继续持货观望心理，质量差货源出货心态较为积极。

7 月，产区整体出货速度缓慢，采购客商极少，且压价明显，部分果农急售，导致成交价格仍呈持续滑落趋势。但价格滑落后，采购客商人数未见增加，整体行情依旧低迷。部分客商也陆续让价出货，但交易速度不及低价格的果农货源。

8 月，各地库存富士陆续进入清库阶段，除一些清库尾货低价销售外，主流成交价格较为稳定，买卖议价成交。早熟果交易不温不火，货量继续增

加，价格稳中趋弱。月底，山东蒙阴产区有零星红将军上市交易，75 毫米起步价格在 2.00～2.20 元 / 斤，大规模上量至少还需 7 天。陕西产区早富士货量陆续增加，但此时红货不多，部分产区诸如陕西白水，一般货价格稳定，优质半商品早富士价格偏硬上浮，目前 75 毫米起步半商品价格在 2.80～2.90 元 / 斤。产区嘎啦果交易情况一般，客商采购积极性不高，价格稳中偏弱。库存富士走货一般，临近清库，因质量影响，价格较为混乱。

在霜冻后调研及套袋数据统计的双重验证下，新季苹果的实际产量，整体减产程度好于预期。霜冻影响呈点状分布，虽有部分产区受冻害影响减产严重，但减产范围及幅度不及 2018 年，大幅减产的预期逐步修正。随着应季水果逐渐上市，水果市场供应相对充裕，消费者逐渐转移至价格低廉的时令鲜果，苹果终端需求进一步削弱，促使苹果价格指数持续下跌。受此影响，苹果远月期价开启漫漫下跌路，合约价格跌破前期最低点。

在期货上，这个阶段的苹果主力合约从 9400 元 / 吨的高点一路下跌，8 月底跌至 6800 元 / 吨附近，下跌幅度高达 27.66%。

四、9—10 月，收购炒作，期货价格跟随反弹

9 月，新产季西部早熟嘎啦、早熟富士收购价在收购尾声发生翘尾，早熟苹果收购期间也呈现出收购期短、货量较少的情况，证实西部产区仍有一定的减产预期。随着晚熟富士逐步成熟下树，西部苹果货量较少的情况凸显，客商订购热情高涨，果农挺价惜售情绪浓厚，收购热情扩散至山东产区，主产区积极收购入库，期价止跌大幅反弹。

在苹果的生长周期内，西部主要产区迎来了风调雨顺的优质气候。这一季度的天气条件特别适宜苹果生长，雨水充沛，苹果果面格外洁净，黑红点等瑕疵显著减少，且果实个头较大。经过对西部主产区在苹果生长期和下树期的全面调研发现，相较于 2019/2020 产季同期，本季的苹果质量有了显著提升。特别是果农货中的 70 毫米规格，其作为半商品的出成率稳定在 80%

的高水平，这充分证明了本季苹果的高品质与优良产出。

与西部产区相比，山东产区天气偏差，苹果质量同比下滑。从 9 月底山东产区质量调研情况来看，威海市文登区果锈发生严重，烟台市、招远市部分乡镇果锈、冰雹发生严重，山东产区质量情况同比降低。另外，本年苹果生长期温度较往年偏低，4 月部分产区遭受冻害，6 月中下旬雨水过多，导致苹果果锈现象普遍，苹果商品率较低，果农货 80 毫米一二级的比率只有40%～50%，而上年比率为 60%，正常年份比率为 70%。这说明新产季山东产区苹果质量较去年差，较正常年份更差。

整个 9 月，山东产区红将军整体交易氛围一般，客商采购积极性不高，成交以质论价，走货速度不快，价格维持稳弱趋势。西部产区多地晚富士采青增加，采青价格高低不一，陕西咸阳平原一带等部分主产区晚熟富士也开始准备上市交易。受减产影响，花牛货源偏紧，入库客商积极抢购花牛，带动甘肃地区花牛价格大幅上涨，优质花牛产区秦安好货 75 毫米起步就上涨0.50 元 / 斤左右，礼县产区涨幅在 0.20 元 / 斤左右。陕北产区持续降雨，采青果上色偏慢，装车发货遇阻，客商预定积极性稍有下滑。

进入 10 月，晚熟果下树，收购情绪高涨，入库价格同比上升，区域间涨幅差异明显。在此期间出现了下面两种情况。

情况一，收购情绪高涨，从西部产区向东部产区传导。

西部产区早熟果和早熟富士收购后期出现翘尾行情，甚至出现货源短缺现象。晚熟富士上市以后，收购热情依然不减，果商抢货，果农挺价，情绪高涨。西部产区收购热情逐步向东部产区传导，拉动山东产区晚熟富士收购热情，普遍价格偏高，抢收情绪蔓延，全国开秤价格整体偏高。

新产季西部早熟嘎啦、早熟富士收购价在收购尾声出现翘尾，苹果现货收购呈现苹果紧俏、收购期缩短的情况。出现了早熟苹果市场存在减产预期。晚熟富士同样存在减产预期下的客商抢货现象，大量货源在未下树前已被客商订购完毕，收购情绪高涨。随着收购的进行，陕北的减产情况被市场过度解读，部分收购客商提价收购，果农挺价惜售情绪加重，收购价呈上升趋势。

西部产区收购价格走高，部分西部收购客商被动转至山东产区收购苹果，拉动新产季山东富士苹果收购价格超过预期，抢收情绪蔓延至全国主产区。

情况二，入库价格同比偏高，价格分化明显。

西部产区入库均价高位稳定，同比涨幅较大。中果网数据显示，9月29日洛川70毫米半商品以3.25元/斤的均价上市，随着时间的推移，平均收购价上涨至3.50元/斤，后期由于质量原因收购均价回落至3.25元/斤；相比上年同期，70毫米半商品开秤均价为3.15元/斤，且随着收购推进，收购价逐步下行，最终回落至2.30元/斤。整体上，新产季入库成本同比增加0.8元/斤左右。

山东产区入库价格高开低走，逐步回落，同比上年基本持平。山东产区晚熟富士下树较晚，10月3日，80毫米一二级片红以2.70元/斤的均价零星上市；截至10月22日栖霞市80毫米一二级3.00元/斤，高于上年同期的2.90元/斤的均价，打破了早熟红将军价格低迷的局面。此后由于霜降后质量变差，叠加客商收购谨慎，收购价普降，80毫米一二级价格回落至2.75元/斤。

在期货上，主力合约冲高到7350元/吨附近急速回落，9月底跌至6000元/吨上方。

10月，产区苹果价格走高以后，果商到处订购优质苹果。陕西、甘肃以及山西临汾等产区，优质货源被抢购一空，价格上涨明显，高于开秤价0.30~0.40元/斤。价格预期的提高，甚至出现了果农违约不愿低价出货的情况。部分果商转战山东，到处收购优质货源，也拉动了山东产区的价格预期。实际情况是，由于整体果品质量一般，高价果有价无市，统货采购谨慎，两极分化非常明显。

新产季富士苹果收购结束后，由于地面货走货情况不佳，入库量在部分产区减产的背景下不减反增，创出历史新高。库存高企且价格偏高，市场需求受到抑制，加之替代水果价格处于低位，又逢出口受限，多因素导致现阶段库存苹果消费整体不佳，各收购方对后市持悲观看法。期货受预期推动，再度向下创出新低。

五、11—12月，库存高企，期货不断下探

11月，烟台产区果农入库到了最后阶段，地面剩余货源整体质量较差，以质论价。西部冷库货基本以客商自提出货为主，果农货虽有报价，但基本没有成交，处于有价无市的情况。11月底，产区整体走货速度依旧不快，辽宁及山西地面货源余量充足，但整体交易比较冷清，主流成交价格在低谷维持稳定。冷库中多数以客商自提出货为主，果农虽然出货意愿较强，但调货客商太少，成交比较困难。

12月，产区整体交易未见起色，采购客商人数不多，交易以低价格地面货源以及库存三级果居多，成交以质论价，整体行情略显低迷。圣诞节和元旦节备货落空，苹果主产区山东、甘肃、陕西等库存富士交易未见明显起色，冷库中果农货交易量极少，少量包装发货也以客商自存货为主，主流行情维持稳弱趋势。整体去库速度缓慢，悲观情绪逐步在业内蔓延。

在期货上，主力合约2101合约在国庆节后高开跳涨到8400元/吨附近，然后一路低走，12月底跌至6000元/吨附近。

从整体来看，2020年水果消费上半年价格低迷，10月以后，新季苹果下树，炒作热情高涨，但是价格昙花一现，高开低走，高价格并未维持太久。反而是高入库、慢去库、差预期，整个行业偏悲观。

第五节　2021年苹果行情

2021年的苹果行情，上半年延续了2020年的弱势行情，甚至甘肃的花牛卖出了极低的价格，苹果烂市触目惊心；下半年价格低开高走，情绪从悲

观转向乐观，价格一路向好，多少有点让人出乎意料。

一、1月，行情持续走弱

春节前，苹果产区行情没有明显变动。山东产区仍受道路结冰的情况影响，包装发货量有限。西部产区多个省份虽然交通情况良好，但客商采购积极性不高，出货基本为客商发自存货，果农货交易偏少，多个产区包括渭南澄城等价格下调，幅度在 0.10~0.20 元/斤。一两周以后，产区整体交易依旧较为冷清，客商拿货量偏少，采购较为谨慎，包括山东沂源、山西运城等产区，果农货价格再次下调，下调幅度在 0.10 元/斤左右。

随着春节备货，产区走货略有好转。山东烟台产区客商提前包装礼盒准备春节市场，礼盒装货源持续增多，价格暂时稳定。甘肃秦安、礼县产区走货有所好转，果农货交易稍有增多，但价格暂时稳定。1月底，整体行情趋于稳定，客商继续发自存货源到市场销售，果农货交易未有波动，整体交易价格稳定，部分急售果农有让价出货情况出现，以质论价为主。

二、2月，节日未能带动产区大幅走货

临近春节，产区冷库中包装发货数量明显减少，远途客商已经撤离，剩余包装发货多以近途客商及当地代办代发居多。交易氛围转淡，价格维持稳弱。

春节过后，产区整体交易维持稳定，客商继续包装自存货补充市场，果农货交易多集中在性价比相对高的少数产区，如甘肃庆阳、陕西旬邑、山东蒙阴等，果农顺价出货，以质论价成交。多数产区果农货交易仍比较有限，走货速度不快。

元宵节前后，各苹果产区走货进度快慢不一，客商多为元宵节提前备货，主流价格暂时稳定，差货受质量影响价格趋于混乱。甘肃部分产区如礼县花

牛苹果交易冷清，滞销情况较重，价格低迷。

三、3 月，花牛苹果崩盘，苹果整体行情偏弱

进入 3 月，受元宵节后交易速度整体偏慢影响，甘肃多个产区如礼县花牛以及富士苹果价格均出现了小幅滑落，果农顺价出货意愿普遍，但采购客商人数不多，致使交易量整体维持较低水平。销区苹果消化速度缓慢，发自存货客商多数在盈亏平衡线徘徊，消费较为疲软。产地客商拿货积极性不高，走货速度不快，整体行情略显低迷，主流成交价格呈现稳弱趋势。

3 月底，清明节备货开始，各产区交易未见明显增多，客户以自发库存货销售为主，调货客商整体不多，果农货交易速度不快。其中，山西运城、甘肃静宁等部分产区果农下调要价，行情稳中偏弱。

2021 年，是花牛价格下跌最惨的一年。3 月 22 日，期货盘面出现暴跌，现货价格的弱预期和天气较好的丰产预期叠加，导致盘面最低跌至 5200 元/吨附近。

四、4 月，现货行情依然维持低迷

进入 4 月，无论西部产区还是山东产区，节后交易都略显疲软，果农出货心态积极，但拿货客商较少，且多有压价表现，致使交易价格再次下滑0.10～0.30 元/斤。交易主要以质论价，走货不快。

4 月中旬，产地整体走货依然不快，冷库以客户发自存货为主，果农出货心态普遍着急，但调货客商不多，且挑拣压价心理强硬，导致产区行情依旧偏弱，如山东沂源等地交易价格下滑 0.20～0.30 元/斤，成交以质论价。

截至 4 月底，全国苹果库存量约 400 万吨，较常年偏高 10% 左右。由于库存偏高，苹果整体行情呈偏弱状态，价格出现明显分化：低质量货源开始低价甩货，一般货源价格继续下跌，优质好货价格坚挺。春节以后，富士

苹果全国周平均批发价格由 3.66 元 / 斤降至 4 月底的 3.44 元 / 斤，整体呈波动下行走势。冷库客商货主流成交价格为 2.60 ~ 2.80 元 / 斤，扣除储存成本，流通货源存储商每斤亏损 1.1 元。甘肃秦安、庄浪的花牛苹果冷库存量大，上年收购价格为 2.50 元 / 斤，此时主流报价为 1 元 / 斤左右，每斤亏损 1.5元左右，流通环节存储商都在着急找销路。

五、5 月，质量下降，以质论价

进入 5 月，甘肃、陕西部分产区走货尚可，但因货源质量及果农卖货心态不同，实际交易价格略显混乱，以质论价为主，其他产区走货不是很快，调货客商数量不多，且普遍是挑拣压价采购，果农以顺价出货为主。西部部分产区库存货源中虎皮现象明显增多，果农抛售心态急切，顺价低价走货情况普遍，尤其是品质一般及质量较低的货源价格仍有滑落，优质好货价格浮动不大。山东产区交易比较平稳，客商按需补货，果农以顺价出货为主，以质论价。

在此期间，主要是丰产预期，跌价现货价格低迷，期货一直维持弱势震荡。

六、6 月，销售接近尾声，价格混乱

进入 6 月，库存富士交易冷清，多数产区交易不温不火，价格保持平稳。受市场行情长期萎靡不振的影响，部分果农让价出货，急于处理余货；果商略显惜售，对好货要价相对坚持；采购商需求能力有限；发市场客商刚需补货，走货速度不快，交易以质论价。

6 月中旬，西部产区果农货交易基本收尾，因质量参差不齐，价格略显混乱：优质好货价格暂稳；山东产区果农卖货积极，采购客商不是很多，且挑拣心理较强，买卖略显僵持，价格暂时稳定。

七、7月，早熟上市，旧果行情不佳

7月，陕西、山西及山东等产地的毛桃、油桃上货量不断增加，交易相对活跃，而这些水果的价格也在不断滑落；库存富士交易受时令鲜果上市影响，明显进入淡季，以调货客商少量按需补货居多，成交以质论价，走货速度缓慢。随着温度升高，库内苹果卖货时间越来越短，客商与果农出货心态均显着急，成交多是以质论价，价格稍显混乱。但拿货客商采购积极性不高，多是按需挑拣补货为主，货源消耗速度缓慢。

7月中旬以后，库存富士交易行情依然未有明显变动，果农及存货商出货急切，拿货客商整体不多，且压价挑拣心理较强，以质论价，成交量未见明显放大。

陕西咸阳乾县、渭南富平早熟苹果纸袋秦阳脱袋，近两天即将下树交易；运城和蒲城青果富士少量上市，膜袋青富士苹果70毫米起步价格在1.10元/斤左右。在早熟品种上市阶段，从早熟嘎啦到早熟富士，产地价格多呈现低开低走的趋势，果农、客商普遍不看好后市，对2021—2022年新产季晚富士苹果开秤价格持消极情绪。

八、8月，旧果走货不畅

8月初，山东、陕西、山西进一步升级防控措施，加大防控力度。冷库中包装发货客商减少，库存富士交易减缓，卖家普遍开始急切抛货，价格行情弱势明显。

8月中旬，陕北洛川嘎啦上市交易，受天气影响，果子个头整体偏小，收货客商不多，价格较上年低0.40元/斤左右。山东库存富士交易仍在进行，果农及存货商积极清货，以质论价，客商按需采购；烟台地区纸袋嘎啦少量上市交易，70毫米以上主流价格在2.00元/斤左右，实际以质论价。

8月底，西部陕西产区早熟富士少量上市交易，客商收购集中在陕西咸阳乾县等价格稍低的平原地带，交易氛围一般。白水产区有零星客商订货情况，多数仍在观望等待。山东产区嘎啦上货量尚可，客商按需采购，优果有价，交易活跃；库存富士行情稳定，卖家积极清货，以质论价。

九、9月，降雨影响新季苹果质量

9月，全国多降雨，西部早富士交易略有延迟，渭南澄城产区开始上市交易，早富士75毫米起步40%以上红度的商品果价格在2.2元/斤左右，半商品统货价格为1.60～1.70元/斤，较上年价格偏低。甘肃天水麦积区花牛上市交易，客商收货积极性一般，花牛75毫米起步的好货价格在2.00～2.50元/斤，统货价格在1.40～2.00元/斤。山东嘎啦交易基本结束，库存富士走货顺畅，主流行情暂稳。

陕西洛川、富县、黄陵、合阳及山东蓬莱等优质产区的晚富士在成熟期突遭冰雹，出现不可逆的损伤。而陕西自9月中旬起遭遇了长达40天的连续阴雨，造成产地晚富士摘袋下树时间推迟，成熟度高、水分较大、耐储存性有所降低。

山东产区红将军交易整体稳定，好货不多，统货以质论价，行情浮动不大。红将军交易后期，货源质量下滑，价格区间内走低。库存富士走货加快，价格有所反弹。西部晚富士交易集中在陕西咸阳、宝鸡一带，客商拿货积极性一般，延安地区部分客商预定好货，优果优价明显。

受冰雹天气影响，加上有资金开始炒作因阴雨带来的苹果质量下降和果锈较大等问题，期货盘面快速拉升，持续走高。

十、10月，预期差，新果开秤价偏低

10月初，山东产区晚富士零星上市，货量不多，交易不成规模，招远毕郭市场80毫米以上统货价格在2.00元/斤左右，以市场客商采购发货为

主。西部多产区普遍阴雨天气，晚富士采摘装货受影响，价格行情稳定，交易以质论价为主。

陕甘产区客商订货采购积极性依旧较高，尤其优质好货陆续被订购，价格高位稳定；统货因质量参差不齐，价格较为混乱。山西运城纸加膜少量上市交易，客商不多，交易氛围冷清。

10月底，西部陕甘产区好货交易进入后期，一般货源质量参差不齐，价格略显混乱，成交以质论价，一般货果农基本随行就市，部分对价格不认可的果农自行入库。山东产区上货量较多，客商挑拣好货入库，优果优价行情明显。内陆产区地面货源大部分陆续入库。烟台产区好货不多，统货及三四级货源量尚可，客商挑拣拿货为主，以质论价，走货有所减缓。

晚熟富士进入收购阶段以后，价格趋势呈现"东强西弱"格局，西部产区价格下滑明显。其主要原因是，西部产区后期货质量问题突出，客商收购顾虑较多，山东大量入库，地面货较少，价格较稳定。

十一、11月，现货价格预期逐步向好

进入11月，山东产区交易进入后期，剩余的多是质量差的统货及三级货源，受质量影响价格略有回调，部分客商开始向辽宁产区转移收购。西部产区优质货源交易也基本结束，多是市场客商采购低价货源，以质论价，部分果农货源被迫入库。

山东产区上货量减少，且余货质量不佳，周边发市场客商采购居多，行情基本稳定，个别冷库货源有交易，暂无主流报价。陕西乾县、山西临猗产区纸加膜交易尚可，客商挑拣优质好货采购，成交价格偏硬且有少量上浮。

11月下旬至12月初，产地开始向库内交易转移，由于库外剩余货源交易火热，导致本年转库内交易的时间有所提前。在库内交易初始阶段，产地冷库交易积极，果农货价格带动上涨，果农扛价惜售情绪逐渐高涨。

十二、12月，节日对走货有一定提振作用

12月初，山东、甘肃、陕西产区冷库交易冷清，基本以客商发自存货为主，调货略显谨慎，果农仍有观望心态，交易处于有价无市局面。辽宁及山西运城以地窖存储的果农货交易为主，采购客商不多，成交以质论价。

12月下旬，陕西防控升级，出货受限，去库压力增大。此后，由于春节备货提振，加之陕西交通出行防控政策调整，全国产区冷库去库速度整体加快。

随着圣诞节、元旦节的带动，产地走货速度加快。双节临近时，产区寻货问价客商有所增多，但多数挑拣性价比高的一般货源采购，实际拿货采购的增加得并不明显，成交以质论价。有自存货源客商仍旧倾向于发自存货，调货意愿不强。

山东烟台产区走货尚可，基本以三级货交易为主；蒙阴产区交易稍有起色，库存拿货客商略有增多，果农随行卖货。陕甘产区冷库交易以果农低价货走货为主，部分果农仍有观望心理，行情没有明显浮动。

2021年，整个苹果行情可谓跌宕起伏，行情翻转不断。从上半年的悲观到下半年的异常挺价，期货对现货的干扰也极度被放大。新季苹果整体呈现强预期、弱现实的格局。尤其是期货盘面，因为炒作果品质量下降，盘面一度出现持续拉涨现象。从2021年开始，部分产业方开始从套保交货转战到接货，苹果行情内部发生明显分歧。

第六节　2022年苹果行情

2022年，苹果价格大起大落。天气预期对于苹果行情的预期影响最大，但是现货价格又不得不面对价格偏弱的现实冲击，总体趋势偏于高位震荡。

一、1月，年初行情稳定

春节前，苹果产区交易多集中在中低端货源，高价优质货源基本有价无市，零星交易也难成规模，大部分果农交易心态稳定。随着出货，少数果农仍有惜售心理，主流行情没有明显变动。西部陕甘晋产区冷库中客商包装自有货源仍是主流，果农存货交易仍显不快，价格行情稳弱维持；山东产区客商备货主要集中在果农三级果及统货，一二级货源交易冷清，且随着交易的进行，果农存货整体质量有所下滑，实际交易基本以质论价为主。

春节前这段时间，苹果现货基本面没有太大变化，产销矛盾依然存在，所谓的春节备货就是噱头，意义不大。这一年各地防控日趋严格，商品流通性变差，消费能力有限，现货价格上行情欠佳，不太容易从现货价格走势去把握期货。

二、2月，节后预期偏好

进入2月，陕西延安洛川、富县及渭南白水等产区整体正常走货，客商按需采购，但果农货随着交易的持续进行，好货剩余不多，质量明显分化，实际成交以质论价。辽宁盖州正常走货，客商按需采购，其中寒富因货源质量下滑，价格有高有低，交易也是以质论价。

产区整体行情分化明显，尤其随着果农好货货源陆续减少，部分果农有惜售心理，价格呈现稳硬趋势；而一般货客商拿货积极性不高，整体交易冷热不均，成交价格比较混乱。

苹果期货受3月合约仓单压制，没能出现较大反弹，投机资本较少，多头在这个价位以上接货意愿不强，出现大量出逃。5月合约目前继续维持高位，量化资金深度参与，来回洗盘，没有太大波动。笔者认为，不应该对价格上涨过于乐观，就本年而言，库存苹果价格已经处于高位运行，继续上涨或者大涨空间有限，小幅波动概率更大。

三、3月，整体走货情况不佳

3月，产区整体行情平稳，发市场客商及压货炒货客商按需采购，交易基本集中在果农品质中上等的货源，低价差货也有一定销量，但一般货客商拿货不积极，整体走货情况不佳。从整体来看，受货源质量影响，产地行情分化，成交价格区间拉大。

山东蓬莱、栖霞及沂源等地均可正常发货，且随着清明节临近，冷库包货客商有所增加，多数客商挑拣果农好货采购，好货价格稳中偏硬，实际成交以质论价。

由于山东苹果产区出现突发情况，交通管制，对于苹果现货销售有一定影响，可能会延长苹果产区的出货时间。众所周知，4月以后，苹果出货的主力在山东产区，西北产区出货不会持续太长时间。本年苹果现货库存偏低，商品果和三四级货之间存在巨大断层，统货很少，导致苹果交割果出奇地少，加上部分冷库暂时没有开库，苹果多头一度情况严峻。5月合约是苹果现货的最后一个合约，按道理应该套保力度很大才对，但是春节后空头呈现极度弱势的行情，这种情况较为少见。

四、4月，网传砍树和干旱预期

进入4月，苹果产区整体走货一般，存货商及客商均存在明显撑价惜售心理，部分货源不足的客商跟进拿货，导致部分产区行情稳硬运行；销区市场随着清明节来临，市场货源有明显增加，成交价格以稳为主，走货速度有所好转。山东产区交易稳定，客商按需挑拣拿货，整体采购积极性还算可以，但果农挺价惜售心理依旧较强，价格行情稳硬维持；西部产区客商存货质好价高，果农余货质量不佳，好货差货价格区间大，交易以质论价为主。

4月中旬以后，产区整体交易仍呈现稳硬态势，尤其一般产区前期价格普遍不高。随着库存货源减少以及走货加快影响，卖家惜售挺价心理增强，包括山东蒙阴、陕西扶风及辽宁盖州等产区，整体成交价格普遍上涨。由于产区存货量持续减少，果农及存货商惜售心理持续，甚至部分卖家漫天要价的情况时有发生；拿货客商继续按需采购，谨慎跟进，产区整体交易仍呈现稳硬态势。

新季苹果开始炒作西部伐树，以及花期高温天气，减产预期较强，期货盘面在月底拉涨。

关于网上流传的苹果树被大量砍伐的视频，原因分析如下：①存在苹果树新老交替的情况，有些旧苹果树产出的苹果商品果很少或质量较差，砍掉种庄稼可能效益更好；②网传西部地区大量砍树，但是稍微有点常识的应该知道，西部地区多为山地，种玉米和小麦产量很低，不能把正常的产业交替看成普遍行为；③苹果期货交易的是商品果，优产区经济效益还不错，果农是不舍得砍掉的，尤其是这几年矮化密植的苹果树才刚开始挂果，产量很高，维护成本也很大，一般人是不会去砍的；④部分果农的子女不愿意继续从事种植苹果树的工作，于是弃种果树，但这是个人选择和行为，不会影响整个产业。

五、5月，行情冷热不一

5月，产区整体交易氛围相较劳动节前有所转淡，以部分客商按需补货为主。大部分节前备货较多的客商仍在发自有货源，拿货稍显观望。从价格来看，5月优质好果价格依旧坚挺，部分产区次果价格有所松动。库存富士走货不快，调货客商继续少量补货，存货商有序出货，产区整体交易平稳，价格行情稳弱维持。但是有些果商因为可以通过社区定点供应的方式，走货较好，在预期上明显产生分化。

在新果方面，陕甘晋产区果园套袋开始，山东产区也开始少量套袋，产区用工略显紧张。

在新冠疫情的持续影响下，居民消费信心自4月开始下行，并在低位徘徊运行至年末，消费者减少了对各类消费品的支出。5月后，时令鲜果大量上市，居民消费信心继续下滑，苹果交易持续放缓。

但本年度樱桃、梨、荔枝、杨梅等价格处于历年高位，对苹果价格形成支撑作用。

六、6月，早熟上市，行情看好

6月，随着时令鲜果大量上市，库存苹果交易热度有所下滑，采购商试探性询价采购，存货商出货积极性有所提高，整体交易以质论价，行情暂时变化不大。

产区库存货交易速度不快，多以固定档口客商按需补充市场为主，一些没有销售渠道的炒货客商陆续开始出货。尤其是手中货源质量偏差的客商，让价成交的心理有所增强，整体价格行情偏弱运行。

山西运城产区早熟藤木苹果上市交易，多数为电商采购，60毫米起步价格在2.00元/斤左右，高于上年同期。

2022年上半年去库走势整体呈"先加快后减慢"趋势，出库有三波小高潮：一是出库前期三级果等低价货发货速度较快，二是春节备货阶段，三是3—4月受传统旺季的提振及受上海地区果蔬包需求扩大的影响。5月之后去库速度持续放缓。

早熟苹果从6月底到9月初陆续上市，虽然嘎啦和美八价格对后期的红富士影响不大，但是在测试市场反应，拉涨或压低价格预期有一定的试探作用，值得关注。在现货方面，西北产区库存苹果基本清库，但是西部之外的部分产区的库存到现在就不好走了。

此时北方持续高温，如果高温一直不缓解，对农作物生长是不利的。高温影响苹果着色，轻则膨大放缓，重则灼伤，不仅影响产量，还会影响质量。这一年不断炒作减产预期，果农和期货多头看好后市开秤价格，有人认为开秤价不会低于3.50元/斤，甚至可能更高。

七、7月，库存果稍有上涨

进入7月，山东蓬莱、栖霞产区库存富士的交易稍有好转。调货客商按需挑拣采购，其中库存三级、75毫米等性价比高的货源交易居多，导致部分高性价比的货源价格偏高，高价优质货源价格暂时稳定，实际成交以质论价为主。

7月中旬，山东烟台产区采购客商略有增加，拿货积极性稍有提高，库存富士走货速度见快，行情有回暖迹象；沂源、蒙阴产区库存货源剩余不多，交易随行进行，行情无明显波动。辽宁盖州产区多数冷库清库，交易扫尾，价格行情偏弱。

到了7月底，产区库存富士交易仍比较冷清，随着时令鲜果大量上市，以及价格有所滑落，调货客商采购库存富士的需求仍显疲软，多数挑拣采购低价货源补货，整体走货仍显不快。

早熟苹果纸袋秦阳价格维持稳定，收购以北方市场客商为主，正常交易；纸袋嘎啦多产区陆续脱袋上色，近日上货量将增加，订购价格较上年同期偏高。产区库存富士整体行情维持稳定，出库速度较之前有所提高，其中山东低价区沂源产区，走货较好，加上卖家普遍惜售挺价，成交价格小幅上涨。

7月，苹果期货近期存在回调风险，主要因素包括：①皇冠梨价格下滑非常明显，对其他水果尤其是苹果影响较大；②早熟苹果陆续下树，果农叫价较高，随着嘎啦大量上市，果商对早熟果存在抵触情绪，采购越来越谨慎；③部分采青果口感极差，但价格较高，部分业内人士认为可能对消费者产生恶劣影响，抑制需求；④库存苹果价格继续上涨压力较大，市场对旧果高价有抵触情绪。

八、8月，早熟果走货一般

进入8月，市场走货还是以库存和早熟嘎啦为主。本年库存整体偏低，价格较为坚挺，各产区嘎啦质量参差不齐，优果较少。库存富士交易多在山东烟台产区，以商超等固定客商采购居多，交易基本以质论价，走货速度未见明显加快。拿货客商普遍选择性价比高的货源采购，此时高端货价格稳定，中等质量货以质论价。

陕西渭南合阳、富平和咸阳乾县等地区纸袋嘎啦上货量增加，客商拿货积极性一般，主流价格行情稳定。陕西产区嘎啦交易受质量影响，稍显混乱，整体维持稳弱趋势；早熟富士陆续脱袋，果面干净，大小、质量偏正常，预计8月底上市。山东产区部分客商提前为中秋节备货，冷库看货询价略有增多，且多是挑拣性价比高的统货采购居多，优质好货走货不快，以质论价。

8月底，苹果现货市场上货不多，价格比较坚挺，部分地区量大的统货价格稍有回落，但是大家炒货热情还是很高，继续看好后市。早熟红富士、花牛预期都不错，加上本年南方柑橘类预期大量减产，推动苹果价格继续维持高位。

早熟苹果陆续上市，价格持续走高，山西光果嘎啦叫价在3.00元/斤以上，陕西70毫米以上嘎啦叫价在4.50元/斤以上，价格继续看涨。业内人士表示，本年河南三门峡苹果丰收，云南昭通、四川凉山苹果涨势也不错，部分订货价格已经出炉，普遍比上年高出1.00~1.50元/斤，后市行情较为乐观。

在期货上，期货盘面持仓急剧萎缩，游资和个人投资者撤退明显，部分看多资金继续坚守盘面，认为还有大涨空间。

九、9月，市场行情一般

9月初，山东、陕西、甘肃产区早富士上市，但货量较小，大面积下树交易仍需等待。从价格来看，本年早富士订货价格普遍高于上年同期1.00~1.50元/斤，部分产区甚至翻倍；从质量来看，本年整体果面较好，个头和往年相差不大。

山东栖霞产区红将军上货量明显减少，部分采购客商为走车，有提高价格收货的情况，致使成交价格区间内有所回升，其他产区行情稳弱均有。西部产区早富士上货量增加，但收货客商不多，普遍持观望态度，交易氛围一般，以质论价，行情稍显混乱。

山东其他产区红将军上货量依旧较为充足，走货速度不快，整体行情稳弱维持，实际交易以质论价。西部产区晚富士大面积摘袋，红货有限，少量采青果以质论价。

十、10 月，采购受影响

进入 10 月，山东产区晚富士仍未有大量上货，交易还需等待，部分客商以拿库存老富士及红将军为主，成交以质论价。西部产区受阴雨天气影响，采购客商人数不多，且多持观望心态，部分果农开始入库，行情稳弱运行。

山东产区晚富士上货量虽有增加，但仍未至高峰，部分入库商挑拣好货入库，成交价格偏硬上涨。西部多产区受防控影响，装果以及卸果工人难寻，入库工作缓慢进行，成交以质论价。交通封控给外地果商进入产区收购造成一定影响。苹果采摘季，价格预期整体偏悲观。

十一、11 月，行情依然低迷

到了 11 月，陕甘产区地面货源所剩不多，交易到了收尾阶段。山东产区地面尚有一定货源，交易随行进行。其中，外贸客商收购 65 毫米及 70 毫米小果略有增多，多地库存小果少量开始交易。

产区交易不温不火，整体行情变化不大，尤其在销区消费低迷的情况下，客商拿货积极性不高，叠加产区多地车辆运输不畅，冷库包装发货也受到一定影响，导致冷库交易略显冷清。

十二、12 月，行情上演惊天逆转

进入 12 月，产区冷库交易不甚快，多数客商倾向于发自存货源，少量包装发往市场消化。库存果农货处于有价无市局面，零星走货也以低价次货为主，以质论价，部分果农仍有观望心理。12 月下旬，市场流动人员减少，交易氛围冷清。元旦节前，市场流动人员增多，交投氛围转好，成交量开始恢复。

新季苹果处于减产年份，但是山西、甘肃和陕西部分副产区出货困难，果农被动入库现象较多，造成入库高峰值高于市场预期。在出库前期市场交投氛围冷清，由于市场流动人员较少，到货难以消化，所以产地客商多选择包装自存货源发货，走货速度呈持续缓慢发展态势，苹果收购高成本为后期的销售构成了压力。出库前期产地以客商发自存货源为主，果农与客商间的持续僵持导致产地果农货成交较为困难，价格小幅下挫。元旦前夕随着市场成交好转，产地走货速度开始提升。

在期货盘面上，年底行情开始持续走强，这种走强与市场对社会环境的乐观预期有关，加上特殊需求，导致看涨情绪高涨。

2022 年，库存富士前期走货加快却以弱势局面收尾，新季产量降低入库总量却超预期。从 3 月开始，苹果价格开启上行通道。受鲜果大量上市及低消费的持续影响，价格自 5 月后开始下行，并持续横盘数月弱势收尾。新季苹果在经历了 4 月的花期高温、早熟的高开高走之势、两次"预期改变"行情后，晚富士高成本收购入库，且入库量高于市场预期，收购阶段及出库前期的消费低迷造成市场悲观情绪不断上涨。新季苹果在高成本的入库基础上，需求端仍是关注的重点。本年度可以说是行情总体维持高位，价格跌宕起伏。

第七节 2023 年苹果行情

2023 年 9 月之前的现货价格呈稳步上升趋势。清明节前，以走西部产区货为主；清明节后，以走东部产区货为主。西部走货速度快，东部走货速度偏慢，且持续时间长，上涨幅度大。下半年，新季苹果行情和上半年刚好相反，呈现高开低走的趋势。10 月，苹果下树以后，因为整体质量较差、商品率偏低，部分果商对优质好果开出的收购价较高，提高了行业的平均收购价。但是随着果商收购热情降低，市场走货反应较差，价格不断走低，甚至一度出现无人问津的局面。大量果农被动入库，尤其是山东产区，果农入库的现象较为突出。

一、1 月，稳中看涨

春节前，行情预期比较冷清，产区交易多集中在中低端货源，高价优质货源基本处于有价无市的局面，零星交易难成规模。大部分果农交易心态平稳，顺价销售，少数果农有惜售心理，主流行情没有明显变动。进入春节备货阶段，产销备货氛围积极，前期悲观情绪有所转变

春节后，产区冷库陆续开工，少量客商有补货情况，多数为前期包好及订好的货源，整体走货速度一般，行情基本稳定。以甘肃为首的西部产区出现炒货行情，价格有 0.20~0.30 元/斤的上涨。不过此轮价格上涨只是货权转移，市场流通没有发生实质变化。西部产区价格的优先上涨，也导致货源性价比的下降。

二、2 月，炒货倒库明显

进入 2 月，随着节后炒货和价格上涨，产区交易呈现"西热东冷"的局面。西部产区补货客商增多，果农扛价心理增强，普遍要价上涨，但客商对价格认可度不高，性价比高的一般产区走货还可以，优生区行情略显有价无市。山东产区补货客商增加，低价货源仍是交易主流，高价好货成交量不大。

销区市场走货暂无明显起色，客商调货积极性减弱，产区冷库包装发货客商有所减少，走货速度整体减缓，但果农多有观望惜售心态，交易略显僵持，实际交易以质论价，主流行情稳定。

三、3 月，价格"东强西弱"

3 月，客商多向东部产区转移，价格连续上涨，苹果行情"东强西弱"的特点初露头角。清明节前备货陆续开始，旺季消费端表现一般。

3 月中旬，客户多数包装自有货源发市场，调货态度较为谨慎，挑拣果农品质较好的货源适当采购。果农基本随行交易，部分有观望惜售心态，行情略显僵持，实际交易以质论价。

3 月底，陕甘产区整体走货速度一般，果农卖货心态平稳，不急于出货，但受价格以及市场走货不佳的影响，客商采购积极性一般。山东产区走货也不算快，客商基本以采购果农性价比高的货源为主，各地因货源品质不同，实际成交以质论价。

四、4 月，库存交易价格平稳，新季花期较好

清明节临近，产区客商备货到了后期。西部产区果农余货不多，基本以客商自提存货为主。山东产区交易平稳，客商多数挑拣采购，果农卖货心态变得迫切，购销以质论价。销区市场呈现旺季不旺的氛围。

4月中旬，产区交易平稳，部分客商开始为劳动节备货，整体采购积极性较好，果农以及存货商性价比高的低价货源成交居多，实际交易以质论价，主流行情暂无明显浮动。临近劳动节，产区整体走货速度偏向正常，但随着货源质量下滑，行情略显分化，客商对前期好货需求较多，后期以及质量一般的货交易不快，实际成交看货定价。

新季苹果进入花期，花量整体表现较好，陕西渭南和山西运城繁花似锦，甘肃整体花量较大，山东花量一般。

因为产量预期较好，期货盘面主力合约2310一度下滑至8000元/吨附近。

五、5月，旧果"淡季不淡"，新季苹果遭遇霜冻雪灾

进入5月以后，苹果现货逐步走出弱势行情，旺季不旺氛围转变，产销走货加快。由于气温较往年平均温度偏低，时令水果上市时间推迟，苹果拥有了更广的销售时间及空间，去库"淡季不淡"，库存果销售量价齐增，成为奠定价格翘尾的基础。

5月下旬，西部产区库存富士余货不多，且随着时间的推移，货源质量有所下滑，客商调货略显谨慎，购销氛围一般。山东产区交易还算可以，客商寻货采购积极性不减，持货商好货仍有惜售情绪，价格行情维持稳硬趋势。

新季苹果进入坐果阶段，西北部分产区受到霜冻影响，极端天气导致甘肃和陕西部分产区减产预期急速放大，甘肃部分产区遭遇严重霜冻，绝产占比较大。

受天气因素影响，期货盘面主力合约上涨至9000元/吨附近。

六、6月，旧果价格走强，早熟价格基本与上年持平

进入6月，苹果产销区"淡季不淡"氛围渐浓，西部水烂情况占比增加，

"东强西弱"格局进一步加剧。西部产区剩余库存货源不多，且随着时间的推移，货源质量问题愈发突出，加上持货商出货心态影响，卖价略显混乱。山东产区受套袋农忙影响，库内包装工人减少，走货速度一般，基本以客商按需补货为主，购销以质论价。

与此同时，西部产区早中熟苹果陆续上市。但是受气候影响，早中熟苹果上色缓慢，且质量问题频发，影响了阶段性好货的供应。同时，库存已处于近年低位水平，随着中秋节、国庆节备货的进行，2022—2023年产季库存果价格翘尾行情明显。

新季苹果套袋完成，产量预估降低不多，早熟藤木晨阳开秤价格与上一年基本持平。

七、7月，旧果价格平稳，早熟苹果价格偏弱

7月，时令鲜果货量日益增加，部分市场客商及产区代办陆续将精力转向毛桃、油桃等时令鲜果交易。库存富士交易平稳，客商按需挑拣采购，购销随行进行。产区库存富士行情变化不大，部分货源不足的渠道客商挑拣性价比高的货源补货，但受货源质量影响，实际成交看货定价，走货速度有所减缓。山西运城早熟藤木、晨阳苹果交易一般，价格行情偏弱运行。

7月下旬，早熟苹果交易氛围偏正常，客商采购积极，但受高温天气影响，上色缓慢，整体红果量不多，实际交易根据苹果的大小占比及红度以质论价。早熟苹果价格受质量问题影响高开平走，但在底部有支撑。库存富士交易平稳，卖家出货积极，调货客商多数挑拣采购，受货源质量影响，成交价格略显混乱。

天气炒作题材缺失，行情无特别大的利多利空因素驱动，盘面震荡偏强调整。

八、8 月，旧果行情翘尾，花牛高价开收

进入 8 月，新季早熟嘎啦陆续上市，但上色偏慢、质量不佳，客商青睐好货，多采购冷库果。立秋之后，苹果需求逐步增加，叠加节日备货，月内主流成交价格呈现连续上涨态势，上涨幅度 0.50 元 / 斤左右。

甘肃礼县花牛外贸果开始交易，60 ~ 69 毫米好货价格为 1.20 元 / 斤左右，高于上一年。

8 月底，陕西产区早富士开始大面积上色，部分客商提前订货，如渭南澄城产区早富士 75 毫米起步 30% 红度订货价为 3.60 ~ 3.80 元 / 斤，但客商不多，大量上市还需等待。甘肃产区花牛陆续上市，目前天水麦积区 75 毫米起步拉长（高桩）果价格在 4.50 ~ 5.00 元 / 斤，客商收货积极性一般。

在期货上，价格预期看涨，主力合约从 8300 点附近低点震荡上涨至9000 点附近。

九、9 月，早熟价好，库存价稳

9 月初，可交易冷库货进一步减少，早熟类苹果上市较多，月底晚熟富士少量供应市场，市场交易重心转移。10 日后，主流成交价格持稳。截至28 日，栖霞市场纸袋 80 毫米一二级条红均价为 5.40 元 / 斤。山东产区库存富士走货一般，客商好货价格稳定，部分冷风库清库货行情混乱，成交以质论价为主。

9 月中旬以后，早熟富士质量下滑，开秤价预期较高。陕西纸袋嘎啦上市量逐渐增多，但受高温影响，果面上色慢、红果少、返青严重，交易根据客商收货标准以质论价。

9 月底，西部晚富士大面积摘袋，受持续降雨影响，晚熟富士也出现了上色难的问题，整体交易较上一年略有延迟，前期摘袋较早的货源已开始少量供应，采购商拿货多有挑拣，谨慎观望居多。山东红将军交易进入尾声，

交易多随行进行。

十、10月，新季晚富士推迟下树，好货价格偏高

进入10月后，在天气的影响下，新季晚富士下树推迟、收购期后移，东西部产区上市时间重叠，霜降前产地可供好货呈现阶段性供不应求的情况，这也成为高开秤价的主要影响因素（见表5-2）。但转入出库阶段，由于高入库的影响，前期客商心态偏悲观，多以发自存货源为主，西部果农货的价格也持续偏弱下行。

表5-2　新季晚富士开秤价2023年和2022年对照

省份	地区	品级	2023年（元/斤）	2022年（元/斤）
陕西	延安洛川	半商品75毫米	4.00 ~ 4.50	3.50 ~ 3.70
	延安宜川	半商品75毫米	4.00 ~ 4.30	3.30 ~ 3.60
	渭南白水	半商品75毫米	3.50 ~ 4.20	3.20 ~ 3.30
	渭南合阳	半商品75毫米	3.50 ~ 4.00	3.20 ~ 3.40
	咸阳长武	半商品75毫米	3.60 ~ 4.20	3.00 ~ 3.30
	咸阳旬邑	半商品75毫米	3.50 ~ 4.00	3.00 ~ 3.30
	咸阳三原	半商品75毫米	3.50	2.80 ~ 3.00
	咸阳乾县	半商品75毫米	3.20 ~ 3.40	1.80 ~ 2.40
	铜川耀州	半商品75毫米	3.50 ~ 4.00	3.00 ~ 3.30
	铜川印台	半商品75毫米	3.50 ~ 3.80	2.80 ~ 3.00
	宝鸡凤翔	半商品75毫米	3.60 ~ 4.00	3.20 ~ 3.30
	宝鸡扶风	半商品75毫米	2.80 ~ 3.00	2.30 ~ 2.50
甘肃	静宁	半商品75毫米	5.00 ~ 6.00	4.50 ~ 4.80
	庄浪	半商品75毫米	5.00 ~ 6.00	4.00 ~ 4.50
	泾川	半商品75毫米	4.00 ~ 4.30	3.00 ~ 3.50
	合水	半商品75毫米	3.60 ~ 4.20	3.20 ~ 3.40
	庆城	半商品75毫米	3.80 ~ 4.00	3.00 ~ 3.30
	正宁	半商品75毫米	3.80 ~ 4.00	2.80 ~ 3.30

续表

省份	地区	品级	2023年（元/斤）	2022年（元/斤）
山东	烟台	一二级80毫米	4.00～4.80	3.20～4.00（条纹）
	烟台	一二级半80毫米	3.50～4.20	2.80～3.50（片红）
	青岛	一二级半80毫米	3.20～3.80	3.00～3.50（条纹）
	临沂	果农货75毫米	2.80～3.00	2.50～3.00（统货）

数据来源：陕西果业服务中心、中果网。

国庆节后，山东产区晚富士正处于上色阶段，产地供应货源零星，大面积交易不多。西部产区此阶段天气转晴，晚富士交易逐步展开，产地供应量略有增多，当地外来客商渐增且拿货意愿较强，整体交易活跃度较高。西部产区有高价订园的消息，价格预期节节走高。

根据卓创数据，2022—2023年产季全国冷库存储量约为878.10万吨。其中，山东产区存储313.17万吨，陕西产区存储245.17万吨，两大产区存储量占总存储量的63.59%，入库总量占年度总产量（3573.00万吨）的24.58%。较2021—2022年产季存储量（911.03万吨）减少3.61%，入库量占比增长1.60%。截至2023年9月28日，全国冷库存储量约为2.65万吨，为近5年最低值，2022年同期为15.25万吨，2021年同期为23.78万吨。

在期货上，主力2401合约高开低走，从9500点附近一路下跌至8500点附近。

十一、11月，客商收购热情大减，果农被动入库

进入11月，产地走货并不积极，有些果商虽然收购价高，但是对质量要求较为严格。部分果农价格预期较高，虽果品质量一般，但要价偏高，客商不敢下手。果商收高价果、果农卖低价货，收售矛盾突出。本年度东部产区出现了"一二级半"的说法，就是质量低于一二级，但是好于统货，这是果农不愿意低价卖货、果商不愿意高价收货博弈下出现的一种独特现象。

随着时间不断推移，山东和西部产区交易进入尾声，各产地剩余货源质量相对较差，成交价格两极分化，比较混乱，交易多以质论价。市场客商多采购低价货源，持货惜售的果农多自行入库，产地入库量持续增加，尤以果农货源较多。由于果农偏向自行入库，苹果整体质量较差，大部分果商不敢高价入手，或者收货量极少，导致库存结构中果农货占比非常大。

十二、12 月，库存果两极分化，整体质量较差

进入 12 月，转入出库阶段。由于高入库的影响，前期客商心态偏悲观，多以自存货源发市场为主，西部产区果农货的价格也持续偏弱下行。各产区库内交易速度始终不快，受销区市场行情低迷影响，客商拿货多持有谨慎心理，为降低后市风险，客商基本以包装自存货源发市场为主，少量客商调果农优质货源发往市场，但成交量始终不大，而局部产区果农出货意愿升温，价格行情稍显弱势。由于果农被动入库，价格走势呈现稳中偏弱的态势。有时果农看好，但果商看差，整个苹果现货存在一定的危机和风险。

在期货盘面上，苹果下树以后，基本维持弱势震荡，幅度较小，2401 合约基本在 9000 点附近小幅波动。

整个 2023 年，苹果价格呈现倒"V"形走势，前期稳中偏强走势，后期高开低走。旧果渐行渐涨，从"淡季不淡"到后期的逐渐看涨。新果花季遭遇霜冻，部分产区减产明显，收购季价格预期较高，但是高开低走，果农货大量入库，为年后价格下跌埋下隐患。一旦果农竞相出库，或者因为质量问题同时出库，价格只能是节节下调，甚至出现冲突。2024 年，注定又是苹果行情不平凡的一年。

第六章　苹果期权介绍

国内多数期货投资者对期权的了解程度不够，使得国内期权活跃度比较低。不过，随着我国金融市场的不断发展，越来越多的投资者开始关注期权投资，期权交易在某些品种上也有不错的活跃度。苹果期权上市时间不长，人们的参与热度并不是很高，但是作为期货的重要衍生品，还是有必要了解。

第一节　期权基础知识

一、期权的定义

期权是一种金融衍生产品，它给予持有者在未来某个时间点之前以一个预定的价格买入或者卖出一定数量的基础资产的权利，但不强制执行。期权用英文来说是 Options，又称选择权。也就是说，期权持有者可以选择是否行使这个权利。打个比方，期权买入就像买了一张彩票，虽然得奖的概率很低，但是一旦中奖，将会获得极其丰厚的回报。或许这就是期权的魅力所在。

作为买方，可以选择执行或者不执行。而期权交易，就是把这个选择权作为一个商品，通过交易这个选择权，从而间接地对标的进行交易。对于买方来说，为了获得这个权利需要支付一定的费用。买方向卖方支付一定数量的金额（权利金）后就拥有在未来一段时间内或未来某一特定日期，以事先规定好的价格向卖方购买或出售一定数量的特定标的物的权利，但不负有必须买进或卖出的义务。也就是说，对买方而言，他既可以履行这个权利，也可以不履行这个权利。作为买方，不管是买入看涨还是买入看跌，期权都是一种递减资产，每天都会按一定比例贬值。就像时间越短，自己实现目标的概率越来越低，这种现象称为衰减。新手不要期望买入以后能大幅上涨，大部分期权都是在时间流逝中失去价值的，拿得越久，可能越不值钱。买入可能在临近到期前一段时间遇到期货的巨大波动，由虚值转为实值，实现丰厚的回报。在一两天内，期权买方权利金翻了几百倍甚至上千倍的案例并不少见。

相反，作为卖方，需要承担相应的义务和责任。当自己作为卖方卖出一个商品的预期价格合约以后，一旦未来期货的价格达到或者超过这个价格预期，就必须兑现承诺给买家的这个权利。当然，在卖方卖出这个权利以后，一旦这个权利不能兑现，那买家付出的所有权利金都会成为自己的收益。也就是说，当合约达到执行条件时，卖家必须按合同办事，兑现当初的承诺；当合同达不到执行条件时，卖家就可以将权利金留为己用，以便补偿长时间等待执行合同所耗费的金钱和时间损失。

简单来说，买方赢面小，可一旦兑现报酬丰厚，除了权利金的损失以外没有其他风险；卖家赢面大，但获取的报酬非常有限，需要承担更大风险。

如图 6-1 所示是文华财经电脑端期权的买卖界面截图，从中大致可以看到左侧是看涨期权（Call Option，用字母 "C" 表示）的价格档位表，右侧是看跌期权（Put Option，用字母 "P" 表示）的价格档位表，中间是价格档位，依次从高到低排列。

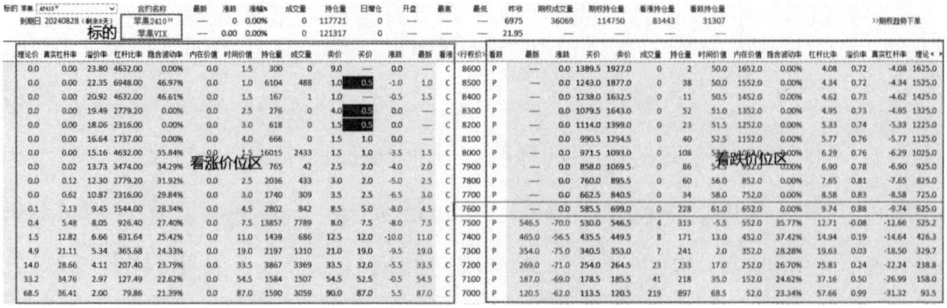

图 6-1　文华财经期权交易界面

期权买方支付的费用称为"权利金"，期权合约事先规定的价格称为"行权价格"，买、卖的资产称为"标的物"。需要注意的是，期权类似于价格保险，买方可能会损失全部权利金。

期权的基本特点有以下几项。

一是买方想要获得权利必须向卖方支付一定数量的权利金，这个权利金体现的是期权的价格。在图 6-1 中表现为买价。

二是期权买方取得的权利是有时效的。一旦到了行权日，价格还是没有达到预期的点位，那么权利就会失效。实值期权一般都是可以行权的，而虚值期权绝大部分情况下是不能行权的，只能归零。在图 6-1 中有到期日和剩余天数。

三是期权买方在未来买卖的标的物是特定的。即之前买卖期权是什么标的，最后就按照这个标的的情况来进行清算。在图 6-1 中可以看到明确的标的。

四是期权买方在未来买卖标的物的价格是事先约定好的，即执行期权的价格。在图 6-1 中有行权价。

五是期权买方取得的是买卖的权利，而不负有必须买进或卖出的义务。买方有执行的权利，也有不执行的权利，完全可以灵活选择。他觉得对他有利的时候就执行，不利的时候就不执行。而卖方有的时候也希望看到买方不行权，这说明卖方获利了，即在收取权利金的同时不需要履行相应的义务。期权买卖双方权利是不对等的。

与期货相比，期权有更多的策略。如果把期货比作一把普通的"刀"，那么期权就像一把多变的"瑞士军刀"，具有多样功能和策略，可以满足不同投资者的交易目的。

二、期权的分类

按照不同的方式，期权可以分为认购期权和认沽期权、欧式期权和美式期权、现货期权和期货期权、场外期权和场内期权等多种分法。

(一) 认购期权和认沽期权

它们在商品期权中也叫作看涨期权和看跌期权。它们是根据交易合约中所规定的交易方向，把期权分为认购期权（也就是买入的权利）和认沽期权（也就是卖出的权利）。看涨期权，期权买方拥有在未来某一时间以特定价格买入标的资产的权利。看跌期权，买方拥有在将来某一时间以特定价格卖出标的资产的权利。这里通过看涨期权和看跌期权就构成了一个看涨的方向和看跌的方向。

在买卖界面，一般将认购（看涨）期权放左边，认沽（看跌）期权放右边。看涨期权和看跌期权的波动方向一般是相反的，大部分情况下一边上涨，另一边就会下跌。中间行权价的意思就是，未来某一天，行权日的时候，期权的权利方有以这个价格买入期权标的的权利，或者有卖出期权标的的权利。期权买方和卖方的对比见表6-1。

表6-1 期权买方和卖方的对比

	期权买方（支付权利金）	期权卖方（收取权利金）
看涨期权（买权）	有买入标的物的权利	有卖出标的物的义务
看跌期权（卖权）	有卖出标的物的权利	有买入标的物的义务

(二) 欧式期权和美式期权

根据期权合约中行权方式和交割时间不同，期权可以分为欧式期权和美式期权。欧式期权只能在到期日的当天行权，比如50ETF期权、铜期权。50ETF期权，期权到期日是每个月的第四个星期三，只能在这特定的一天进行期权交割。美式期权，买方可以在到期日及到期日前的任何交易日行权，如豆粕、白糖、橡胶、玉米、棉花。这有什么好处呢？商品期货的持仓量非常少，尤其是变成实值期权后，持仓基本上是几百张，点差非常大，如果在二级市场上进行期权交易，可能会有损失，但是它可以马上行权，把它变成期货品种后再进行交易，流动性就好很多。

如图 6-2 所示为文华财经期权买入卖出窗口。

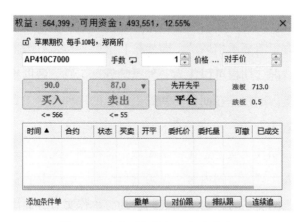

图 6-2　文华财经期权买入卖出窗口

注：期权既可以买入，也可以卖出。买入不需要支付保证金，最大的风险是损失全部权利金；卖出需要支付保证金，风险无上限。交易界面和期货基本一致，可以挂单，也可以设置止损和止盈点。

（三）现货期权和期货期权

根据合约中的标的资产的分类，期权可以分为现货期权和期货期权。比如 50ETF 期权就是现货期权，行权后得到的是现货。期货期权行权后，得到的是期货合约。比如沪铜，这类期权拥有很多个合约，每一个期权对应的月份就是这类期权期货的月份。

（四）场外期权和场内期权

根据期权交易的场所不同，可以分为场外期权和场内期权。场外期权主要是针对机构投资者，这类期权是在非集中交易场所进行的非标准化的期权合约，比如行权交易方式、交易价格等条约，都是合同中签订好的，缺乏统一的标准。场内期权合约，首先是在场内交易或者说通过交易所平台进行交易，其次所交易的合约都是交易所进行标准化后的。

三、期权的特性

（一）风险可控

期权买入方不需要承担风险，即使权利金归零也是有限损失，不会出现爆仓和穿仓的情况。期权可以作为一种风险管理工具，帮助投资者规避潜在的市场波动风险。期权是在期货的基础上产生的一种金融工具。这种金融衍生工具的最大魅力在于，可以使期权的买方将风险锁定在一定的范围之内。从其本质上讲，期权实质上是在金融领域中将权利和义务分开进行定价，使得权利的受让人在规定时间内对于是否进行交易，行使其权利，而义务方必须履行。在期权的交易时，购买期权的合约方称作买方，而出售合约的一方则叫作卖方；买方即为权利的受让人，而卖方则是必须履行买方行使权利的义务人。具体的定价问题则在金融工程学中有比较全面的探讨。

（二）超高杠杆

期权的杠杆极大，理论上，用较少的权利金可以博取比其更多的收益。对于短期内波动大的品种，买入相应虚值期权，有获得丰厚回报的可能。

（三）标的多样

期权的标的物形式多样，既可以是可见的商品合约和股票，也可以是看不见的指数、利率、货币等。

（四）策略丰富

期权可以作为期货的对冲或者杠杆放大，也可以使用单边、双边、双买、双卖、跨期、跨市、跨品种组合。它具有"零和游戏"特性，而单个期权及指数期权皆可组合，进行套利交易或避险交易。由于期权价格受到多种因素的影响，包括标的资产的波动性、时间价值、利差等，投资者可以通过套利策略来获取低风险利润。

（五）权利和义务的不对称

在期权合约中，买方只有权利而不必承担履约义务，而卖方则必须履行义务但没有相应的权利。期权的价值和收益具有非线性的特点，这意味着买方的最大损失仅为支付的期权费用，而卖方的最大收益则是收取的期权费用。

（六）购买的灵活性

期权交易市场采用 T+0 模式，即当日交易、当日结算。这种灵活性使得投资者可以在任何行情下根据自己的判断买入或卖出认购期权或认沽期权。

（七）到期时间敏感性

与期货不同，期权的价格对到期时间非常敏感。美式期权可以在到期前任一交易日行使，而欧式期权只能在到期日行使。这使得期权的时间价值成为其重要组成部分。很多初学者对时间价值理解不深入，长期持有买入期权，导致出现不必要的亏损。

四、期权合约的基本要素

期权合约的构成要素主要有以下几个：买方、卖方、权利金、预约价格、通知日、到期日等。这里介绍一下期权履约、期权权利金、时间价值和到期日。

（一）期权履约（Option Exercise）

期权履约有以下三种情况：买卖双方都可以通过对冲的方式实施履约；买方也可以将期权转换为期货合约的方式履约（在期权合约规定的敲定价格水平获得一个相应的期货部位）；任何期权到期不用，自动失效，如果期权是虚值，期权买方就不会行使期权，直至到期任期权失效，这样期权买方最多损失所交的权利金。

（二）期权权利金（Option Premium）

前面已述及期权权利金，就是购买或售出期权合约的价格。对于期权买方来说，为了换取期权赋予买方一定的权利，他必须支付一笔权利金给期权卖方；对于期权的卖方来说，他卖出期权而承担了必须履行期权合约的义务，为此他收取一笔权利金作为报酬。由于权利金是由买方负担的，是买方在出现最不利的变动时所需承担的最高损失金额，因此权利金也称为"保险金"。

（三）时间价值（Time Value）

期货的时间价值是指期货合约中除了内在价值外的其他价值，它反映了合约持有者因持有合约所承担的风险以及合约剩余期限对合约价格的影响。时间价值的存在是由于期货合约可以在未来的一段时间内进行交割，因此合约的价值会随着时间的推移而发生变化。

具体来说，时间价值取决于多个因素，包括剩余期限、标的资产价格波动性、利率水平等。例如，临近到期日的期货合约其时间价值较高，因为市场参与者预期未来价格的不确定性较大。此外，时间价值还受到市场流动性和交易规则的影响。

在实际交易中，时间价值的变化对交易策略和风险管理产生深远影响。投资者需要考虑时间价值的影响，以便更好地制定交易决策。例如，展期成本或滚动交易是期货合约中的常见现象，临近到期时，投资者可能需要重新进入新的合约以继续持有该合约。

（四）到期日（Expiry Date）

每个期权都有一个到期日，通常为具体的某个月份或者某一天。合约到期前的最后 10 天行情都可以归为末日轮行情，其中尤以最后 2~3 个交易日的波动尤为明显。这时，标的资产的大幅涨跌将引发合约价格的巨大波动。特别是虚值期权，由于其高杠杆特性，在末日轮行情中，涨幅可达数倍甚至百倍。

五、期权与期货的区别

（一）标的物不同

期货交易的标的物是标准的期货合约，而期权交易的标的物则是一种买卖的权利。期权的买方在买入权利后，便取得了选择权，在约定的期限内既可以行权买入或卖出标的资产，也可以放弃行使权利；当买方选择行权时，卖方必须履约。

（二）投资者权利与义务不同

期权是单向合约，期权的买方在支付权利金后即取得履行或不履行买卖期权合约的权利，而不必承担义务。期货合同则是双向合约，交易双方都要承担期货合约到期交割的义务。如果不愿实际交割，则必须在有效期内对冲。

（三）履约保证不同

在期权交易中，买方最大的风险限于已经支付的权利金，故不需要支付履约保证金；而卖方面临较大风险，因而必须缴纳保证金作为履约担保。而在期货交易中，期货合约的买卖双方都要缴纳一定比例的保证金。

（四）盈亏的特点不同

期权交易是非线性盈亏状态，买方的收益随市场价格的波动而波动，其最大亏损只限于购买期权的权利金；卖方的亏损随着市场价格的波动而波动，最大收益（买方的最大损失）是权利金。期货的交易是线性的盈亏状态，交易双方面临的盈利和亏损没有上限和下限。

（五）作用与效果不同

期货的套期保值不是对期货而是对期货合约的标的金融工具的实物（现货）进行保值，由于期货和现货价格的运动方向会最终趋同，故套期保值具有保护现货价格和边际利润的效果。期权也能套期保值，对买方来说，即使放弃履约也只损失保险费，相当于对其购买资金保了值；对卖方来说，要么按原价出售商品，要么得到保险费也相当于保了值。

六、期权交易的场所

期权交易没有特定场所，既可以在期货交易所内交易，也可以在专门的期权交易所内交易，还可以在证券交易所交易与股权有关的期权交易。目前世界上最大的期权交易所是芝加哥期权交易所（Chicago Board Options Exchange，CBOE）。欧洲最大的期权交易所是欧洲期货与期权交易所（European Futures & Options Exchange，Eurex），前身为德意志期货交易所（Deutsche Brse，DTB）和瑞士期权与金融期货交易所（Swiss Options & Financial Futures Exchange，SOFFEX），合并了伦敦国际金融期货期权交易所（London International Financial Futures and Options Exchange，LIFFE）。在亚洲，韩国的期权市场发展迅速，交易规模巨大，目前是全球期权发展最好的国家之一。在国内，包括中国金融期货交易所（简称中金所）、上海期货交易所（简称上期所）、大连商品交易所（简称大商所）、郑商所、上海国际能源交易中心（简称上期能源）、广州期货交易所（简称广期所）、上海证券交易所（简称上交所）、深圳证券交易所（简称深交所）在内的几家交易所和证券市场都上市挂牌了50多种商品、股票、指数等期权品种，中国香港地区及中国台湾地区也都有期权交易。

七、期权开户

以前的期货账号，都是默认开通期权交易权限的。除了老账号外，大部分期货账户不具备期权交易权限，需要额外开通。其实期权的开户条件非常简单，流程也非常方便。不太了解期权操作的初学者，建议先开通模拟账号。

（一）普通机构投资者

普通机构投资者开通期权账户前须满足以下条件。

通过中国期货业协会组织的统一知识测试，且得分 80 分以上。

前 5 个交易日可用资金大于人民币 10 万元。

不被市场禁止或限制从事期货和期权可交易的情形。（此项要求一般和期货一致）

相应的期货期权交易经历，境内外期货 / 期权交易经历（3 年内 10 笔）或仿期货 / 期权交易经历（10 个交易日 20 笔）。

期权收费都是双边收取，即建仓的时候收取一次，平仓的时候收取一次。

（二）期权交易手续费

期权交易手续费主要分为以下两种。

交易手续费：交易所在每日期权交易结束后根据会员当日成交期权合约数量按交易所规定的标准对买卖双方计收手续费。

行权手续费：期权买方行权和卖方履约时交易所对其分别收取的费用。

大部分期货公司期权开户的手续费是 5 元左右，但也有不一样收费的期货公司。每家期货公司能够降低的幅度也不一样。

第二节　苹果期权简介

苹果期权不是跟随期货同步上市的，而是在期货上市几年以后，根据需要才推向市场。

一、苹果期权的基本情况

2023 年 10 月 20 日，苹果期权在郑商所正式挂牌上市。苹果期权的基本情况见表 6-2。

表 6-2　苹果期权基本情况

项目	项目内容
合约标的物	鲜苹果期权合约
合约类型	看涨期权、看跌期权
交易单位	1 手鲜苹果期货合约
报价单位	元（人民币）/吨
最小变动价位	0.50 元/吨
涨跌停板幅度	与鲜苹果期货合约涨跌停板幅度相同
合约月份	标的期货合约中的连续两个近月，其后月份在标的期货合约结算后持仓量达到 5000 手（单边）之后的第 2 个交易日挂牌
交易时间	每周一至周五上午 9:00—11:30，下午 1:30—3:00，以及交易所规定的其他交易时间
最后交易日	标的期货合约交割月份前 2 个月最后 1 个日历日之前（含该日）的倒数第 3 个交易日，以及交易所规定的其他日期
到期日	同最后交易日
行权价格	行权价格覆盖标的期货合约上一交易日结算价上下浮动 1.5 倍当日涨跌停板幅度对应的价格范围。行权价格≤5000 元/吨，行权价格间距为 50 元/吨；5000 元/吨＜行权价格≤10000 元/吨，行权价格间距为 100 元/吨；行权价格＞10000 元/吨，行权价格间距为 200 元/吨
行权方式	美式。买方可在到期日前任一交易日的交易时间提交行权申请；买方可在到期日 15:30 之前提交行权申请或放弃申请
交易代码	看涨期权：AP—合约月份—C—行权价格 看跌期权：AP—合约月份—P—行权价格
上市交易所	郑商所

郑商所公布的苹果期权做市商主要有：浙江浙期实业有限公司、中国国际金融股份有限公司、华泰长城资本管理有限公司、申银万国智富投资有限公司、五矿产业金融服务（深圳）有限公司、国贸启润资本管理有限公司。

二、主要条款设计说明

（一）交易单位：1 手苹果期货合约

期权合约的交易单位是指每一交易单位对应标的物数量。设置苹果期权交易单位为 1 手苹果期货合约，方便交易者对冲期货部位风险。

（二）报价单位：元（人民币）/ 吨

期权报价单位一般与标的期货报价单位保持一致。与苹果期货合约报价单位相同，苹果期权合约报价单位为元（人民币）/ 吨。

（三）最小变动价位：0.50 元 / 吨

期权最小变动价位是指期权合约单位价格涨跌变动的最小值。从国内期权市场运行情况来看，Delta 绝对值在 0.20～0.50 的虚值、平值期权合约较为活跃，即期权价格波动为期货的 1/5～1/2。苹果期权与期货最小变动价位（1 元 / 吨）之比为 1/2，在此范围内，可以满足市场交易需求。

（四）涨跌停板幅度：与标的期货涨跌停板幅度相同

苹果期权合约涨跌停板幅度与标的期货相同，这里的"相同"是指绝对数相同，即期权合约的涨跌停板幅度按标的期货合约的结算价和价幅比例计算。当期权权利金小于涨跌停板幅度时，跌停板价格取期权合约的最小变动价位。

（五）合约月份：两个近月 + 活跃月份

苹果期权合约月份规定为两个近月及持仓量超过 5000 手（单边）的活跃月份。这一规定既能及时满足市场交易需求，也有利于集中市场流动性，提高市场运行效率。

（六）最后交易日 / 到期日：标的期货合约交割月份前 2 个月最后 1 个日历日之前（含该日）的倒数第 3 个交易日

　　苹果期权到期日为标的期货交割月份前 2 个月最后 1 个日历日之前（含该日）的倒数第 3 个交易日以及交易所规定的其他日期。这一规定与郑商所已上市期权的设计思路保持一致，即均在标的期货梯度限仓调整前到期，有利于交易者熟悉掌握。一方面，期权到期日尽量接近标的期货交割月，有利于企业更好地使用期权开展套期保值；另一方面，苹果期权在标的期货梯度限仓调整（期货交割月份前 2 个月最后 1 个日历日）前到期，可以降低期权行权对期货临近交割月运行的影响。

（七）行权价格数量：覆盖标的期货合约上一交易日结算价上下浮动 1.5 倍当日涨跌停板幅度对应的价格范围

　　行权价格数量过多，不利于集中市场流动性；数量过少，不能有效覆盖标的期货价格波动范围。将行权价格数量与标的期货涨跌停板幅度挂钩，在标的期货价格波动较大时，可以有效覆盖标的期货价格波动范围，满足交易者对虚值、平值、实值期权的避险需求。随着标的期货价格变动，到期日前的每一个交易日将根据上一交易日标的期货结算价上下浮动 1.5 倍当日涨跌停板幅度对应的价格范围，增挂新行权价格的期权合约。到期日前一交易日闭市后不再挂牌新行权价格的期权合约。

（八）行权价格间距：根据行权价格分段设置

　　行权价格间距的设计主要考虑期现货价格水平及波动程度。行权价格间距越小，相同行权价格范围内对应的期权合约数量就越多，不利于集中市场流动性；行权价格间距越大，对应的期权合约数量越少，可供交易者选择的行权价格也越少，难以满足不同交易者的需要。

　　根据近年来苹果期现货价格主要运行区间，将苹果期权行权价格以 5000 元 / 吨和 10000 元 / 吨为节点分为 3 段，各段行权价格间距分别取 50 元 / 吨、100 元 / 吨、200 元 / 吨，与行权价格的比值在 1%～2%，与国际成熟市场惯例基本一致，见表 6-3。

表 6-3　苹果期权行权价格区间

（单位：元／吨）

行权价格	≤5000	5000~10000	>10000
行权价格间距	50	100	200
行权价格间距/行权价格	≥1%	1%~2%	<2%

（九）行权方式：美式

期权行权方式可分为美式与欧式。对于期权买方，美式期权行权可在到期日及之前任一交易日进行，而欧式期权行权只能在到期日进行。

国际商品期权一般为美式期权。美式期权行权方式有利于保持期权和期货价格更强的关联性，给交易者提供灵活的选择，可以降低期权集中到期对标的期货市场运行的影响。

根据已上市期权品种运行情况，市场存在提前行权需求。借鉴国际市场和已上市期权运行经验，苹果期权也采用美式期权。

（十）交易代码：AP—合约月份—C（P）—行权价格

苹果期权合约沿用国内商品期权通行的交易代码组成方式，与已上市期权交易代码组成方式一致，便于交易者理解与掌握。如 AP2401C8000，即苹果 2401 合约看涨 8000 的期权。

三、手续费

期权总手续费是交易所手续费与期货公司手续费之和，交易所手续费一般固定不变（偶尔会根据行情进行调整），期货公司手续费弹性较大，这部分收得越少，客户总手续费才越低。

期货期权的手续费都是固定金额收取的，一目了然。比较低的手续费均在交易所手续费之上加了 0.1 元的成本。量大时还可以和期货公司申请。

此标准还包括行权的手续费，基本上是和交易费用一致。

四、到期日、行权和时间价值

苹果期权就是按照苹果期货合约来制定的看涨和看跌选择权利的美式合约，随时可以买入或者卖出，最后交易日（到期日）是固定时间，苹果意见稿拟定的是最后交易日为标的期货合约交割月份之前的 2 个月最后 1 个日历日之前（含该日）的倒数第 3 个交易日，比如 10 月合约，那么 8 月 31 日是期货最后交易日，那么 29 日就是期权最后交易日（到期日）。

行权就是按照期权合同执行相应的看涨或者看跌合约。比如，买入 10 月合约的 9000 点看涨期权，到了最后交易日以后，盘面实际涨到了 9500 点，那看多就有行权的价值，相当于用 9000 点的钱买到了 9500 点的合约；如果不行权，可以在盈利时直接选择平仓，合约自动失效。相反，如果买入 10 月合约看涨期权 9000 点，但是到了最后交易日，期货盘面依然在 9000 点之下波动，那么期权价值就会归零，虽离行权日很近，但是无法行权，就会导致期权一文不值。也就是说，在离交割前买入的看涨期权或看跌期权，都会随着时间流逝，总价值不断缩水。比如 7 月 1 日买的时候是 50 元，可能到了 8 月 25 日就成了 0.5 元。当然，在这个过程中可以选择平仓，在期货没有波动的前提下，一直持有便可能会一直掉价；而一旦期货大幅波动，比如 8 月 26 日突然大涨，涨到了 9000 点以上，那又会有盈利。买入的利润来自巨大的波动带来的价值收益，同时，亏损时间价值和虚值的权利金；卖出的利润则来自时间价值，需要长时间持有，需要支付保证金和承受可能的逆向波动损失。

由于苹果期货波动大，对应的期权波动率也会偏大，而波动率大，期权收益就会很高，特别是在短期买入期权上，优势明显。

苹果产业有一部分保险资金，以前买场外期权，现在转为场内期权以后，收益会更加稳定。保险的作用在于苹果涨价不理赔，而苹果价格下跌越多，理赔越多，那么直接买期权的风险要远远低于买入期货合约本身。对于机构来说，又是多了一个对冲工具，风险大大降低。

需要注意的是，在期权交割前，可能会出现因为行权，导致期权影响期货，发生一些意外波动。

五、苹果期权上市的意义

自 2017 年 12 月苹果期货上市以来，交易所为了让期货服务"三农"，更好地发挥期货的作用，曾推出了"保险＋期货"业务。这个业务主要是利用期货的价格波动，联合保险公司为果农提供保险服务，当苹果价格上涨时，苹果能够高价卖出，享受高价红利；当苹果价格下跌时，能够根据行情进行一定赔付。此项业务自推出以来，存在一些问题，如赔付比例较低、果农不热衷、宣传不到位、期货公司参与积极性不高等。场外期权认可度有限，影响力有限，其功能发挥不充分，在这种背景下，直接推出苹果期权，可以在一定程度上弥补"保险＋期货"业务的不足。

苹果期权上市是对苹果期货的重要补充，能够服务现代苹果产业。具有重要价值，笔者认为存在以下意义。

第一，期权可以取代保险服务，直接进入市场参与交易，能够实时、直观、有效地反映当时的期货价格和行情预期，能够成为一种基础风险管理配置工具，能够促进苹果产业的进步和发展。

第二，期权与期货结合，能够形成有效对冲，为套保和产业参与期货提供了避险工具与渠道，对于降低产业成本、增强避险能力、保障果农收益等有一定作用。特别是在苹果入库以后，有助于稳定市场的价格预期，避免现货价格暴涨暴跌。

第三，期权对于自然人和机构投资者也存在利好，在对冲风险、增加资金配置渠道、资金灵活性上都有很大帮助，对于满足苹果上下游产业或者关联产业，都能起到一些风险化解作用。

第四，对于期货本身的发展也具有辅助作用。期权的标的是期货，期货的良性波动会受到期权的制约，从而形成互补，上市期权对于整个期货市场的稳健发展也是有作用的。

第五，期权操作对专业化要求更高，能够吸收更多的专业资金参与交易，对于期货的良性发展是有益和健康的。

六、应用模式

苹果期权上市后，全产业链业务模式及应用场景更加丰富，其具体应用模式大致分为以下三类。

第一，单边买入策略。如果预期苹果期货价格会发生较大幅度的波动，或者为了防范短期内价格出现大幅波动，可以考虑买入期权，从而一定程度上规避期货上的单边持仓头寸。例如，某日 AP2401 合约盘面价格是 8500 点，投资者预计 1 个月后，盘面价格可能上涨到 9500 点或更高，那么为了规避价格上涨风险或者获得较大幅度的盈利，可以买入看涨期权 AP2401C9500，一旦盘面价格大幅上涨，能在一定程度上对冲期货上看空头寸风险。当期货价格涨到 9500 点附近时，如果担心价格下跌带来现货亏损，可以考虑通过买入 AP2401P8500，从而规避下跌可能带来的损失。

第二，期货卖出策略。苹果产业链上下游企业如果预期未来苹果价格不会出现大涨或大跌行情，而且想获得现货成本降低及销售收入增加的机会，愿意承担价格波动较大的风险，就可以通过卖出期权获得权利金，抵补现（期）货存储等损耗带来的部分损失，从而在一定程度上摊薄时间成本造成的价值损失。例如在 2023 年 10 月，苹果价格在高位区间波动，短期继续大涨大跌的概率较小，贸易商及深加工企业可以在更低价位卖出苹果看跌期权 AP2401P8000，实现在"理想价位"提前"预购"的目的；若市场价格未跌至 8000 元 / 吨下方，获得的权利金收益也可以部分抵消高位收购的压力。

第三，期权组合策略。苹果产业链上下游企业可以利用期权组合策略进行"低成本"的持仓市值管理，降低市场价格波动对持仓价值的影响。也可以通过期权组合策略进行"动态库存管理"，变被动为主动，不断降低仓储库存成本，积极提高市场竞争力。

具体来看，对于深加工企业来说，在完成苹果现货采购并签订下游销售订单的同时，可以对苹果库存价值进行管理。由于单纯买入期权策略涉及权利金损失，可以在买入看跌期权的同时，卖出看涨期权。例如在 2023 年 8 月，企业可以通过买入 AP2401P9000 期权、卖出 AP2401C9500 期权实现库存价值管理，两者行权价的差异为企业可以接受的价格波动范围。该组合策略相当于一个没有保险费或保费很低的"保险"，如果不考虑获得预期外更大盈利空间的话，偏向于追求稳定和保值目的。

对于贸易商来说，在完成苹果采购备货后，往往需要进行库存管理，在苹果价格上涨后卖出一定的库存，在苹果价格下跌时进行补库，从而实现低买高卖的目的。苹果期权上市后，可以利用期权组合策略进行动态库存管理，在上方理想价位上卖出看涨期权 AP2401C9500，实现在苹果价格上涨至理想价位后，卖出部分库存的目的；同时在下方理想价位卖出看跌期权 AP2401P8000，实现在苹果价格下跌至理想价位后，补回部分库存的目的。相对于现货市场操作，在市场价格波动较小、未达到理想价格的情况下，还有权利金的收入，这样变被动为主动，达到降低库存成本、提高市场竞争力的效果。

期权策略丰富多样，各种组合适用于不同投资者。需要注意的是，当前的苹果期权还处于上市初期，存在持仓低、滑点大、关联度小等问题，也就是说，期权作为一种非线性金融工具，只是为大家的风险管理提供了一种可选择的工具，但这种工具不是万能的，需要结合投资者自身情况、市场整体预期、期货和现货的波动逻辑等，综合判断、合理使用，其目的是降低市场风险，实现稳健投资，服务产业。

第三节　苹果期权投资策略

一、买入双向开仓

所谓的双向开仓，就是同时买入看涨和看跌两个方向的期权，也称为多头对敲策略。

买入的时机宜选在行权前1周附近，若时间太早可能价格太高、幅度小，需要忍受时间价值流失带来的价值缩水。苹果期权行权时间是交割月前2个月的月底，这个和其他期权在交割月前1个月的月初时间相对提前，可能存在期权权重偏低的问题。

买入看涨的价格应该选在期货价格的上方，就是买入实值期权高一档或两档的虚值期权，因为虚值空间更大、价格更低。同理，买入看跌期权需要选择期货现价低一两档的价格。比如，2023年10月20日，AP2401的价格是8600点，那么买入看涨应该选择AP2401C 8700～9100的价格，因为苹果波动幅度高达500点以上，那么9100点的价格概率是很高的。同理，买入看跌应该选择AP2401P 8500～7900的价格。

那么有人要问了，为什么要双开，是不是可以单向开仓？笔者认为也是可以的，但是需要看期货价格的位置。离交割时间较远、价格处于8000点附近时，如果期货价格在8000点以下，期权应该搏看涨；如果价格在9000点以上，应该搏下跌；中间位置不知道波动方向时，可以选择双向开仓。只要任何一方有波动，都可能产生盈利。

需要注意的是，如果期货价格静止不动或者波动极小，就是100多点甚至几十点的波动量，那么期权可能因为时间价值流失而产生双向亏损。只有波动极大时，双向开仓才可能有较大的获利空间。

当苹果期权持仓较小、滑点大、波动大、交易量小时，不建议大仓位参与。有人喜欢买深度虚值期权，是因为深度虚值期权价格极低，如买入最高一档的看涨虚值和最低一档的看跌虚值，一旦大幅波动，便存在大幅上涨的可能。如果较长时间持有，是可以考虑深度虚值期权的，但同样需要谨慎操作。

二、单向买入对冲

参与期权的目的之一就是对冲期货风险。比如期货做的空单，担心行情逆向波动、大幅拉涨，带来损失，就可以考虑利用期权对冲，减小这种风险。期权对冲风险有买入和卖出两种策略，这里建议优先考虑买入对冲。由于已经持有期货仓位，期权主要是保护性买涨或买跌。

买入分为看涨和看空两个方向，当投资者做了期货的空单，担心期货逆势上涨，可以在期权上考虑买入看涨期权。那么如何买，买多少手才能起到对冲作用呢？

举个例子，AP2401做了1手空单，跌到8500点附近。为了保护利润或者担心大幅反弹，可以买入看涨期权AP2401C9000～8600的5个档位，如果买入AP2401C9000，大概期货下跌100点，期权下跌20点，1手期货下跌100点盈利1000元，期权下跌20点盈利200元，不考虑手续费，大概期权买5手对应期货1手。

该策略有两个前提条件：一是期货持仓已经盈利，买入主要是对冲回撤风险；二是临近交割，期权价格较低，不需要耗费大量资金对冲。

需要注意的是，这种对应关系是非常短暂的，随着时间价值的流逝，期权的价格会越来越低，买入期权的成本也会越来越低，需要买入更多权益才能对冲期货的风险。

那么有人要问了，如果自己持有的是空单，期货一直反弹，要不要平仓，期权要不要平仓？笔者的看法是，如果自己拿的是高位空单，有看涨期权保护的前提下，如果只是震荡，可以长时间持有多单，没必要因为短期波动而平仓，但并不是说不能调仓和降低仓位。同时，由于时间价值的流失，持有买入期权在期货没有波动的前提下，实际上是持续亏损的。也就是说，如果期货一直没有单边趋势，可以不断减持期货和期权仓位，来达到保护盈利、控制风险的目的。

对冲买入的目的，只是规避风险和防止突然的跳空回撤，不是为了大幅增加盈利，所以大多时候存在期货盈利、期权亏损的情况，但若总体收益不变或增加，便已达到目的。当然，期权本身多个组合也是存在对冲可能的，而且期货和期权套用，用多组策略，也能达到盈利目标。

三、临期买入单边

如图 6-3 所示，在期权即将到期的一段时间内，如 15～0 天，可以寻找一些单边的买入机会。临期买入的胜率不高，但是一旦成功，收益率较为可观。

标的 苹果 AP401

到期日 20231128（剩余16天）

合约名称	最新	涨跌	涨幅%	成交量	持仓量	日增仓	开盘	最高	最低	昨收	昨结算	期权成交量	期权持仓量
苹果2401	—	0	0.00%	0	113279	0	—	—	—	9130	9086	15769	31868
苹果VIX	—	0.00	0.00%	0	33335	0	—	—	—	22.29	22.71	15870	33058

真实杠杆率	溢价率	杠杆比率	隐含波动率	内在价值	时间价值	持仓量	成交量	卖价	买价	涨跌	最新	看涨	<行权价>	看跌	最新	涨跌	买价	卖价	成交量	持仓量	时间价值	内在价值	隐含波动率	杠杆比率	溢价率	真实杠杆率
0.75	16.71	2019.11	31.05%	0.0	4.5	483	47	6.0	4.0	0.0	4.5	C	10600	P	—	0.0	—	1580.5	0	9	16.5	1514.0	0.00%	5.94	0.18	0.00
5.13	14.49	3028.67	25.99%	0.0	3.0	232	4	6.5	4.0	-4.5	3.0	C	10400	P	—	0.0	600.0	1384.0	0	6	19.5	1314.0	0.00%	6.81	0.21	0.00
6.20	12.37	956.42	27.49%	0.0	9.5	304	178	—	5.5	-3.0	9.5	C	10200	P	—	0.0	1000.0	1206.0	0	—	24.0	1114.0	0.00%	7.98	0.26	0.00
10.83	10.25	519.20	26.83%	0.0	17.5	1364	688	21.5	16.5	-2.5	17.5	C	10000	P	—	0.0	286.5	986.0	0	2	32.0	914.0	0.00%	9.60	0.35	0.00
13.86	9.21	395.04	26.14%	0.0	23.0	467	434	—	17.5	-3.0	23.0	C	9900	P	—	0.0	206.0	899.5	0	3	38.0	814.0	0.00%	10.66	0.42	0.00
14.74	8.24	259.60	26.56%	0.0	35.0	2994	1151	35.0	29.5	2.0	35.0	C	9800	P	—	0.0	134.5	818.0	0	—	45.0	714.0	0.00%	11.97	0.50	0.00
20.51	7.19	230.03	25.06%	0.0	39.5	433	414	—	38.0	-3.5	39.5	C	9700	P	—	0.0	103.0	721.5	0	—	55.0	614.0	0.00%	13.58	0.61	0.00
23.33	6.23	174.73	24.45%	0.0	52.0	700	440	103.0	39.5	-3.5	52.0	C	9600	P	—	0.0	500.0	—	0	3	68.0	514.0	0.00%	15.61	0.75	0.00
28.96	5.22	151.43	22.65%	0.0	60.0	2202	1508	66.0	59.5	-11.0	60.0	C	9500	P	475.0	-22.5	80.0	—	1	10	61.0	414.0	29.41%	19.13	0.67	-15.44
26.95	4.43	102.67	23.05%	0.0	88.5	425	275	—	73.0	-2.5	88.5	C	9400	P	385.0	-32.5	69.0	—	8	3	71.0	314.0	26.75%	23.60	0.78	-17.37
32.58	3.42	94.16	20.27%	0.0	96.5	558	242	134.5	79.0	-21.0	96.5	C	9300	P	302.5	-41.5	59.0	—	11	36	88.5	214.0	24.67%	30.04	0.97	-19.59
27.17	2.87	61.81	21.74%	0.0	147.0	357	682	794.0	141.0	-3.5	147.0	C	9200	P	222.5	-55.0	69.0	—	52	169	108.5	114.0	22.24%	40.84	1.19	-22.82
26.25	2.20	48.85	20.63%	0.0	186.0	229	362	297.0	183.5	-6.0	186.0	C	9100	P	164.0	-55.0	164.5	182.0	276	146	150.0	14.0	21.69%	55.40	1.65	-25.53
23.70	1.73	37.39	20.69%	86.0	157.0	486	394	255.0	215.0	0.5	243.0	C	9000	P	120.0	-49.5	120.0	135.0	383	218	120.0	0.0	21.64%	75.72	2.27	-27.59
21.39	1.34	29.55	20.69%	186.0	121.5	158	61	—	138.0	6.0	307.5	C	8900	P	83.5	-45.5	71.0	127.0	255	241	83.5	0.0	21.22%	108.81	2.97	-29.86
18.38	1.22	22.92	23.02%	286.0	110.5	159	30	1090.0	59.0	27.0	396.5	C	8800	P	58.0	-38.5	51.5	58.0	848	1541	58.0	0.0	21.59%	156.66	3.79	-30.78
16.94	0.86	19.58	20.99%	386.0	78.0	206	50	—	208.0	20.0	464.0	C	8700	P	42.0	-29.5	41.0	43.0	378	435	42.0	0.0	22.38%	216.33	4.71	-28.89
15.58	0.51	17.06	13.92%	486.0	46.5	265	7	—	401.0	7.5	532.5	C	8600	P	30.0	-22.5	26.5	30.0	566	540	30.0	0.0	22.89%	302.87	5.68	-25.76
0.00	0.26	14.90	0.00%	586.0	24.0	111	0	—	547.5	0.0	—	C	8500	P	23.0	-15.0	22.5	23.5	1276	1558	23.0	0.0	24.44%	395.04	6.70	-19.88
11.82	0.67	12.16	25.78%	686.0	61.0	147	5	—	664.0	47.5	747.0	C	8400	P	16.5	-10.5	13.0	18.0	555	725	16.5	0.0	25.02%	550.67	7.73	-15.68
11.95	-0.40	12.11	6.25%	786.0	-36.0	21	3	895.0	205.0	-41.0	750.0	C	8300	P	10.5	-8.5	8.0	14.5	1003	503	10.5	0.0	25.36%	865.33	8.77	-12.76
10.68	-0.45	10.75	13.39%	886.0	-40.5	34	3	990.5	600.0	-40.0	845.5	C	8200	P	7.0	-6.5	6.0	—	435	656	7.0	0.0	26.18%	1298.00	9.83	-9.02
0.00	-0.05	9.26	0.00%	986.0	-4.5	8	0	—	908.5	0.0	—	C	8100	P	5.5	-4.0	5.0	5.5	245	558	5.5	0.0	27.14%	1652.00	10.91	-5.20

图 6-3 苹果期权临近行权日价格图

比如，AP2401 的价格是 9100 点，如果继续看涨，在短期一段时间有上涨到 10000 点的可能，那么可以选在买入 AP2401C10000，买入理由是价格低，短期可能会出现较大波动。一旦方向是对的，收益会在短时间内迅速增长。或者认为有快速下跌的可能，可以买入 AP2401P8000，如果出现非常大的下跌，也会有较大的收益可能。

其中主要的风险是，由于买入需要消耗时间价值，如买入的看涨 10000 点的买入价是 16 点，但是期货价格并未波动，一直在 9100 点震荡。随着时间自然流逝，这个"16"点的内涵价格会不断跌价，直至归零。不过，最大的损失就是 160 元和手续费，但是一旦大幅上涨，有可能突破 10000 点的话，那 AP2401C10000 上涨到 300 点、1000 点、2000 点都是有可能的，收益便会随之增多。

需要注意的是，单边买入不是不可以平仓。如果认为期货没有太大的波动幅度，完全可以在买入以后随时选择平仓，用于减小时间流逝带来的价值缩水，但需要承担手续费和滑点带来的损失。当价格跌到 0.5 元的时候，也就是 5 元价格买入，已经是最低价，由于手续费的存在，任何等于或者低于 1.0 元的平仓操作都是亏损。这种情况买入只能是等最后的巨大波动，否则没有参与的必要。作为卖家，可以考虑止盈离场，不一定非要等到最后。

如前所述，单边买入宜尽量考虑买入虚值一两档的看涨期权或看跌期权，或者买入价格极低的深度虚值，进入末日轮，以博取短线大幅波动带来的收益为主。

四、卖出单边期权

卖出操作是"明知不可为而为之"的策略，其基本思路就是利用时间的自然流逝来赚取买入者的权利金。若一个价格出现的概率极低，那么以这个价格卖出并且长期持有，那么理论上卖出者都是赚钱的。也就是说，卖出赚取的是时间价值，不是波动收益。当波动朝着买入者有利方向进行时，卖出者会非常被动，一旦极其微小的可能性变得越来越大时，卖出者的收益会急剧萎缩，甚至大幅亏损。

卖出操作看似是一种胜率很高、收益稳定的策略，但其风险在于，行情朝着自己不利的方向发展时，亏损也会放大，同时会损失保证金。买入没有保证金，卖出需要缴纳一定的保证金。所以卖出参与者，一般是以产业和机构为主，参与的背景是手里存在对冲的实物、期货、基金或其他同等价值的对冲品。

卖出要选择时间周期比较长的合约。比如，投资者认为在未来一段时间（半年或者一年）内苹果期货的价格不会跌到7500点以下，那么可以卖出7500点看跌期权，也就是AP2405P7500。卖出后只要一直持有，理论上不考虑手续费，只要到了行权日，如果AP2405合约没有跌到7500点甚至更低的位置，卖出者都是赚钱的。但是也有一定的概率，2405合约跌破7500点，这时便需要在盈利以后设置一个止损点来应对这种情况。

不过，万事没有绝对，卖出期权只要在收益较大的时候，达到预期目标，也是可以随时选择平仓的。如图6-4中是AP2405P7500的期权K线图，11月2日挂牌以后最高价超过45点，11月8日就跌到了100点，也就是说只用了5个交易日就跌了一半，如果投资者的目标位就是45点，那就可以选择直接平仓获利了结。不考虑手续费，一手赚550元。这个时间价值是非常稳的，它和买入搏趋势的小胜率大收益正好相反，是大胜率小收益。一旦获利达到预期目标，就可以选择止盈离场，不能过度纠缠。

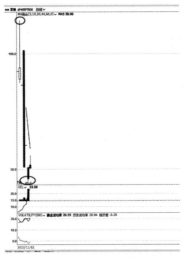

图6-4　苹果期货短期波动图例

需要注意的是，卖出看涨和买入看跌的收益是不相等的，不是一个期权合约，不能实现对冲。卖出看涨和卖出看空也是不对等的，不能同时卖出，因为都需要占用保证金。卖出看涨和买入看涨不是同一行权价时也不能实现对冲，因为不是一个合约，幅度不同，只是趋势相反。卖出看空也是一个道理，这里就不再赘述。

卖出可以和期货套用，如买入 AP2405 后，一直维持震荡，没有单边走势，完全可以通过卖出看涨或者卖出看空来增加收益，利用横盘行情来赚取期权的时间价值收益。

五、双卖深度虚值

有时候，期货波动空间有限，既不可能上涨到某一个高度，也不可能跌到一个特别低的位置，基于这种预期，可以适当考虑双卖策略，就是做空期权波动率。比如，苹果期货在 7 月、8 月这两个月基本面变化不大，既没有特别好的利多因素，也没有特别差的利空因素，盘面偏向于来回震荡。这个时候，可以考虑卖出深度虚值期权，如 2501C9900 和 2501P6000，实现双卖。

进行双卖的时候，需要支付大量的保证金，而且收益非常有限，不太适合资金比较少的个人投资者参与。由于苹果期权参与人数极少，尤其是远月合约流动性较差，不太适合资金量大、有大幅获利需求的投资者和机构，应根据自身需求，偶尔试试。如果遇到大幅波动，需要扛单和及时止损，则可能出现小赚大亏的情况。特别是遇到期货盘面炒作某些利多或者利空时，盘面大幅波动，双向卖出虚值期权，并不是特别安全。因此，这种策略最好还是和期货单边买涨或买跌结合起来，避免承担过大风险。

总之，以上策略仅是起到一种抛砖引玉的建议，不一定成熟。由于目前苹果期权相比其他类别期权参与人数不多，流动性较差，所以在参与时应该以小仓位试错交易为主。期权策略重在灵活、旨在盈利，要活学活用，看准再伺机而动。

第七章　苹果期货基本策略

做期货，必须有完整的策略。要在正确的理念指导下，制定一套完整的应对策略，进可攻，退可守。有些人习惯称为"交易系统"，说明这套策略应是非常完整和缜密的。

第一节　如何做一个完整周期

在期货市场，很多人把苹果称为"妖果"，原因很简单：苹果期货波动较大，不容易把握，一不小心就会出现巨大亏损。甚至很多做了十几年期货的"老手"都不敢碰苹果期货，笔者认为原因主要有以下几点：①持仓量相对小，也就十几万手，相对于几十万手乃至上百万手的持仓，容易被某些"大资金"控制，形成"资金盘"；②每天波动比较大，一般人不会去做这种极其不稳定的品种；③手续费比较高，日内平仓费用高，很多人不太喜欢。

但笔者认为，做苹果期货也有很多好处。

一是不受外盘影响，甚至没有关联品种。无论外盘如何波动，都很难影响苹果的走势。当然，物价和通胀等经济上宏观波动的影响肯定有，但是相对于其他期货商品，苹果相对独立。

二是波动范围比较大。历史最低价格5000点左右，最高12000点，差价达到5000点以上，能有较大的收益。相对于鸡蛋每年只有1000点的幅度，其波动要大得多。其日内波动也在 100 点以上，相对于稳定的品种，如豆粕、玉米、螺纹钢等收益更大。

三是趋势比较简单。综观 2018 年、2019 年、2020 年走势可以发现，苹果期货基本有两到三个波段：3 月底属于上涨周期，5 月以后要么上涨要么下跌，9 月以后要么上涨要么下跌。只要拿得稳，大幅盈利是可以实现的，对于不懂技术及消息面的人来说，相对好做。之所以很多人感觉苹果期货比较"妖"，是因为将其放在日内的短线波动上时，基本无规律、无趋势、无技术指标可言。如果用其他的技术指标来分析苹果期货，失败概率较高。不懂苹果的上涨下跌的驱动因素，把苹果当作其他品种来做，容易被套，不符合技术分析规律。

四是套期保值资金比较多，现货商参与度高。据笔者所知，除了个人投资者和机构资金，很多现货商和套期保值资金都有参与苹果期货。这些资金一般比较稳定，都有很强的赚钱预期，因而导致苹果期货波动很大，波动大就会形成较高的收益。对于想在短时间内获取大规模收益的人，苹果期货比较适合，属于激进型参与者的首选品种。因此，不建议保守型参与者、执行力较差者或无计划者参与，也不建议被套以后持续扛单甚至亏损加仓。

要完整参与苹果期货的一个周期，需要从春节以后开始操作，资金准备最低在 5 万元左右，最好能有 10 万元，太低不易完成分批建仓动作，且容易被止损出局。

一、3 月：寻找 10 月合约的做多机会

以 AP1910 为例，每一次下跌都要留意，寻找做多机会。做多机会主要抓下跌后的反弹，如图 7-1 所示，分别在 3 月 5 日（位置 1 处）、3 月 12 日（位置 2 处）、3 月 18 日（位置 3 处）、3 月 29 日（位置 4 处）、4 月 15 日（位置 5 处），每次建仓 1 层，止损点设为 60 个点。止损出局后择机继续建仓多单，保持在 4 月中旬以前建仓完毕。

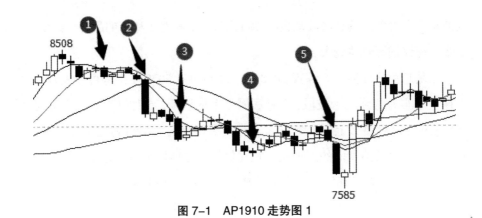

图 7-1 AP1910 走势图 1

二、4 月: 调整仓位，适当增减

当 10 月合约大幅拉涨时，仓单如果盈利，就应该做加仓操作。如图 7-2 中位置 1、2 处应该加仓；位置 3 处由于下跌幅度较大，超过 120 个点，需要做减仓操作，如果持续下降，就需要减仓到零做空仓操作，重新选择低位建仓，但是尽量保留一层仓位；如果上涨破前期高点，比如位置 4 处，就要继续加仓；到位置 5 创历史新高，此时应该用盈利加仓，千万不能做平仓操作，因为此时已经大幅盈利。

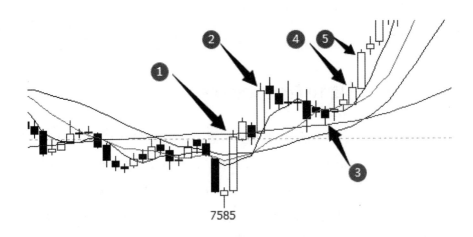

图 7-2 AP1910 走势图 2

三、5月：布局空单，多单逐步离场

5月一般是苹果10月合约的一个重要转折时期。如图7-3所示，当上涨达到一个高点后，出现下跌，且跌幅较大，如单日超过300点，在位置1处多单就需要果断做减仓操作；如果连续下跌，到位置2处就应开始增加空单，继续减少多单；若继续大幅下跌，就必须平掉多单，到位置3处全部转换为空单，由多头转空头。转成空头后，做好止损，一般设置为60个点左右。如果盘面继续下跌，就继续持有，如果被动止损，就出场观望。结合基本面信息，决定后市是继续做空，还是改做多头。

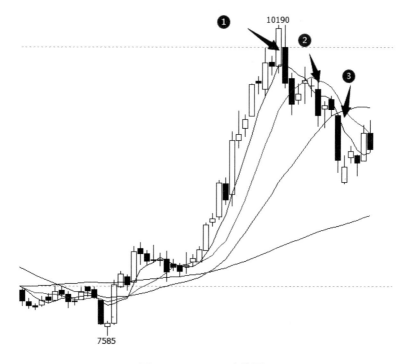

图7-3 AP1910走势图3

四、6—8月：继续逢高做空

如果苹果基本面偏向于丰产，则必须坚持逢高做空，盈利拿住空单，反弹止损出场，严格执行进出场计划。

如图7-4所示，2019年有3个比较好的做空建仓机会，只要挂上空单，就可以一直拿着。特别是第3个高点，直接决定了9月的盈利结果。

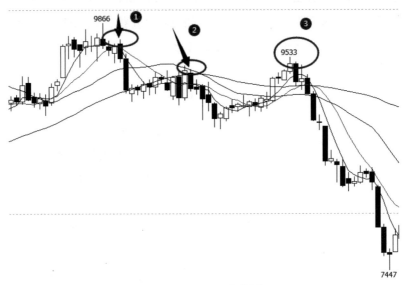

图7-4　AP1910走势图4

五、9月：参考开秤价格，考虑多空策略

9月如果苹果丰产，苹果期货一般以下跌走势为主。10月后进入交割月再进行价格修复。因此，苹果期货9月的走势大概率是单边行情。如图7-5和图7-6画圈处所示，AP1810和AP1910合约在9月都有触底反弹迹象。

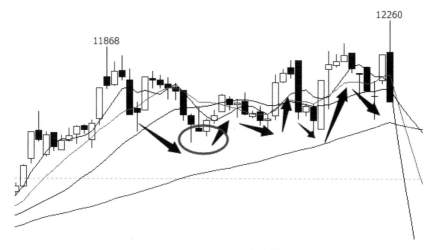

图 7-5　AP1810 走势图

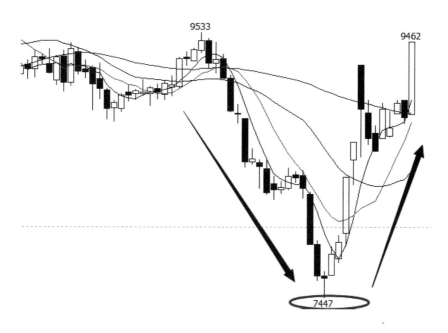

图 7-6　AP1910 走势图 5

六、10—12 月：1 月合约以做多为主

如图 7-7 所示，10 月以后上涨明显，1 月合约应以做多为主。

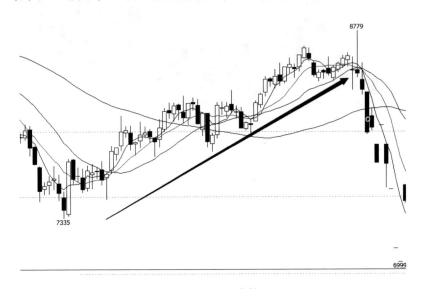

图 7-7　AP2001 走势图 1

做多的原因：第一，10 月合约已经被压到最低，1 月合约接力以后上涨空间较大；第二，1 月合约有节日效应，市场预期较好；第三，冬天容易保存，大量入库后，市场流通苹果量相对减少。

七、1—2 月：做空或做多 3 月和 5 月合约

春节以后，AP1805 的态势如图 7-8 所示，AP1905 的态势如图 7-9 所示，走势截然不同。

图 7-8　AP1805 走势图

图 7-9　AP1905 走势图

　　做空或做多的策略：库存较高时做空；反之，库存存货较少，苹果稀缺，则以做多为主。从 2019 年和 2020 年两年的情况来看，2019 年是做多为主，2020 年是做空为主。其原因是 2019 年库存少，苹果价格非常高；2020 年是突发事件影响消费，春节前惜售造成库存积压，而春节后苹果需求很少，导致价格大幅下跌。

第二节 苹果期货大幅波动前的布局策略

任何一个期货品种，没有永远涨的，也没有永远跌的，尤其是下跌，总有止跌企稳或者止跌反弹的时候。从概率上来说，抄底胜率要高于摸顶。如图 7-10 所示，2020—2021 年下跌结束后迅速迎来行情反转。

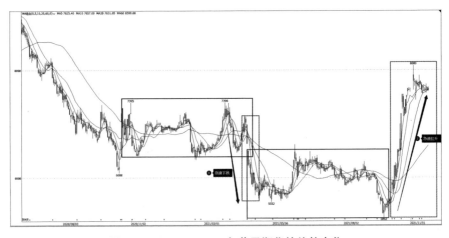

图 7-10 2020—2021 年苹果期货的趋势变化

从苹果期货的历史走势来看，几乎每一季都会有一两次大行情，持续性好、涨幅空间大，被很多投资者关注。期货苹果的资金总量已经远远超越苹果产业本身。在这种投机资金大批进入的背景下，苹果期货交易既有巨大收益的机会，也存在巨大亏损的可能。下面以 AP2110 为例，讲解如何在苹果期货大幅波动前进行布局。

2021—2022 年，苹果期货的主要代表合约是 AP2110、AP2201、AP2205，其中 AP2110 持续周期最长，资本博弈也最复杂。从 2021 年的行情走势来看，由于四五月没有倒春寒，所以整个周期几乎没有上涨，在长达 10 个月的时间里，2110 合约都是下跌的。到了 9 月以后，苹果成熟，由于资本改变思路，不再关注产量，开始关注交割果的质量，就是所谓的优果率，这让死盯产量预期的空头相当被动，其中不乏一些扛单的价值投资者。这些人认为，AP2110 的苹果价值不会高于往年，大部分选择扛单的投资者最终在 7600~8000 点附近选择亏损割肉。总体上看，AP2110 的危机和风险大于盈利，如果前期获利，后期死拿，要么保本出局，要么亏损出局，让人唏嘘遗憾。

AP2110 的行情大致来说就是 3 个周期、2 个机会。3 月 18 日之前是第一个震荡周期，3 月 19 日至 9 月 8 日是第二个震荡周期，9 月 9 日之后是第三个拉升周期，由于 2021 年没有倒春寒，苹果产量预期较高，9 月之前虽然期货价格不断有反弹，但基本以下跌为主。9 月以后，由于阴雨和冰雹等异常天气发酵，9 月底开始不断拉升，最高点止步于交割月的 8080 点。AP2110 的两次机会，分别是 3 月 18 日前的高位空单布局和 9 月 9 日前的低位多单布局，如果错过，就没有更好的入场点了。当然，这都是行情出来以后看到的，只能当作历史数据来分析，未来行情未必能复制。

由 AP2210 的行情可知，如果想做期货，而且还想参与苹果期货，必须提前做好计划。参与 AP2210 需要知道几个不变和几个多变。

不变一：四五月天气的重要性不变，这时是苹果的花季，这个时间段肯定有行情。不变二：产量的重要性不变，产量越大，期货价格越低，期货价格会跟着产量预期走。不变三：交割的重要性不变，期货走到最后要交割，就必须走交割逻辑。交割顺利的，期货价格会走低；交割不顺利的，期货价格会反复抬高。

多变一：看四五月有没有倒春寒，如果有倒春寒，肯定会迎来一波波动。如果后期减产预期坐实，可能持续上涨；相反则下跌，存在变数。多变二：苹果收获季的价格预期，如开秤价的不断变化，会对期货的盘面带来巨大波动。多变三：苹果消费预期不断变化，特别是重大节日的影响，会导致苹果走货速度发生变化，随时可能引发期货波动。如图 7-11 所示，存在多种不确定性走势。

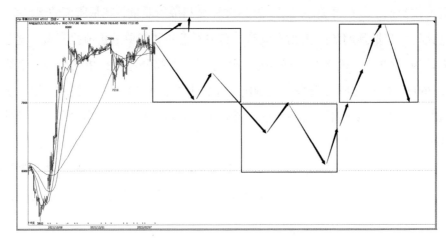

图 7-11 2021 年苹果期货趋势可能性

基于 AP2210 的情况，笔者的基本策略如下。

基本前提：第一，资金不能太少，太少了经不起波动，无法布局长线单；第二，必须分批、分时段建仓，不能一次全部投入，全部压上风险太高；第三，当与预期不符时，不能扛单和逆势加仓，应该分批止损，亏损减仓；第四，当走势与预期相符时，要坚定持有期货合约大趋势，拿长线。

基本方法：3 月中旬之前完成布局，看空就逢高加空，不断调仓；四五月警惕倒春寒发生，如果大幅拉涨，可以紧跟趋势，以做多为主，要及时离场或反手；5 月中旬以后，如果没有趋势，可以不参与；9 月以后，如果在低位盘整，可以逢低做多，拉到高位止盈离场。当然，也要紧跟主力资金动向，随时调整投资策略。

具体操作：在 8000～9500 点，每隔 500 点加一层空单，如果资金较少，在 8000 点附近建仓一层或半层仓位，比如 10 万元可以做 2 手空单，8100点止损 1 手，拉到 8500 点时加 1 手，此时亏损点设为 600 点；8600 点止损1 手，拉到 9000 点时再加 1 手，此时亏损点设为 1200 点；9100 点止损 1 手，拉到 9500 点时再加 1 手，此时亏损点设为 1800 点，共持有 2 手空单。如果9500 点以上继续拉涨，可以在 9600 点上方全部止损，不再做空。亏损 2 万元左右离场出局，不再参与 10 月合约。相反，如果下跌，就如法炮制，浮盈加仓，加仓点位分别在 9000、8500、8000、7500、7000，7000 点以下只持有空单。如果跌到 7000 点，盈利超过 3000 点；跌到 6000 点，共持有 6 手，盈利能达到或者超过 9000 点。如果盘面下跌到 5500 点，又出现止跌反弹信号，基本面配合的话，即可反手做多；基本面不配合的话，每年就做一波即可。这里仅是举例，具体点位可以自行设计，需要在适当的位置调仓或者加减点位，不一定按照 500 点，一旦制订好计划，必须按计划开仓止损止盈。总的原则是，逆势要减仓，顺势要加仓，适当调仓，坚持拿单。

注意事项：中长线做单，需要耐心，要经得起小幅亏损，要有拿单的信心，要能拿住盈利单，不贪婪，小赚即可。如果运气好，刚好遇到大行情，就当对自己耐心的奖励；没有大行情，做到不亏，就是胜利。

第三节　交易纪律和风险控制

一、参与苹果期货的基本原则

（一）抓大趋势，放弃小趋势和震荡

任何一种期货，总是有趋势行情，总是有横盘波动。遇到反复震荡，从技术上来说，不具有操作价值，来回上下几十点的波动，对于苹果期货来说，完全可以放弃，把资金转移到其他品种。当然，如果遇到一波比较大的趋势行情，则应该坚持拿单，不要轻易放弃。苹果期货在 2—3 月、7—8 月容易进入"垃圾"交易时间，尽量离场观望。

（二）趋势具有延续性

苹果期货如果出现趋势行情，一般会延续一段时间，根据个人经验，至少会持续一周甚至更长。如果趋势来了，自己出现"踏空"，可以乘胜追击，即便吃不到"鱼头"，也可以吃个"鱼身"。从技术角度来说，日线走势做大周期参考，15分钟波动做小周期参考，顺应大周期趋势、逆于小周期趋势开仓入场比较好。

（三）技术可能失效

做苹果期货，突然的消息影响，很可能在技术上很难把握。比如某天出现倒春寒，一般在开盘前，就有资金参与竞价，用涨停板价格买入，导致开盘后大幅跳空，直至涨停。这种行情往往是突发的，而且一般发生在开盘前或者星期一，想通过提前的技术指标进行判断，几乎不可能。所以技术只能在盘中使用，且只针对动态的行情有效；盘后通过技术指标去预测行情走势，则极不科学。当然，盘后通过复盘来验证盘中技术指标的使用效果，则是有必要的。

（四）做单逻辑的重要性

一般来说，苹果期货的每一个合约之间存在关联，但是也有独特性。比如，10月合约博弈开秤价预期、1月合约博弈春节前价格行情、5月合约则博弈清明节以后库存果的价格走势，这些逻辑要搞清楚。另外，在每个时间段，苹果期货博弈的焦点也是有差异的，4—6月看似受天气影响，实际上博弈秋季的苹果产量和质量，属于博弈市场价格预期。但是临近交割，每个合约可能又要博弈交割逻辑，多空双方看谁交货意愿强，谁接货意愿强。逻辑转换时，一定要警惕盘面的行情变化，及时调整思路，认清当前逻辑。

（五）苹果的两个价值博弈

苹果不同于其他农产品，仓单制作费用占比较大，仓单成本和仓单价值之间存在巨大价差，也就是仓单的成本会大幅高于仓单价值本身。1吨合格的交割果，仓场成本是8300元，但是接货成本可能也就7000元，也就是说，3.50元/斤的苹果，做成仓单价格涨到了4.15元/斤。这就导致交货困难，接货不值，多空双亏。如果行情好，空头不愿意交货，就需要参考仓单成本。盘面在交割前高于仓单成本是正常的，但是如果行情差，市场偏熊市，那就要参考仓单价值，盘面接近甚至低于仓单成本也是正常的。这个在苹果合约临近价格前博弈非常明显，进入交割逻辑以后，一定要认清市场的预期，如果出现错误，可能损失极大。简单来说，现货预期偏强，仓单价值之下不考虑做空；现货预期偏弱，仓单价值之上不考虑做多。

二、参与苹果期货需要注意的十个"不能"

（一）不能只根据技术面做苹果期货

只看技术面容易陷入技术陷阱，一是技术指标具有滞后性，不能作为预测未来行情的走势和驱动因素；二是技术分析本身需要在动态中运用，静态的技术分析较为片面。所谓"技术为王"，在苹果期货里不存在。

（二）不能只看现货价格做苹果期货

苹果现货市场受产区价格、出库价格、批发价格、零售价格等多种因素影响，分为特级、一二级（半商品）、三级、次果、统货、下捡果等多种品级，苹果交割需要分拣，紧盯现货价格容易受现货价格波动趋势预期的制约。个人投资者所了解的基本面，不见得是主力资金关注的基本面，容易不得要领。所谓紧跟基本面，在苹果期货里大概率会吃亏。

（三）不能一听消息就下单

消息都是别人放出来的，但有真有假、有虚有实，投资者必须理性看待、谨慎操作，要仔细辨认，不要盲目地相信所谓的"小道消息"，进而造成损失。

（四）不能扛单和亏损加仓

做基本面和技术面虽然手法上有差异，但是殊途同归，都应该以盈利为目的。不能说自己做的基本面，就可以扛单多少点，做空越涨越买。做基本面，首先要清楚自己所掌握的基本面是不是主力资金关注的基本面；其次要和自己的实力结合起来，千万不能想当然。

（五）不能小资金做大止损

苹果期货波动很大，小资金容易盈利，一天如果波动几百个点，一手也能赚到好几千元，如果做得好，盈利还是不错的。但是反过来，小资金更容易亏损，因为波动大，一旦做反、扛不住，就必须止损。如果连续止损，就是大亏损。如果是小资金，尽量先做短线或日内，盈利多了，再尝试转长线，而不是一上来不管盈亏，不管行情是否配合，就去做长线趋势，那样风险较大。

（六）不能一盈利就盲目自信

有的人在苹果期货市场盈利了，就片面地认为自己很熟悉苹果期货，很会做期货，进而掉以轻心，盲目自信。投资者应时刻保持敬畏，听得进对手的观点和意见。去年盈利，不代表今年就一定能盈利；今年盈利，不代表明年也一定会盈利。期货市场没有"常胜将军"，没有所谓的必然规律，亏损和盈利都是可能发生的。

（七）不能频繁交易

大部分个人投资者频繁交易，但实际上小赚大亏。坚持按计划开单、按计划止损、看情况止盈，是大赚小亏的前提条件。作为个人投资者，管住手，按计划交易才能止住亏损，放大盈利。以苹果期货行情日线为例，无非就是快速拉涨、持续下跌、不断震荡三种形态。作为个人投资者，行情来了跟着趋势做单，没有行情则静观其变，才能在行情启动时，有清醒的思路和充裕的资金进行交易。好的交易习惯、好的交易系统、好的交易心态，才是走向稳定盈利的关键。

（八）不能心存侥幸

人性存在很多弱点，很多投资者求胜心切，总是想快速回本，把亏进去的钱赚回来就走，没承想越亏越多。有时候，自己已经发现了前面的陷阱，但仍心存侥幸，以为自己技高一筹，稳赚不赔。可是期货市场变化较多、风险较大，一旦心存侥幸，就离失败不远了。

（九）不能过分迷恋资金的力量

期货是博弈市场，每一手空单的背后就有一手多单，反之则相反。无论是做多还是做空，都有自己做单的逻辑。做多的人多了，盘面也就自然拉涨；反过来，做空的人多了，盘面就会跌下去。短期内，不排除资金带来的巨大影响和因素，但是长期来看，基本面的导向还是起决定作用，不能过分迷恋资金的力量。

（十）不能不看盘面想当然

不管自己的交易系统是什么，不管所谓的基本面是哪样，不管期货盘面形成的图形是什么样子，不管历史行情如何，盘面的价格、持仓量、成交量是不会骗人的。个人投资者做期货，一定要理智、谨慎，明明盘面在增仓拉涨，就不要去入场做空；明明盘面在增仓猛跌，就不要越跌越买，没有谁的资金是无限的，可以一直买。什么时候止损都是对的，踏空总比亏损好，活着才是硬道理。

期货市场没有"常胜将军"，苹果期货是一个小品种，高度控盘，日内波动幅度较大，程序化资金深度参与，个人投资者想在这种环境中稳赚和大赚，其实并不容易。市场永远是最好的老师，希望大家心存敬畏，时刻警惕，宁可踏空，也不犯险。

三、警惕几种行情

第一，暴涨暴跌。这种行情在盘中经常遇到，先猛拉100多个点，然后急跌 100 多个点，最后又进入震荡。这种行情主要是某些机构大户用市价瞬间买入卖出操作导致，其目的往往是打对手止损，然后自己资金介入，很容易让个人投资者搞不清方向。

第二，连续拉涨。这种行情主要是基本面发生变化，多头增仓放量拉涨，一般持续性较好。根据经验，苹果遇到连续拉涨时，一般不会只有几百点的涨幅，可能会在几天内拉涨超过 1000 点以上。

第三，连续杀跌。这种行情主要是受消息面影响，空头资金突然介入增仓放量往下打，随着多头止损平仓，会加速期货价格下跌。遇到这种情况时，如果采用对手价或者限价画线止损，一般无法成交。

第四，横盘波动。横盘是所有期货行情的常见情形，而苹果期货即使是没有什么行情的横盘，日内波动幅度也会超过 100 点，很少有小于 100 点的震幅。也就是说，苹果波动率和波动幅度较大，相比其他农产品，稳定性较差。

四、做苹果期货需要注意的一些事项和纪律

期货交易是高风险、高收益的投资行为，本着对自己资金负责的原则，尽可能地严格遵守交易纪律，不乱开单、平仓或加仓。

（一）开单

苹果行情分析必须结合基本面，大方向需要遵循基本面操作，短期波动可以看技术面指标，但必须以基本面信息为主，不能与其背离做单，尽量按照基本面技术面和消息面一致的前提下做单。

苹果期货建仓不能一次进入，做多宜采用分批挂单的方式，每单可以按照总入场量的 5%～10% 建仓，提前算好点位，有序入场，即使亏损，不到止损点不要平仓。苹果期货出场建议也遵循减仓离场的原则，有序分批离场，不贪婪，严格执行计划。

一旦建仓完毕，非必要不要亏损加仓，不要亏损扛单不止损，不要盈利不到位提前平仓，拿住盈利单子非常重要，不到止盈点不能随意离场打乱计划。

（二）平仓

苹果期货长线止损点位是 300～600 点，甚至可以更大；短线止损位在 60～120 点，不建议设置太小。如果长线打止损，一定是方向有问题，必须经过分析后才能再次下单，不能立即再次入场。可以设置止盈点，盈亏比大概为 3：1。长线盈利至少 1000 点，短线至少盈利 200 点，否则不入场、不离场。

（三）加仓

浮盈加仓必须在持仓大幅增仓的前提下使用，横盘和小幅震荡不要随意加仓。长线单子不能当短线来做，长线持仓至少 3 个月以上，最好是一个交易周期；短线单子尽量隔日平仓，短线亏损不留仓，盈利可留隔夜仓。短线单子盈利后，应该移动止损点，保证盈利单子不亏损出场。

逢低做多主要是指下跌到一定点位，1 分钟 K 线图止跌回升 3 根阳线以后，多头增仓方可分批做多。同理，逢高做空主要是指上涨到一定点位回落 3 根以上阴线时，空头增仓方可分批做空。谨记分批进场，不能一次重仓，一般情况下总仓位尽量控制在总资金的 50% 左右。遇到盈利后放量增仓，可以在日内加大仓位，但最好在尾盘降低仓位。

长线进场较早时，可以不设止损点，但是必须设置止盈点。达到预设的盈利后，应该尽快分批离场，尤其是在 5 月中旬、8 月下旬、10 月中旬和 12 月前后几个关键时期，离场必须果断。

五、做苹果期货一定要弄清楚几个问题

市场是有风险的，苹果期货具有自身的特质和波动规律。做苹果期货，需要弄清楚几个问题，简单概括如下。

做的是期货,不是现货,现货价格的涨跌不一定完全影响期货走势,期货是对未来价格的预期博弈。未来本身就存在一定的不可知,谁敢说谁一定对?

调研数据到底对期货影响有多大?调研是根据当前部分数据对未来结果的估计,真正结果只有等时间去证明。不是说调研增产了,期货价格就一定下跌。期货市场不是你付出了就一定有收获,不能说自己辛苦调研了半个月,盘面居然不跟自己的预期走,应该涨为啥不涨。反过来想,参与苹果期货,按照早期的那种去产地调研半个月,根据调研结论下单,就可以吃一辈子的日子已经一去不复返了。我们很难复制别人的成功模式。

所有的因素都会集中反映到盘面上。在政策、资金、消息和基本面四个因素中,盘面是最真实的,其他的因素只能短时间影响期货市场。

市场有市场的节奏,大势所趋,不能逆势而为,顺势是做期货的基本法则。

第四节　苹果期货新手常犯的一些错误 和应注意的一些问题

本节针对苹果期货新手经常提出的一些问题,总结一下大家常犯的一些错误和应注意的一些问题。同时,也应明白,虽然说是新手常犯的错,其实对于一些不遵守纪律和自制力较差的老手,也有参考和借鉴的必要。

一、苹果期货新手常犯的一些错误

第一,按照历史数据寻找所谓的周期规律,感觉自己如有神助,能够悟得"天机",实则全部踩到雷区。此时应注意:历史可能重演,但是不一定重复,更不会只是简单地重复。

第二，总是感觉机会来了，跌到低点，摸顶抄底，期盼一夜暴富，但总是抄底抄在"半山腰"，套牢到不得不割肉。此时应注意：不怕期货没有机会，就怕机会来了，自己手里已没有资金，参与期货不是非要抓住所有的行情，应该找到属于自己的行情才对。

第三，跟着所谓的技术高手跟单、下单，确实偶尔能够大赚几笔，但是一不小心，就会回吐全部利润，成为自己的终身梦魇。此时应注意：依靠别人，不如提升自己，命运应该掌握在自己手里。

第四，跟着感觉走，感觉可以反弹、感觉还会下跌、感觉跌得差不多了、感觉反弹到位了、感觉还可以……跟着感觉走，苹果期货分分钟打醒你。此时应注意：做期货要有逻辑和依据，要有起码的计划和规矩。

第五，严格止损止盈还是亏多赚少，止损止盈本身没错，对于纪律比较好的确实值得肯定，但是频繁止损，会挫败所有投资者的勇气。期货老手们对苹果期货往往是心有余悸、忌惮三分，一次拉涨上百点、一次下跌上百点，各种跳空暴涨暴跌，严重考验了心脏的承受力。此时应注意：每个品种都有自己的性格脾气，熟悉它、掌握它，才能游刃有余。

苹果期货这个品种对于新手而言挑战较大。一般的大品种，由于产业和资金结合的深度与广度较大，按照基本面来做相对容易，但是苹果这个品种的产业和资金结合度不是很高，所以经常出现分歧。当然，期货毕竟和现货存在区别，按照基本面来做，虽说不能保证100%正确，但其胜率还是较大的。

二、苹果期货新手应注意的一些问题

（一）怎么进场最好

建议分批挂单，不要追涨杀跌。比如，苹果期货在7000点横盘，趋势下跌时，一般是做空，进场机会已经没有，那么最好耐心等待反弹，在压力位附近，一般是低于压力位5～10个点挂单。挂单不要一次性全部进场，最好在关键点位分散挂，如果全部成交，最好平掉点位不好的仓位，留足加仓资金。

（二）怎么离场最好

出现大幅相反方向的波动时，就要分批建仓，也就是盈利减少要减仓保护盈利。如果方向没错，不建议一次性全平仓，防止急速波动踏空行情。

（三）怎么看多头增仓或空头平仓

可以通过 K 线图、盘面增仓变化或者指标来看。如果 1 分钟 K 线持续上涨，持仓增加，就是多头主动增仓、空头被动增仓，这种情况做多可以顺势加仓，做空要减仓。反之，空头平仓也是一样的。

（四）怎么看趋势

一般看日 K 线图，如果高点和低点都在逐步走低，且全部在均线以下，就是空头趋势，空头趋势不做多。日内 1 分钟 K 线可能出现反弹，但是不足以改变总体趋势，如果日线趋势没有改变，此时逢高做空，就是顺势，胜率更大。同理，多头趋势就是逢低做多，高抛低吸。不建议做逆势单，主要是逆势单一旦被套，几乎解套无望。

（五）为什么要调仓

调仓的目的很简单，主要是找到更好的入场点，很多人做空空在半山腰，做多多在最高点，那肯定不对。调整仓位的目的就是利益最大化，同时保持轻仓，利用震荡行情，平掉差的点位，留下好的点位，更利于拿单，多余的资金可以在适当的时候用来补仓。

做期货的手法和套路有很多，但殊途同归，其目的都是赚取收益。如果交易者的见识、圈子、认知、技术达不到别人的水平，就不要用别人的方法，有些高手的手法是学不来的。

总而言之，做期货不能好高骛远，必须脚踏实地、慢慢积累，总结出自己的操作模式。

第八章　苹果期货部分合约分析

本章选取了一些在果业研究公众号上发布的合约分析，仅代表当初的观点，文后所标为发表时间。其中一些观点后来经验证是对的，但是也有一些分析与实际的行情走势是背离的。对于这些存在偏差的观点，笔者也未做改动，旨在抛砖引玉，供大家参考。

第一节　2021 年相关合约分析

一、AP2103

（一）AP2103 情况简介

由于 AP2103 是一个过渡性合约，所以持仓量不是很高，主力合约集中在 10 月、1 月和 5 月三个合约。3 月合约介于 1 月合约和 5 月合约之间，并不是特别受关注，但是这个合约非常值得参与，因为走势比较明确。

3 月合约所处的时间段刚好是农历二月，也就是春节刚过的一段时间。一般来说，这个时间段水果青黄不接，应该是苹果销售最好的季节。而实际上，如图 8-1 和图 8-2 所示，回顾 2019 年和 2020 年，可以发现这两年的 3 月合约呈现出截然不同的走势：2019 年 3 月合约非常坚挺，一直坚挺到了交割月；2020 年就惨淡了，遇到了"黑天鹅"事件导致需求暴跌，价格急剧下滑，交割月还在继续下跌。

图 8-1　AP1903 合约走势图

图 8-2　AP2003 合约走势图

分析原因，2019 年的暴涨其实是延续了 2018 年的减产行情。当年苹果库存不多，涨价是情理之中。到了 2020 年，虽然收购价格较高，但是挺价意愿不强，春节后价格一路走低，最低价格达到了交割前的 5811 点的历史低价，从 12 月底的 8200 点一路下滑了 2000 多点，下滑是非常流畅的。

那么 AP2103 将会如何走呢？

如图 8-3、图 8-4 所示，截至 2020 年 12 月，AP2103 最低点已经来到 6311 点的位置。这个位置比 AP2101 的 6287 点位置还要高，说明没有降到最低，还有下跌空间，笔者认为继续下跌到 5500 点以下问题不大。理由如下。

图 8-3　AP2103 走势图

图 8-4　AP2103 1 小时 K 线走势图

第一，1 月合约目前一路下跌，极有可能跌破 6000 点。按照趋势发展，AP2103 肯定会比 3 月合约的最低点还要低。当然，也有反弹的可能，如春节走货很快，春节后去库存比较快，那就会反弹，但是这种概率远远小于下跌。

第二，2020 年苹果的去库存速度非常慢，苹果的现货商和批发零售都不看好后市，尤其是 2020 年苹果收购价格偏高，导致果农和客商挺价，大家都不想年前低价卖，想年后卖个好价钱。这怎么可能？苹果从入库的那一天开始，价格就不再由成本决定，而是由市场决定。2020 年消费市场低迷，节日效应减弱，大概率不会有太快的走货速度。

第三，3月合约所处的位置并没有太大的反弹可能，苹果如果年前走货快，影响最大的合约是5月合约，5月以后苹果库存减少，价格往往会上扬。但是3月合约刚好处在年后的一段时间，2020年春节推迟，如果年前走货慢，年后苹果价格就会塌方式下跌，3月合约直接承压，价格不会高到哪里去。按照历史价格走势，3月合约低于1月合约是大概率事件，如果1月合约最低压到6000点以下，那么3月合约也会到5500点附近，甚至更低。

2018年苹果价格能被炒到多高，2020年苹果就会被压到多低；没有最低，只有更低。对于3月合约，建议年前逢高做空，春节前平仓，如果年后走货依然很慢，那么年后可以继续做空，拿到交割月前平仓，收益应该不错。（2020年12月17日）

笔者注

实际情况显示，AP2103从最高的8400点一路下挫，最后交割前最低跌到了4986点，下跌幅度超过3000点。

（二）2021年1月苹果期货价格继续下跌的几个因素

苹果期货盘面价格继续走跌，不是几个人或者少数资金就能决定的，一定是大家心理预期加上资金影响形成的合力结果。当前，到底是反弹概率大，还是下跌概率大，笔者认为春节前后，也就是2月初到2月底，下跌概率大于上涨概率。相关理由如下。

（1）交通运输不够通畅，这对于对运输依赖性很强的商品的影响是较大的。

（2）整体消费不振。由于经济受到影响，特别是苹果作为生活中的非必需品，只有在价格较低的时候，大家才会考虑买入或者大量买入。这对于苹果的出货是非常不利的，整体消费市场的低迷，导致去库非常慢。

（3）苹果交割标准人为降低。尽管新的交割标准要到AP2110才能执行，但是从AP2010、AP2011、AP2012的交割情况来看，果锈、色泽、硬度等方面人为降低了标准。之所以这么做，大概是为了让新旧标准平缓过渡，避免因为交割标准的修改而导致期货行情的剧烈波动。

（4）前期的高价收购。10月苹果下树，大量客商到产区抢购，谁给的价格高，谁就能先收到货，甚至出现了果农惜售毁约的情况。高价收购到的苹果，到底怎么卖？卖低了，自己亏本；卖高了又没人要，走不动货，只能放入冷库。

（5）天量库存。2020年苹果产量并不高，倒春寒使很多苹果树挂果并不好，优质苹果不多，整体减产10%～15%。但即使减产了，库存居然还有1100万吨。因此，果农和果商都有不好的预感，特别是经历过2015年暴跌行情的果商，表现得相对悲观。

（6）出口减少。受国际贸易整体环境影响，货柜和货运价格提高，出口苹果几乎没有利润，所以出口规模大为缩减。当然，出口东南亚的水果还是有的，但是与2020年同期相比，大为减少。

（7）口感变差。苹果的种植技术没有提高，加上2020年雨水充足，苹果糖度不高，所以口感变差，进而影响销量。

（8）越来越多的果农和客商参与套保。期货的重要作用就是保护现货产业，现在很多年轻人接受力变强，对期货不排斥，产业人员涉足金融领域，利用"期货＋保险"的措施，提前在期货市场对现货进行价格对冲，锁定利润。套保资金的参与对期货价格是有影响的，特别是对加速价格预期走势的形成有一定的推动作用。

2021年苹果价格一路走跌，是多方因素综合的结果。而想做好期货，一定要理解现货。苹果期货之所以不能参考技术指标，一个重要原因就是它紧跟现货基本面，受基本面因素支配更多，想单纯依靠技术指标去炒苹果期货，可能不得要领，容易亏损，甚至出现巨大亏损。

很多人对苹果春节后的走势还抱有希望，笔者不敢说一定没有转变，但想反弹到 7000 甚至 8000，不太可能。至于 AP2105 后市怎么走，不出意外，春节后还有一波比较大的下跌，极有可能跌破 5000。当然，一切都言之过早，做期货还是走一步看一步比较好，基于 2021 年这样的行情，宁可不做，也千万别去贸然抄底。（2021 年 1 月 21 日）

（三）2021 年初苹果期货值得关注的几个话题

2021 年春节前，苹果现货和期货走势都不太好，那么有哪些话题值得关注？笔者统计如下。

第一，2101 合约交割果不合格，多头提出复检。这个其实很正常，硬度 6.5 达标，质检 6.2，可能是由于保存不当导致硬度下降，0.3 的误差也算正常。苹果放得时间久，硬度自然会下降。

第二，春节备货，1 月中旬是春节备货的高峰，各个市场走货都有所加快，出口数据也有一定好转，很多地方都有小幅的涨价预期。

第三，库存数据，有人说 1 月中旬会出库 80 万吨，不知真假。即使是真的也并不奇怪，毕竟很多批发商和零售商要存点货，但是有没有真正卖到消费者手里，还不一定。过了 1 月中旬，库存数据可能会锁定至少半个月甚至更长时间。

很多信息，其实在期货盘面已经提前反应了，只是有的人消息不灵通，才关注到而已。但不管怎么波动，策略不变，逢高做空，反弹止盈，短线操作即可。（2021 年 1 月 21 日）

二、AP2105

到了 2020 年 11 月，AP2101 还有 1 个多月就进入交割月了，留给个人投资者参与的时间所剩无几，接下来应该做哪个合约？是 AP2105 还是 AP2110？下面说一下 AP1905 和 AP2005，同时展望 AP2105 和 AP2110，简单介绍应如何入手 AP2110。

（一）回顾 AP1905 和 AP2005

如图 8-5 所示，AP1905 从 11 月底先是走下跌行情，到了 1 月底以后止跌反弹，最后一直持续到交割月，都没有回头，一路上涨。

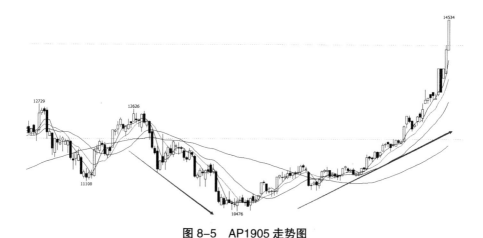

图 8-5　AP1905 走势图

如图 8-6 所示，AP2005 除了 10—12 月出现横盘震荡以外，其余时间一路下跌。特别是春节结束以后，不仅跳空低开，而且一路下跌，最低达到了 5798，比较惨烈。其实 2020 年苹果走势不错，AP2010 交割时价格相对较高。

图 8-6　AP2005 走势图

为什么 AP1905 一路上涨呢？原因很简单，2018 年苹果减产，入库苹果很少，第二年出库价格几乎翻番，现货价格也涨了很多。到了 AP2005 就没这么幸运了，一是库存较多，二是遇到了"黑天鹅"事件，导致库存居高不下，开年又错失了苹果出货最好的两个月，库存苹果被迫低价出库，每斤三四元收的苹果最后只能卖到 1 元多。

（二）展望 AP2105

通过对 AP1905、AP2005、AP2007 和 AP2010 的分析，可以得出一个非常明确的信号：5 月合约单边走势非常明显，要么暴涨，要么暴跌，震荡行情几乎没有。这就为我们入手 AP2105 提供了不错的入手前提。

那么 AP2105 是上涨还是下跌呢？笔者认为，下跌的概率大于上涨。原因有三。第一，AP2010 和 AP2101 的走势已经出来，尤其 2010 年苹果是一路走跌，除了 5 月有较大拉涨以外，5 月以后就是一路跌到底了。AP2101 基本也是这样的走势，除了国庆节后有一波小幅拉涨外，一路走跌，截至目前看不到大的反弹。按照这样的行情，苹果期货一路走低是大概率事件。所以我们有理由相信，AP2105 下跌概率更大。第二，从目前苹果入库的数据来看，2021 年苹果入库数量不少于 2020 年，也就是库存比较大，差果较多，总体价格不会太高。大量的普通苹果充斥市场，拉低整体水平，价格不会高到什么地方去。第三，2021 年整体消费低迷，水果市场行情并不好，冬季还有其他水果低价销售，苹果虽然有耐存放的优势，但是消费决定价格，很难有好的预期。

AP2105 会不会出现上涨呢？虽然概率很低，但是不排除这种情况。苹果的销售旺季主要在春节前后以及清明节前后，春节是传统的消费旺季，尤其是水果的消费还是比较高的，如果春节走货快，去库存速度高，那么来年销售压力会降低很多。春节过后，会出现水果的一个断档期，这个时候苹果的出库速度会加快，如果 3—5 月走货很慢，那苹果在上半年的销售就会出现危机，不排除这个时候出库快的情况。

需要注意的是，从目前的持仓来看，AP2110 的持仓已经超过 AP2105，搞不好下一个主力合约由 AP2110 接替，AP2105 就会成为过渡性合约，如果持仓太低，参与人数就会很少，这个合约就会比较尴尬，没什么参与价值，要么拉得很高，要么压得很低。

有以下几个问题是需要明确的。

第一，AP2105一定是一个单边趋势合约，如果年后走货较快，会持续上涨到交割日；如果年后库存居高不下，走货很慢，现货价格节节走低，期货价格必然也持续走低，甚至有跌破AP2005最低价格的可能。

第二，期货操作上，不建议过早介入，等AP2101结果明确，参与AP2105也不迟。当然，如果你认为AP2105会持续下跌，可以在高位布局空单；如果你认为AP2105会持续上涨，可以在低位布局多单。需要指出的是，方向不能错。

第三，AP2105与AP2110关联度不大，但是AP2105的走势对未来苹果的行情有一定影响。如果上半年的库存苹果走货慢，到了下半年，预期也不会太好。

第四，AP2107之所以被取消，是因为这个合约存在一些漏洞，这个漏洞在AP2105依然存在。

5月合约是波动幅度最大的一个合约，究其原因，还是延续了7月合约存在的问题——钱多货少，接货意愿强，就单边上涨；交货意愿强，无人接货，就单边下跌。参与这个合约要格外警惕。

（三）AP2110的前景

AP2010进入交割以后，AP2110就挂牌上市了，挂牌价格是6300点，不过开盘就被拉到6600点附近，一度涨到7000点以上，目前在6500点附近徘徊。当前，这个合约还是一个纯资金盘，看不到方向，只有一些资金在里面博弈，没有行情可言，最多可以从技术面的角度来分析，与基本面的关联还不密切。笔者一再提醒大家参与这个合约一定要慎重，是有原因的。

AP2110的参与时间建议在农历春节后，因为AP2101已经交割，AP2105的走势也逐步明朗，可以把大量精力放在AP2110上，同时AP2110也开始走基本面因素。关于AP2110，有以下几个看点。

第一，2020 年苹果是产量大年，2021 年产量可能会减少。因为 2020 年雨水较多，很多苹果树秋季开花，这样会导致来年开花减少，形成减产，这种减产对期货而言有一定的利多因素。

第二，AP2110 目前处于起步阶段，未来情况未知，想象空间很大，特别是从苹果生长周期来看，还有很多炒作题材，参与这个合约有很大的积极性。

第三，AP2110 起步价比较低，这样会形成比较大的下跌和上涨空间，向下可以破 5000 点，上涨可以超 10000 点，波动非常大。

第四，AP2110 交割标准有所放宽，更接近统货价格，参与者能得到更有效的数据，参与时也更透明。

总体来说，苹果期货做单并不复杂，很多人之所以亏损是没有搞清做单逻辑，胡乱下单，甚至做错方向，明明是下跌行情，在高位接多，结果被套，苹果套 1000 点的大有人在，其实完全没有必要，做苹果不是不用讲期货纪律的，不做基本面，该止损还是要止损，该止盈还是要见好就收的，切勿存在侥幸心理，或者贪得无厌。（2020 年 11 月 4 日首发，2021 年 1 月 27 日再发）

🖋 笔者注

实际情况显示，AP2105 到了 3 月 20 日，最后 1 个月前后，出现了一段翘尾行情，主要还是受产业和资本影响所致。不过整体反弹高度有限，从最底部的 4916 点反弹到 5826 点（交割前的收盘价），大概没超过 1000 点。

三、建议做空 AP2105 是不是一场阴谋论

如图 8-7 所示，AP2105 走到目前，持续震荡，自 1 月 11 日从 6800 点附近大跌到 6000 点附近已经两周了。持续震荡的行情让很多人感到迷茫，不知道这个合约后市该怎么走。笔者在这里谈谈几点看法，不一定正确，仅

供大家参考。

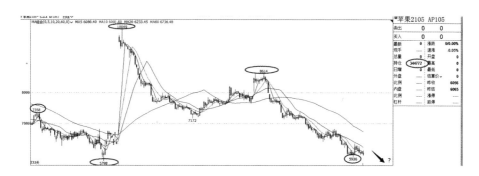

图 8-7　AP2105 前期走势图

第一，AP2105 从前期的走势来看，一路走跌，除了 10 月出现了 1000 点的大反弹以外，再没有太有力度的拉涨，总体趋势还是向下，这是可以看到的。一般来说，商品价格的趋势一旦形成，很难逆转，这个道理大家应该能想明白，同样的苹果，10 月的价格放到第二年 5 月，不会有太大的趋势改变。除非出现某些特殊情况，比如这种商品的生产出现了问题，或者消费异常高。就拿口罩来说，遇到突发事件后价格飞涨，这是供需发生了巨大变化，是"黑天鹅"事件导致的。苹果从下树以后，是涨是跌，如果供求关系没有变化，价格趋势不会出现大的逆转，10 月以来，苹果产量虽有减产，但消费低迷，总体是供大于求，高库存、高收购价、低需求，直接让供求矛盾扩大，且暂时没看到逆转迹象。在这种背景下，5 月合约想要大涨，概率很小。

第二，目前的横盘绝对不是最后的结局，一定会走出趋势。笔者认为，下跌概率很大。原因很简单，高库存低需求一日不改变，主要矛盾没有解决，其他都是空谈。看看 AP2005，底部绝对不是 5938 点，至少 5798 点的历史低点还没打破。当然，万事无绝对，对于一些技术高的，在震荡行情中做逆势单，也能盈利，但这种人毕竟是少数，且风险太大，一般人心理素质和技术不够，不建议去抄底做多。

第三，从基本面上来说，AP2105 的交割时间是 5 月。5 月是苹果走货的一个关键节点，一是因为这个时间果农去库接近尾声，很多果农可能"断臂求生"，低价抛售，有些果商也要出一部分货。二是 5 月天气转暖，冷库费用增加，放得越久，苹果质量下降，价格越低，风险越大，主动去库是必然的。去库没有其他驱动因素，在消费市场低迷的行情下，唯有降价一条路。只有价格降低了，苹果才能走货加快，后面才有涨价的可能。不是说 2021 年就会重走 2015 年的老路，但是前车之鉴，历历在目，岂可不知。

第四，5 月合约有没有逆转的可能？笔者还是坚持自己 11 月的看法，逆转的概率是有的，但是相对较低。苹果涨价需要几个因素，目前来看，一是库存急剧下降，二是消费急剧放大，三是出口增加，四是特殊原因导致供需失衡，比如非人为原因的损坏或者政策上的利好，等等。但是这些因素出现的概率很小，库存到目前为止还有 1000 万吨，属于历史最高。在消费上，目前出行管制，人口流动性不强，春节滞留会持续，消费受到抑制。年出口有好转迹象，但是并不明显，相对天量库存微乎其微。在政策上，也未见新的政策出台。因此，逆转的可能性相当渺茫，如果能维持目前的价格，已经是相当庆幸了。

第五，5 月合约还存在套保的价值。目前盘面价格是 6000 元 / 吨左右，如果参与交割的苹果低于 6000 元 / 吨，那么果商就有套保的意愿。套期保值，就是用现货抵押做空，是多头的天然对手盘，割的就是多头。有没有套保资金参与我们不得而知，但是这种可能是存在的。期货的功能之一就是套保。套期保值，锁定利润，现货跌了，期货可以拿多头的钱来对冲；现货涨了，可以用现货的利润来对冲期货的损失，补贴给期货的多头。未来套期保值，期货加保险将成为常态。

AP2105 春节后的走势会是如何？笔者认为，大概率会出现一个"寻底"过程。原因有五：其一，春节前后资金撤离，对于多头天然不利；其二，春节以后快速进入 3 月，苹果出货压力会非常大，降价去库存是唯一选择，时间短，库存高；其三，应季水果上市构成压力，3 月一到，草莓、樱桃等当季水果就陆续上市了，并且全国水果总量逐年递增，但消费支出却是降低的；

其四，从心理上来说，果农与果商年前挺价未尝不可，年后再挺价是挺不下去的，都知道先降价就先牺牲，但是果农和资金量小的果商是扛不住的，冷库的保管费和各种资金回笼，不卖不行，不降价不行；其五，如果苹果降价了，会不会引起 5 月合约的大涨？一般来说，即使年后苹果涨价，受益的也不是 5 月合约，而是 6 月以后的苹果，毕竟 5 月必须去库存，5 月合约难受益。

那么，苹果会不会烂市？笔者认为是不会的。因为苹果目前的问题是高库存和低消费之间的矛盾，一旦一方问题解决，矛盾就不存在了。如果苹果价格降到足够低，消费者能够接受，自然走货会加快，去库存也会加快。近期三级果和小果走得很快的一个重要原因就是价格低。如果多数消费者只能接受 5 元 / 斤以内的苹果，那么价格跌到 5 元 / 斤以下，就会出现"抢购"。以超市所售苹果为例，如果 80 毫米一二级苹果售价为 5 元 / 斤，那么出库价不会超过 2.5 元 / 斤。因为出库价格太高，运输、人工等费用降不下来，超市就没利润可言。折合到盘面，就是 5000 左右会快速去库存，到了这个价格附近，可能就跌得差不多了，不过到这个时候，苹果也就交割了，想做多的，只能移仓 10 月合约。春节一过，很快就是 3 月了，3 月就是 10 月合约的天下，5 月合约终究会被抛弃其至遗忘，新一轮行情终将开始。

当然，从目前盘面来看，AP2105 处于震荡行情这点毋庸置疑，但是不能因为震荡就理所当然地认为趋势逆转，这点不可取。从日 K 线上来说，苹果还在 5 日均线 6080 下方徘徊，远远不够趋势逆转条件，即使做多，条件也不成熟，信号也不明确，与基本面也相互背离。在技术面、基本面、消息面全部利空的前提下，堂而皇之地抄底做多，风险显而易见。

对于这种行情怎么应对，笔者的建议一是轻仓，仓位不要超过 30%，给自己留足加仓的余地；二是静等机会，逢高做空，反弹上来，多头能量已经不足，乘势空进去，既可以踏准行情，又能保证安全，扩大盈利，至于什么时候空，就要看自己的技术水平和盘感了；三是不要亏损加仓，如果做空亏损了，只是轻仓，不打止损，就先拿着耐心等待回落，至少保本或者小损出局；四是及时止盈，目前持续震荡，大量多头一到新低就抄底，作为空头应该及时减仓或者离场，保住利润远比获取利润更难；五是严格执行交易纪律，对于持仓、量价背离、压力位和支撑位要适当关注，保持较高的警惕，要提高短线交易能力。（2021 年 1 月 27 日）

✒ 笔者注

这篇文章是当时笔者在多头的各种攻击和唱多言论下发表的，现在看来，结合基本面 5 月合约大方向走空没错的，但是忽视了资金和产业的干扰，没有完全注意到交割逻辑演变，也存在失误。

四、为什么 2021 年的 5 月合约相比 2020 年低了 1000 点

有人问，2020 年同期 5 月合约价格在 7200 点附近，交割标准也没变，2021 年同期是 6200 点左右，相差 1000 点。2020 年同期一二级现货价格约为 2.00 元 / 斤，2021 年约为 2.50 元 / 斤，期货反倒低了，加上 2021 年优果率低，这是怎么回事？是不是要涨到 7000 点附近才算合理？

笔者的看法如下。第一，期货是预期，2020 年交割前跌到 5800 点左右，对于 2021 年就是明牌，所以有人敢空到 6000 点附近，不能看着现货做期货，10 月合约和 1 月合约交割价都在 6000 点附近甚至更低，2021 年 5 月合约交割价不会高到哪里去，7000 点想进交割，除非有大量的资金进来接货。第二，2021 年是社会阵痛恢复期，目前最大的问题不是供应的问题，是需求的问题，产业人士对需求普遍不看好，比较悲观，按理说，万物普涨，水果应该大涨才对，但现实是非主要需求持续低迷，生活必需品涨价挤压其他需求。第三，为了扶植产业发展，大量现货参与套保，参与交割。综合来看，小反弹肯定有，但是大反弹可能概率很小，想再上 7000 点以上，概率微乎其微，大概率在 6000～6500 点震荡。

就目前而言，现货价格其实变化不大，期货的震荡主要是受资本影响。不建议个人投资者跟进，宁可观望，也别追多。5月合约即使反弹，幅度也不会太大，劳动节前果农抛售，还会继续下跌。至于跌到何处，拭目以待吧。（2021年2月22日）

五、未来苹果5月和10月合约的可能性走势与应对策略

近期苹果现货走势稳定，5月合约是最后一个旧标准交割合约，到底趋势如何，怎么操作？10月合约是第一个新交割标准合约，做多还是做空，未来怎么走，怎么操作比较好？下面简单做了一些解读和预测。

截至2021年3月6日，AP2105从最高点10049跌了大概5500点，下跌幅度惊人，但是抓住完整行情的并不多，大部分人对趋势判断不明，拿不住趋势单。不过这些都是过去式了，剩下的"鱼尾"行情要不要跟进、能不能跟进，这是很多人的疑问。另外，AP2110的行情大幕已经开启，有利于做趋势单，趋势又紧跟基本面，容易把握。这波行情"鱼头"初现，要不要跟进这波行情以及怎么跟进，很多人心里可能没底。笔者认为，5月合约单边趋势走势明显，大概率会延续AP2010、AP2101、AP2103的走势逻辑，在没有特别利好的情况下，结局应该差不多。当然，也不能忽视资金面的因素，很多产业相关人士也参与期货，为什么还一亏再亏？这主要是因为很多人看准了趋势，看对了结果，但是对过程把握不到位，对资金因素和可能出现的情况预期不足，扛不住一点反弹和大的波动，最后功败垂成，"倒"在黎明前。

5月合约还有少许故事可以讲，还有一些不确定因素存在，目前的价格是多空都认可的一个位置，如果现货走货加快，出现利好，很有可能继续拉涨一两波，有300~500个点的反弹空间，这个可以参考3月合约在春节前的走势，5月合约在春节前也有一段时间的僵持和反弹，最高冲到6380点附近，很多做空的，特别是重仓做空的损失比较大，因为从5950点附近一

直拉上去，基本有 400 点左右的涨幅，大部分短线空单选择了止损离场。3
月以后，继续做空 5 月合约，进入僵持阶段，不排除会出现这样的反弹，资
金随时都有炒作的可能，大家要有心理准备。操作上建议减仓或者平仓，静
等高点再建仓或者加仓。如果怕踏空，建议保留部分仓位，给出高点以后再
分批加仓，切忌一次性加重仓，哪怕跌了还有很大的资金没加，也是可以的，
不要遗憾，没有人能拿到全部最大利润，多给自己留够余地更好。

如果错过了 5 月合约，那就要抓住 10 月合约。10 月合约目前是资金盘
无疑，多空都有道理，做空的认为 10 月合约升水过高、标准降低，必然下
跌才对。10 月合约两次站上 7200 点高位都被打压下去，就是有资金利用这
个理由进行打压，看似合理，但是价格跌下来以后，没有进一步的动作，说
明空头的认知底部就在 6500 点附近。做多的认为 10 月合约与 5 月合约的交
割标准相差并不是特别大，没有谣传的 1000 点以上的价格差，另外天气影
响因素也存在未知性，没办法准确预测，出现倒春寒、霜冻的概率还是有的，
资金有炒作的可能，目前价格在 6500 点附近，属于低位，有进一步大涨的
可能。

关于 10 月合约，必须了解以下几个问题。

第一，交割标准降低，至于低了多少，只有真正交割了才能确定，暂时
无法准确预测，产业相关人士认为在 1000～1500 点，但也存在争议，有人
说只有 500 点左右。

第二，交割范围扩大，由于质量容许度的进一步放宽，未来能交割的苹
果范围扩大，尤其是对于西北产区非常有利，可交割的苹果数量至少提高
两倍。

第三，交割成本进一步降低，以前的分拣和仓单交割成本都小了，交割
成本大大降低，对空头非常有利。以前算仓单成本时，要加上 800～1300 元 /
吨，2021 年可能也就 500 元 / 吨左右。

第四，持仓上限扩版，以前只能持仓 500 手，现在是 1000 手，法人账
户和会员还可以更大，苹果各合约持仓总量还会增加，主力资金控盘力度会

更强，趋势性会更明显，波动幅度会更大。

第五，炒作话题未知，谁也不知道有什么样的题材可以拿出来炒作，但是每炒作一次就会反弹一次是必然的，期货的波动是常态。

基于以上认识，AP2110到了最后交割时可能会出现以下几种结局。

第一，可交割的苹果数量庞大，人人可以参与套保，如果质量高，符合交割标准，参与交割比出售到市场更容易和便利，空头乐于交货。当然不排除当年质量和产量不足，导致空头交割较为被动的情况。

第二，多头极不愿意接货，因为输运和存储费用保持不变，苹果价格降低，拉回去估计连运费都不够，接货没有价值。山东交货，拉到湖南、广东成本会大幅增加。

第三，出现严重的空逼多行情，可能出现极端价格，突破很多人的认知底线。笔者认为，如果苹果丰产，最后交割跌破3000都是正常的。AP2110由于规则修改，既是挑战，也是机遇。

第四，5—9月会出现一波小幅反弹。基于2021年特殊的行情，如果没有倒春寒，反弹也许会突破5月高点，不再像以前那样，只有4月至5月出现跳空缺口。

作为个人投资者，我们要做的事情包括以下几项。

第一，避开10月合约的炒作行情，不要重仓参与不确定的行情，在有可能出现倒春寒的时间段，不做空或者观望最好。

第二，摆脱现货思维。苹果基本上是按照基本面的行情来走的，但是也不完全紧跟基本面，期货受大资金、产业、政策、突发事件等因素影响，我们必须随机应变，因势利导，不能僵化思想。

第三，做好资金管理。行情来了，走势确定，要敢于下单，以获取最大盈利。

第四，找准节奏，以免错过行情。必要时必须提前买单，尤其是下跌存在加速度，跌的速度非常快。没有提前入场，只做突破，安全性不高，利润也比较少。

第五，一定要拿得住单子。盈利的单子只要没出现大幅回调，一定要拿得住，大幅盈利以后，可以适当放大止损区间，多给自己留一些利润，剩下的就让现实情况决定，大止损就离场，择机再进。

第六，长线和短线要相结合。空闲时间多的可以盯盘，可以参与短线，尽量做波段，一波行情结束就止盈离场，不要恋战，等高点再做空。对于AP2110以后的合约，做波段会更有优势。长线设置好止损点或保本点，没到理想点位，不要随意平仓。当然，长线和短线还是结合为好，短线盈利后可以放成长线，感觉长线位置不好就及时止盈，没有绝对。

第七，不要去扛单。大幅盈利以后，及时移动止损点位，离场观望，有合适的点位再进。盈利的单子切记不要拿到亏损，甚至是大幅盈利的单子拿到大幅亏损，应该坚决避免。

第八，紧跟主力思维。任何大资金都不敢乱下赌注，需要提防对手盘的反杀，大资金之所以更关注基本面，是因为大家都自觉地站在基本面一边，这就导致符合基本面行情的预期胜率更高。

10月合约具体的操作，建议如下。

第一，对于个人投资者而言，清明苹果开花前可以不做单，以观望为主。

第二，清明后苹果花开，天气较好，可以入手做空。如果点位在7500以上，就应该抓住时机，果断做空。

第三，5月以后，天气较好，苹果套袋结束，确定丰产，即使点位在6000附近，也可以继续下空单。只要控制好仓位，问题不大，反弹加空。

第四，5月时AP2205推出，如果在高位，套袋数据又好，可以小仓位选择做空AP2201和AP2205合约。

第五，到了9月，没有太大的天气利多，产区反映的情况较好，空单一直拿到交割前一天都是可以的。

第六，建议长线、短线并用，轻仓做长线，重仓做短线，短线以波段为主，每次获利二三百点出现反弹就可以离场观望。建议用两个账户操作为佳。

第七，资金量比较大的（可以开仓3000手以上），建议现在就开始建仓空单，点位最好在 7000 附近，预留拉涨 3000 点的资金空间，每隔 60~80 点就加空部分仓位，到了倒春寒炒作，基本上建仓完毕。如果没有倒春寒炒作，刚好可以抓住下跌行情。当然，如果确定减产或者绝收，则必须止损，不能扛单。但笔者认为这种情况的概率极低。

第八，建仓要有耐心，期货需要时间去换盘面空间，不可操之过急，做空就静等拉涨，拉得越高，下跌空间越大，对做空越有利，主要还是在仓位管理和交易纪律上，新手可以一手一手尝试，切忌乱开仓。

AP2201 和 AP2205 的走势基本上和 10 月合约差不多。如果确定丰产，1 月合约继续下跌也是大势所趋，唯一的不确定因素就是国庆期间苹果的收购价格。如果和 2020 年收购价格一样，1 月合约在国庆后会有反弹。如果产量高，收购价格低，可以继续做空，一空到底。如果收购价格低、出库较快，那么 5 月合约、4 月合约就不能继续做空了，需要根据当时的库存研判，不能一概而论。在 10 月建仓时，注意同时关注 1 月和 5 月合约，其他非主力也可以适当布局，但是仓位不能太高，因为流动性差，到时平仓滑点太多。

可能出现的其他情况有以下几种。

第一，苹果树开花时遇到倒春寒，盘面拉涨的概率很大，大致幅度在 1000~1500，拉涨上去以后可以小仓位试空。倒春寒只要没有减产 50% 以上的预期，结局还是以做空为主。

第二，五六月出现水灾、旱灾、冰雹和台风炒作，反弹以后可以继续加空，因为短暂天气对苹果总产量影响不大。

第三，严重的资金控盘，有大体量的资金不断拉涨，或者急上急下洗盘，对于这种情况只能是轻仓应对，认准趋势即可，没有太好的应对办法，也可以通过不断地移动止损点位来应对，但是需要盯盘操作，看自己的情况。

第四，交割标准争议炒作，只要拉涨，继续可以做空，因为交割更偏向产业资本，利于空头。

第五，极端天气引起减产 60% 以上，需要反手做多，不能做空，如果

库存偏高，再做空也不迟。（2021 年 3 月 6 日）

六、如果苹果 5 月合约继续下跌，下跌空间还有多大

2021 年 3 月 8 日的苹果期货主力合约 AP2105 收盘 5404 元 / 吨，和前一日结算价相比，下跌了 194 个点，跌幅达 3.47%。按常规走势，在现货没有继续下跌的情况下，5 月合约应该止跌企稳，没想到下跌这么快，不留一点余地和想象空间，那么后期还会不会跌？下跌空间到底还大不大？

笔者认为，从接货的价值角度来看，按 5 月现货跌到 2 元 / 斤左右、交割果进入市场大概可以卖 2.50 元 / 斤计算，交割成本是 5000 元 / 吨左右，如果算上其他费用，可能会再低一些。

从现货价格来说，一二级商品果目前的最低价格是 2.30 元 / 斤，最高是 3.50 元 / 斤。也就是说，交割成本大概在 4600 + 1000 元，即 5600 元 / 吨附近，因为有一些费用要算进去，但交割苹果是从一二级苹果里分拣出来的，价格会更高。当然，到了 5 月，苹果现货价格下跌，跌到 2 元 / 斤以下，交割成本低于 5000 元 / 吨是大概率。

从市场发展来看，目前苹果不走货的原因是价格较高，只有价格较低的三级果和小果走货快。市场只接受 1.30 ~ 1.70 元 / 斤的苹果，交割果的价格也就 2.00 元 / 斤左右。到了 5 月，交割果对应的市场价格在 4000 ~ 5000 元 / 吨。

按照这样的预期，苹果 5 月合约还有下跌空间，跌到 5000 点以下，甚至跌到 4500 点也是有可能的。至于低到什么程度，不好预测。

总之，苹果 5 月合约不宜接多，要么错过，要么逢高做空或者加空，不反弹就拿着空单不放，避免踏空。需要再强调一下，5 月合约还有 1 个多月的路要走，不会就这么一跌到底的，总是会有大小反弹的。不管反弹多少都不要慌，要么按计划止损，要么减仓，到了 4 月以后再加都行，千万别扛单。（2021 年 3 月 8 日）

✎ **笔者注**

　　有时候，很多人只看到问题的一面，而忽视了另一面，针对5月合约的反弹，其实笔者早有预见和提醒，但是很多人执念太深，一定认为会跌到预期点位，不愿意及时离场，最后带来一些损失。

七、主力合约切换在即，AP2110是否会一跌到底

（一）5月合约到10月合约的切换

　　苹果现货持续走弱，清明备货需求不大，库存高企，没有太大的改善，终端走货依然较差，行情不明朗。

　　如图8-8所示，AP2105于2021年3月23日下跌，次日探底回升，从低点反弹。减仓4万多手，但是只反弹了100多点，趋势没有改变，只是部分空头主动获利离场，没有大涨的预期。盘中两次冲击高点5068和5066，站上5000以后，目前基本企稳，预计近期会继续在5000点震荡，震幅不会太大。如果现货价格配合下跌，还有继续下探的预期，空单可以继续持有，不建议抄底。

图8-8　AP2105日内短期走势图

22 日，10 月合约跌停，开盘继续下跌，早上最低跌到 6335 点，下午最低跌到 6221 点，继续下跌的势头不减，建议空仓者继续观望，空单可以减仓或者止盈。10 月合约目前还是大资金控盘，没有趋势可言，从技术上来看，6300~6500 点一线支撑已破，下一个整数关口是 6000 点，不知道是否有支撑。10 月合约波动太大，如果不能好好把握，不能严格止损止盈，不建议参与。

当天 5 月合约倒是波动不大，10 月合约开始蠢蠢欲动。5 月合约继续看空，但是不管怎么下跌，下方虽然还有空间，但是时间上已经没有优势了。5 月合约有资金大幅撤出，减仓超过 4 万手，有一部分资金移仓去了 10 月以后的合约，用 1 万多手砸下去几百点非常轻松。10 月合约波动大，笔者一直在观望，但是随着 5 月合约淡去，差不多到了该对 10 月合约下手的时候了。10 月合约持仓达到 20 万手，5 月合约减仓达到 25 万手，如果再连续减持 5 月合约、加仓 10 月合约，到周末前就会完成主力切换，最迟 1 周，主力就轮到 10 月合约了。在《未来苹果 5 月和 10 月合约的可能性走势与应对策略》一文中，笔者说超过 3000 手的大资金才能在 7000 点附近做空 10 月合约，可能把很多人吓到了，其实只要胆子大，仓位不重，可以提前布局。10 月合约真正的炒作还没开始，不能因为跌了 1000 点没"上车"，就去追空。2020 年 10 月合约跳空是在劳动节以后，炒作倒春寒引起的减产拉涨的。行情不会完全复制，但总有惊人的相似，10 月合约到底能不能涨起来，且行且看。盲目追空，或者抄底接多，都要慎重。

5 月合约随着持仓的减少，洗盘波动会加剧，个人投资者要注意减仓、止损，不要掉以轻心。至于 5 月合约最终会跌到哪里，我们不得而知。计划你的交易，交易你的计划。（2021 年 3 月 23 日）

（二）5 月合约操作建议与走势分析

1. 操作建议

5 月合约的反弹属于正常现象，看一下 3 月合约就知道了，5 月合约交割月前，先炒仓单成本，说空头交不了货，不愿意交货，然后拉高盘面。接下来就是诱敌深入，炒作接货成本，多头不愿意以仓单成本接货，多头平仓出逃，最后盘面被无情地打压下来。

有人大谈接货价值，不谈仓单成本，说没有成本，并不合理。对于空头来说，当盘面价格低于仓单成本，有两个选择，一是止盈平仓，二是参与交割。已经低于仓单成本了，肯定会选择止盈离场。

一些机构资金可能会利用自身的资金优势，在期货盘面上左右逢源，甚至在进入交割月前后，利用掌握的仓单资源，对行情进行一定干扰，这个个人投资者很难把握，容易被狙击，甚至落入陷阱。

如此复杂的行情，如果个人投资者看不清，随便跟涨追跌，重仓出击，很容易出现损失。建议个人投资者学会自保，及时止损、止盈。砍仓不要犹豫，一定要注意轻仓参与，切勿重仓，否则经不起一点波动。（2021年3月29日）

2. 走势分析

近期北方普遍降温，部分地区有雨雪天气，甘肃、陕西和山东部分地区气温下降明显。4月13日，大家担忧夜里会冻伤苹果花，所以盘面有一定的反弹。次日，开盘10月合约就跳空低开，差不多下跌100多点，一整天基本横盘震荡，在5900点附近波动，收盘价5890点，没太大行情。如果后期丰产预期较高，可能继续下跌概率较高，目前对产区的天气担忧还没有完全消除。

如图8-9所示，5月合约是最后一个旧标准合约，在3月22日探底4916以后，持续反弹，几乎没有回调，4月14日最高达到5800点，差不多是2020年春节前的横盘区间。

图 8-9 AP2105 后期走势图

这种情况只能说明，第一，苹果交割标准存在巨大的漏洞，取消一个 7 月合约并不能从根本上解决问题，修改交割标准势在必行。第二，交割库有垄断嫌疑，依靠交割库交割，存在巨大的不确定性，行情根本无法追踪。第三，期货本身的交易规则有待进一步完善，如只有法人可以交割，果农不能直接参与交割，个人投资者更不能交货也不能接货，对于违反交易规则、进入交割月不交割等行为处罚过低，远远不及盘面获利丰厚。第四，监管部门必须加强监管，杜绝"裁判"和"运动员"联系过于密切的情况。

需要指出的是，期货多空都可以做，个人投资者没必要有执念，当亏损过大、超过承受能力时，到了止损点位必须离场，严守交易纪律是个人投资者的生存法则。5 月合约从开始反弹到现在，个人投资者有无数次撤退的机会，但是很多人执意做空。如果看空，后面跌了可以重新进场，不用死扛亏损单。

做期货，即使是一直盈利，但只要大亏一次，都会让自己"元气大伤"，所以大意不得。笔者在 3 月底空了两次，在低点止盈离场，后面一直反弹就没再参与，入手 10 月合约又持续波动，虽然没多少盈利，但也没怎么亏损，至少可以"活下去"。（2021 年 4 月 14 日）

（三）10 月合约操作建议与走势分析

1. 操作建议

苹果刚挂牌时基准价是 6300，相比 AP1910 和 AP2010 的挂牌价 7800 要低了 1000 多点，但是这个价格没有挡住大家的炒作热情，一度被炒到 7000 以上，但是在 10 月底和 1 月中旬，三次被空头增仓打压到了 6500 附近，最近的高点是 2 月底的 7396。本来大家以为会炒作天气，继续拉涨，但是没想到盘面在 3 月 22 日暴跌，连续一周下挫 1000 多点，直接跌破 6000 大关，到了 4 月 6 日的 4916 才止跌反弹，目前在 6000 的位置震荡。回顾 AP2110 的前期走势，如图 8-10 所示，可以得出如下重要信号。

图 8-10　AP2110 行情可能性分析

第一，基准价 6300 是专家研究测算，较为权威，基本与 2021 年平均的开秤收购价格持平。

第二，AP2110 在不受天气影响时，6500～7000 这个波动范围（A）大家都能接受，具有一定的上浮或者下跌空间。

第三，从 7000 直接跌破 6000，下跌近 1500 点，明显下跌幅度过大，超出大部分人的可接受认知，属于异常波动。

第四，截至 4 月中旬，天气炒作话题基本终结，跌破 6000 说明空头对天气炒作预期把握十足，基本可以肯定没有天气影响。

第五，6000～5500 这一区间（B）暂时没有跳出来，在没有更多因素影响的前提下，基本会维持在这一区间波动，这是目前的行情。

如图 8-10 所示，那么，AP2110 可能会走什么样的趋势呢?

趋势一：持续反弹，重新回到 A 区间，继续震荡，寻找新的方向。

趋势二：维持目前的波动空间，继续在 B 区间波动，或者以 B 区间为中线上下宽幅波动。

趋势三：以 A、B 两个区间的均值为新区间继续上下波动，也就是维持 6000 点为中线上下波动。

趋势四：跳出 A 区间，向 7000 点以上继续拉涨。

趋势五：跳出 B 区间，向 5500 点以下继续探底。

如果出现天气炒作，发展为趋势一的行情概率较高，如果空头继续打压，维持趋势二的行情概率较高，如果多种话题联合炒作，可能会朝着趋势三发展。目前，趋势四和趋势五概率较低，但却是未来发展的大方向。

这里说一下 AP2110 的交割标准。交割标准看起来是不断放宽的，但是宽到什么范围，很多人说看挂牌价的价差就知道，其实这不够严谨。因为苹果价格受到当年整体的开秤价格、人工费和多种因素影响。AP2010 当时盘面跌到 6000 附近，但是由于 10 月收购价格提高，最后空头不愿意交货，最后交割均价大概提高了 1000 点。由于交割苹果不直接对应商品果，更不对应果农果，所以交割果的成本目前还是一个未解之谜。按道理说，价格肯定要比 AP2010 要低，但是低多少? 一定是 1500 吗? 其实未必。主要是 AP2110 交割果的成本中，包含了人工成本和各项杂费，这个没法压缩，苹果还是要分拣。就按照 2020 年的交割价格 6800，2021 年即使一二级商品果的开秤价格跌一点，盘面压缩到 5800，是有可能的，但这是最后价格，目前才 4 月，跌到这个价位显然可能。至少会在 5800 以上反复波动，最后才有可能跌到这个价位。目前盘面已经处于这个最低的价位空间，笔者感觉反弹概率较高，下跌概率反而不大。从成本来说，如果商品果一二级的开秤价格为 2.50~2.80 元/斤，那么加上人工成本和各项杂费，正常盘面应该在 6400~6800，目前才 4 月就跌到 6000 以下，显然超跌了。趋势四的概率还是蛮大的。

那么，作为个人投资者，如何参与 AP2110 后期的行情？是否还有机会？笔者认为，机会肯定是有的，但是不会像 AP2010 那么顺利了。

对此，大家应注意以下几点。

第一，趋势是有的，但主要是波段，很难出现大趋势、大行情，建议以 500 点到 300 点为一个盈利周期，不要期望太高。

第二，一定要止损止盈，点位到了再做。不要人云亦云，要有自己的交易系统和交易逻辑，不能跟随别人随便进出，避免空在最低点、多在最高点，多尝试下单。

第三，多空都有机会，高点来了要敢进，低点来了要敢抓，建议尽量做一个方向。如果不是高手，技术有限，不要多空都做，避免两头都亏。

第四，一旦突破一个区间，要立即止损离场观望，不要扛单，特别是大波段地扛单，小心越亏越多。特别是注意极端行情的出现，日内几百点的波动，要会及时止损，不要频繁开仓、平仓。

第五，点位不高的空单、点位不低的多单，都宜以短线为主。比如空在 6000 点以下的空单，有机会就止盈，继续等高点做空；多在 6000 点上方的多单，尽量给机会就跑，等低点再做多。

第六，要多关注现货行情，但不能只关注现货，期货除了受现货价格影响外，还受很多因素影响，不能因为现货跌了，或者现货涨了，就去做空或者做多，甚至死拿单子，那样只会得不偿失。

总之，苹果期货波动较大，特别是 AP2110，短期波动会比较剧烈，多空都有机会，注意把握行情，轻仓操作，严格止损止盈，不亏就好。（2021 年 4 月 12 日）

2. 走势分析

苹果期货是所有期货品种里的一只"独角兽"，其他品种涨，它跌，其他品种跌，它涨，极具个性，但也创造了比较好的盈利空间。同时，苹果相对独立，不受外盘和其他品种的影响，加上没有夜盘，做起来干脆利落，很受一些投资者的欢迎。

自 2021 年 3 月底 AP2110 接替主力合约以来，走势众说纷纭，大家都有一个非常普遍的感觉，2021 年的苹果期货的趋势不好把握，多空各持己见，争执不下，盘面也一度陷入僵持。这里笔者做一点简单分析，谈谈自己的看法。

影响 AP2110 走势的几个关键因素如下。

第一，交割标准的变化。2020 年 7 月 14 日，郑商所发布了新的苹果交割标准，这是又一次对苹果交割标准的大修改，相比以前 2017 年和 2018 年的首次标准，可谓是放宽了不少。好处是，可交割标准的变多，交割库控盘会减弱，更加符合大众理解的苹果标准。

第二，天气因素。天气对苹果的影响无所不在。从春节前到春节后，从开花前、开花时到坐果套袋，甚至成长阶段，都受到天气的影响。

第三，资金因素。期货就是资金的博弈游戏，之所以很多人可以用基本面来做苹果期货，是因为大资金也是紧跟基本面来做的，如果大资金不跟了，就会出现期货与现货背离。

第四，政策因素。经济政策、宏观调控、微观因素都可能导致苹果产业格局和某些环节发生变化，影响期货的趋势，必须关注。

第五，其他因素。比如同类水果的情况、出口形势、"黑天鹅"事件等也会影响期货盘面波动。

当然，也不限于以上因素。

（四）AP2110 5 月的行情

参与任何一种期货交易，首先必须分析这个品种有没有参与价值。参与价值主要看波动率和趋势性，波动率越大意味着收益预期越高，才有参与的价值；趋势性越强，越容易把握，才能实现盈利。趋势性强还需要有比较大的持仓，"盘子"大了，才能相对稳定；持仓过小，容易暴涨暴跌，不适合过多参与。从 6 月苹果期货的持仓来看，2018 年有 22 万手，2021 年高达

37 万手，持仓量较大。

从历史发展来看，苹果期货波动率比较大，2018 年超过 6000 点，2019 年、2020 年超过 3000 点，2021 年最高点是 7396 点、最低点是 5552 点，波幅没有超过 2000 点，小于往年，还有扩大波幅的可能。在趋势性方面，2018 年一路看涨，2020 年一路走跌，而 2019 年只有 5 月一波涨和 9 月一波跌趋势较强，其他时间震荡比较大。大体来看，苹果的趋势性还是比较好的。一个期货品种的上涨还是下跌，本质上是资金博弈的结果，一方认输，另一方胜利，形成趋势，最终胜利方盈利，平仓离场。2021 年苹果期货不好做的主要原因就是多空博弈激烈，都认为自己是对的，不肯善罢甘休。针对苹果期货，从目前的形势来看，其波动主要与基本面、资金面、消息面、技术面多重因素影响有关。

基本面逻辑是所有期货必须参考的一个因素，毕竟期货终究要回归现货，回归实物，走基本面趋势，是期货需要遵循的一个面向，任何脱离基本面的波动都是暂时的。苹果这几年大起大落，归根结底还是受到基本面预期变化的影响。所以，关注基本面，尤其是苹果这种水果类商品，市场的任何变化都会导致价格预期的波动。需要注意的是，基本面只能影响远期方向，不能决定日内甚至短期的行情变化。

期货说到底是资金的游戏，只要遵守期货规则、手里资金足够多、筹码足够大，哪怕背离基本面，也可以逆势拉涨或者杀跌。2021 年进入期货市场的总体资金变多，导致苹果持仓相比同期高了很多，加上交易所提高了个人和机构的持仓上限，无形中为大资金提供了便利，对小资金个人投资者不利。苹果经常出现的急涨急跌，大多是资金在瞬间平仓或者加仓导致。大资金虽然能够在期货市场引起大幅波动，但是资金的规模都是相对的，总会有更大的资金介入，所以大资金也是有顾虑的，适当时候就会有序退场。

苹果期货经常会受到各种消息的影响，比如天气因素、交割纠纷、政策变化、数据公布等，进而引起盘面波动。苹果期货盘面受技术面的影响较弱，技术派也不喜欢做苹果期货，主要是参与苹果期货的投资者基本不看技术指标，不看盘面信息做单，加上技术分析本身具有滞后性，苹果又是容易暴涨暴跌的品种，信号来了，再下手，基本已经错过入场机会了。比如倒春寒消息放出来，开盘就涨停了，看技术面几乎没法做。当然，一些日内波动、短期震荡，参考技术面、使用技术指标，还是可以的，不过在使用时，最好顺应基本面趋势，尽量不逆势，不然万一做错，可能出不来。

此外，影响盘面波动，还可能有一些政策因素、心理因素等。期货的波动是一个合力的结果，大家都在找主力，其实主力也不见得认为自己就是主力，逆势做单，再大的资金背离基本面强行下注，也有亏损的一天。

那么，苹果期货情况如何呢？

从基本面来说，苹果2021年的产量预期已经基本明朗，除了山东产区的威海和栖霞部分地区出现减产外，大部分地区与往年持平，增产期望虽不大，但总体与2019年基本保持一致或稍有减产。尽管西北地区多次遭受冰雹袭击，部分产区由于苹果授粉时连天阴雨影响授粉、坐果较差，但大部分地区相比上一年同期产量要高。除了咸阳减产和部分地区果质较差外，甘肃、陕西、山西整体产量较高，加上近几年新增的矮化种植新品种，西北地区2021年增产明显。

按照卓创、中果网、山东交割库、西北交割库前期的调研数据，从坐果情况来看，保守估计，2021年全国总体增产3%～5%。3月22日，有私募基金重金购买了权威的天气数据，掌握西北和东部天气情况以后，提前抢跑，先于产业资金和套保资金出手，直接砸出跌停板，很多希望炒作倒春寒拉涨的资金都是"夺路而逃"。

4月21日，10月合约低位徘徊，跌至历史低点5552，然后持续震荡。根据基本面分析，2021年苹果交割标准大幅放低，未来可交割的苹果量非常大，加上新增的交割库分布在各个产区，10月合约交割会非常方便。按照新的交割标准，可用来交割的苹果几乎扩大到所有的红富士苹果。众所周知，红富士中甘肃硬度最高，山东次之，洛川低于山东，新疆和辽宁硬度最低。如果这些苹果都能够参与交割，交割量将大到不可想象。在大小上，75

毫米的苹果贴水也是符合交割标准的，碰伤、果锈也都放得很宽了。这些标准的修改，使得 AP2110 的挂牌价格直接比 AP2010 低了 1500 点，这是很有道理的。

盘面价格 6300 对应的红富士价格是 3.1 ~ 3.2 元 / 斤，这已经是高质量苹果了，按照上一年的标准制作仓单也是没有问题的。由于标准放宽，分拣难度降低，制作仓单相对简单很多，仓单成本大幅降低。不管从交割标准还是从仓单成本和接货成本来计算，目前的盘面价格已经非常高了。（2021 年6 月 5 日 ）

（五）6 月苹果期货需要关注的 10 个关键点

鉴于当前苹果并无实质性利多利空驱动，很多人不知道从哪里去把握行情。如果要参与，需要了解苹果期货 10 个关键点。

一是 AP2210 交割标准有所放宽，相对于 AP2010，专家给出的挂牌价差是 1500 点，但具体交割到底相差多少，影响未知，大家都是摸着石头过河。

二是 2021 年苹果坐果率较高，相比 2020 年，相关调研预测山东略有减产、西北增产，总产量在 4000 万吨以上，但尚未有权威数据公布实际产量。

三是 2021 年开秤价不会太高，一二级商品果收购价低于 3 元 / 斤的概率很高，三级果本身价格较低，可能影响不大。

四是苹果出口偏弱，占总产量的比例不会太大，主要还是出口小果和便宜果，对交割影响不大。出口的苹果主要是面向东南亚，同时也有进口一些优质苹果。

五是西北苹果总产量较高，但是交割优势不明显，交割意愿不强，套保意愿较弱。较高的开秤价对于西部优生苹果没有吸引力，套保不如直接出售省时省力。西部也很少参与期货套保，交割主力山东在交割方面依然拥有话语权。

六是冰雹和病虫害对优生区影响有限，主要影响普通苹果，总产量和优果率可能会受到一定影响。问题果只会影响可交割的总产量，不会影响交割果本身的价格，产量预期稳定以后，除非供需结构变化，否则都是炒作。

七是 2021 年苹果人工费增加，包括化肥、农药、代办、运输、分拣等费用统统都提高了，唯有出售价格提不起来。水果整体都呈现出这种情况，成本甚至高于市场价格，果农亏损较为常见，因而不套袋、砍树者不乏其例。果农对卖个好价格，期望很大。

八是 10 月合约苹果仓单成本应该会有所降低，由于交割标准放宽，分拣相对简单，但是苹果交割标准受人为影响较大，一般会有 1000 ~ 1500 点的浮动空间，比如 2020 年 1 月合约交割价是 6000，当外界因素不变时，2021 年的可能交割价依然不会低于 6000。苹果的优势就是产业具有一定的话语权，这和工业品有较大差异。

九是在期货方面，大量技术派和资本继续看多，甚至认为交割前可能会上涨到 8000 点以上。当然，也有人看空，认为交割前可能跌到 4000 点以下。期货本身就是博弈，投资者的看法见仁见智，也正是苹果期货的魅力所在。

十是苹果缩量波动已是事实，长时间横盘，产业资本和个人投资者逐渐撤离，形成观望态势，未来苹果必然走出大趋势、大波动的常态不会改变。

不管怎么说，赚认知以内的钱是基本共识。如果你看涨，且有勇气，就逢低加多；如果你看跌，不怕爆仓，就逢高加空，与主力对扛到底，终有一方会获胜。对于个人投资者，还是严守交易纪律更稳妥一些。（2021 年 6 月 30 日）

（六）2021 年苹果期货行情的几个不寻常

2021 年苹果期货走到现在，资金博弈较为突出，往年经常使用的天气炒作反而不明显了。比如倒春寒、冰雹、暴雨，甚至坐果调研数据都没能影响期货盘面。2021 年确实不同寻常，如果下单点位不好，很可能不断止损，损失反而会比较大。2021 年有几个不寻常的地方，大家需要注意。

第一，四五月的炒作没有把盘面拉涨起来，反而是一周下挫 1500 点。

在 3 月大跌是不正常的，大量按照经验接多的个人投资者损失非常大，最后只能止损。

第二，5 月从低位反弹近 1000 点，拉爆提前入场的产业做空个人投资者和投机客，金融资本与产业个人投资者对峙明显，并且产业投降，止损出局。这波拉涨，产业进场较晚，因为都去做多 5 月合约了，没太多精力关注 10 月合约。10 月合约逆势上涨，这主要是资金的介入。

第三，大部分时间波动幅度比较小，一直横盘，目前依然处在震荡趋势中，下挫或反弹只有几天时间，看不到单边趋势。按照以前的行情，7 月早就走出两波行情了，但现在多和空还在争夺，从争夺 6300 点到争夺 6000 点、5800 点，资金互搏很常见，但是这个点还在拉锯就很少见了。

第四，10 月合约和其他合约的关系出现异常。一般而言，苹果由于保存和各种费用的关系，越到远期合约，同期价格应该越高，不会出现有的比 10 月合约高、有的比 10 月合约低，特别是 1 月合约价格低于 10 月合约就不正常。至于 10 月合约交割以后，1 月合约跌下来，那是另外一回事了。如果合约升水无序，会导致基差不正常，不利于合约正常过渡。

第五，2021 年大家非常谨慎，做空的个人投资者一下跌就撤出，做多的个人投资者一拉涨就止盈，个人投资者"抢跑"成了苹果期货中的常态。大家宁愿少赚也不想亏损过多。

以 2021 年的走势，交易者如果不是空在 7000 点以上，到现在不会有太多收益。期货没有所谓的正常与不正常，只是相对历史而言，出现的新动向。（2021 年 7 月 15 日）

（七）AP2110 的底部区间分析

AP2110 的走势复杂，不同于往年，不管是做多还是做空，收益都较为有限。甚至亏损的人占比很大，大量个人投资者亏损严重，有一些亏损的个人投资者索性弃之不顾，感觉会震荡回来。有的人对苹果期货未来的行情偏悲观，认为会在 6000 点震荡到交割。从 2021 年的行情来看，10 月合约的顶部基本确定是 7396 点，很难再突破这个高点。那么如图 8-11 所示，5552 点会是 2021 年的最低点吗？

图 8-11 AP2110 行情走势图

笔者认为，苹果未来走势下跌的概率高于大幅上涨，甚至会突破前期的低点，理由如下。

第一，苹果交割标准有所放宽，历史低点在 4900~4800，击穿历史低点也有可能。交割标准的放宽，会增加大量的可交割标的物，这些交割果经过笔者的多次分析和询问，认为基本与统货对应，只是在表光和硬度方面要求偏高，刚下树的苹果硬度没问题，套袋苹果表光也可以。加上对碰伤和果锈要求降低，果农一二级只要稍做分拣，质量远超交割果。

第二，所谓的开秤价一般对应的是一二级商品果，但交割果不一定是商品果，因此开秤价仅是参考。很多人喜欢盯着一二级商品果的价格，其实意义不大。一些人说历年苹果开秤价没有低于 3 元的，那只是近几年，再远一点，2005 年、2006 年，苹果开秤价还有几毛钱一斤的，那可都是商品果。我们不能一叶障目，认为苹果的开秤价一定不会低于 3 元。

第三，2021 年的产量虽有调研数据做证，但仅是预测，产量不低，价格难高。产量大其实不是苹果价格低的唯一原因，关键原因还是供需和渠道。即便产地苹果售价低廉，但拉到超市后变成 10 元 / 斤，消费者也会不买账。这能怪开秤价，不能怪果农出货价，出库价高吗？所以苹果卖不出去，是综合原因，不能全怪出货价格。

第四，果商从 2020 年到 2021 年一直亏损，没有太多资金用于苹果收购，非常谨慎，10 月大幅炒作开秤价的概率较低。现货与期货不同，期货亏了可以及时止损，现货亏了只能烂在手里，毫无办法，果商还会重复错误吗？

第五，供求关系短时间内不会改变，供大于求将持续存在。时令水果除了西瓜，其他都行情一般。交割果对应的是大众苹果，不是高端苹果，大众消费决定苹果的价值和价格。

第六，从出口来看，整体消费并不看好，出口东南亚的苹果也以小果为主，本身价格很低，对期货盘面影响微乎其微。死盯出口，不看进口也不对，我国还有进口一些高端水果的，这些难道不考虑？

第七，从通胀方面来说，美国联邦储备系统（简称美联储）极有可能在未来一两年收紧货币政策，资本外流，会导致国内通货紧缩，结果不言而喻。

第八，产业资本对苹果期货的影响力很弱，目前不走基本面，如果情绪上来，苹果大起大落的历史会再现。如果行情持续低迷，交割前超跌，创造历史新低的概率很高。

目前不确定的因素主要有两个：第一个是交割标准的解释问题，由交易所和交割库确定哪些苹果符合交割标准，虽然有纸面标准，但是人为因素影响一两千个点是正常的；第二个是到了 10 月，会不会有资金去产区炒作、通过虚假合同提前炒高开秤价，以及会不会有突发情况，既有人为因素，也有自然因素，存在不确定性。

从近期的苹果期货盘面来看，目前没有新资金入场，个人投资者的策略是，要么做短线，最好逢高做空为主；要么轻仓拿个高位，不惧震荡，直到交割前择机离场。如果点位过低，建议平低留高做 T，震荡行情谨慎加仓；如果有高位空单，可以继续持有，等期货盘面回归基本面，走交割逻辑。最后再强调一下，多空随意，赚自己认知内的钱，如果你认为目前就是底部，可以逢低做多。（2021 年 7 月 22 日）

笔者注

2110 合约大趋势是偏空的，但是到了 9 月，临近交割，受到果品质量炒作的影响，盘面持续反弹，看涨预期拉满，行情直接呈现深"V"格局。这种行情很难预测，但是其实已经初见端倪，如果谨慎还是可以避坑的。

（八）8 月苹果期货需要关注的几个方面

目前，大家对 AP2110 逐渐丧失兴趣，包括笔者本人，也认为行情偏于鸡肋，来回震荡，对做趋势单的极为不利。下面就当前大家的一些疑惑，谈谈自己的看法。

1. AP2110 的价格为什么比 AP2201 还要高？

笔者认为是资金情绪造成的。按道理，从仓单成本、时间周期、远期估价等各方面来讲，正常情况下 1 月合约要高于 10 月合约，有一定升水，在 200~500 附近是正常的，目前反倒是 10 月合约比 1 月合约高了 100 点左右，这明显不正常，说明资金对未来市场偏悲观，合约之间呈现反向结构，要么 10 月合约被高估，要么 1 月合约被低估，未来盘面必然会修复。至于后期如果行情和 2020 年一样，苹果越放价格越低，导致 1 月合约比 10 月合约交割价还低，那是另一个问题了，是市场行情决定的。简单来说，一是资金托底 10 月合约，二是套保压盘 1 月合约，三是 10 月合约来不及整理仓单预期等综合原因导致的。

2. AP2110 的底部是不是就是 5500 点附近了？

笔者认为，底部在哪里，要看最后实物交割是否匹配成功，只有成功交割才能证明这个价格的真实性，没有交割，甚至在没到交割前，一切的观点都是预测。由于 2021 年采用了新的标准交割，所以笔者也不知道交割果的具体情况。相关专家综合评估新旧标准差异以后，给出了 2110 合约挂牌价与 AP2010 挂牌价的差值，再结合 AP2010 的最低点和 2021 年收购价的市场情绪，所以预测 AP2110 的底部在 4500~4800。

3. AP2201 一定看空吗？

这个不一定，如果 AP2110 价格拉涨，开秤价很高，大量资金炒作现货，高价收购，导致惜售、捂货、抢货、被动入库、高库存，那么后期如果消费跟不上，笔者是不敢看多 AP2201 的。反过来，如果开秤价较低，果商收购价较低，果农顺价出货，10 月以后现货大量进入市场，消化很快，库存很低，那么后期苹果价格上涨的概率还是很大的，那时就不能看空 AP2201 了。目前，由于苹果还没下树，所以做空也好、做多也好，就是在搏后市行情。当然，有人喜欢抢跑，那是另一回事了。

4. 有些人说 AP2110 的价格不会低于 5600，对不对？

这是个人对合约走势的认知差异造成的，大量的个人投资者甚至包括一些产业方面的人士认为，苹果开秤价约为 2.5 元 / 斤，这大致对应盘面上的 5000 点，加上一些仓单成本，在 5600 点是合理的。姑且不论这种计算是否合理，笔者认为有两个问题被忽略了，一是没说明是哪个级别苹果的开秤价，一般开秤价指的是一二级商品果的售价，商品果都是优中选优的，价格偏高，交割果未必一定对应一二级商品果；二是期货有资金情绪，一旦涨起来了，后续的行情就没法准确预测了。

5. 嘎啦的价格对行情有借鉴作用吗？

嘎啦的价格对行情影响不大。如果销量好，说明市场消费需求向好；如果销量差，说明后市看跌。但也不是绝对，毕竟嘎啦产量不算太多，而且不易存放，都是当鲜果卖，可能前期卖个新鲜，价格高，后期低价甩卖都有可能。嘎啦对晚期红富士的价格影响并不是很大，可以不作参考，但是销售情绪不能排除。

6. AP2110 能不能做出仓单？

当然能交割，不然怎么有 10 月的合约？因为苹果在 10 月大量下树，这时要快速地做出仓单其实是来不及的，所以 2019 年以后，交易所允许 10 月合约推迟交割，但是即便这样，10 月仓单的制作压力还是很大的。大家都需要工人，果农忙着销售，仓单成本可能偏高。加上 2021 年晚熟红富士可能更晚上市，制作仓单问题不大，但是成本就有点乱了，这或许也是 10 月合约目前价格高的一个原因。

7. 8 月以后还有什么因素会影响 AP2110 的行情？

苹果脱袋以后，会受冰雹等恶劣天气的影响，这会导致优果减少。秋天是丰收的季节，2020 年 9 月拉出一个涨停板，就是某官网挂出了参考价，吓得空头"夺门而逃"。2021 年不排除继续拉出个涨停，但是最终走向还是由多方因素博弈的结果决定。2021 年苹果看似脱离基本面，但回头看看，其实也与基本面关系密切，倒春寒证伪、交割标准放宽、减产预期不足等基本面因素极大地压制了炒作动力，除了资金进进出出，没有大的单边趋势。笔者认为，最终决定 10 月合约命运的将是 10 月下树的中晚熟红富士的收购价格。如果富士价格大涨，则 10 月合约甚至其后合约拉涨，如果富士收购价格预期较差，10 月合约也很难大涨。唯一的问题是，对于 10 月合约，个人投资者只能参与到 9 月 30 日，价格出来后个人投资者根本参与不了，没有所谓的确定性。截至 8 月中旬，大家炒作的依然是还未下树挂红的未熟交割果。如果早熟红富士提前上市，9 月红富士价格就能初见端倪，大家需要留意。

8. 做多 AP2110 的理由有哪些？

从基本面来看，在影响苹果现货价格的诸多因素中，暂时没有太大的利多因素。笔者认为，需要考虑以下几点因素，防止成为拉涨的理由。

第一，政府机构或者大型果业企业的托市。比如给出指导价格，或者托市收购、扶贫补贴等，可能成为苹果价格跌不下去甚至反弹的理由。

第二，优果优价的炒作。这也是苹果业内喜欢炒作的话题。大量的业内人士认为，苹果产量虽高，但是特级苹果占比较少，这类苹果价格不会跌，甚至会逆势上涨。优果优价的最大问题是把交割果等同于优果，认为优果少就是交割果减少，可以对顺利制作仓单造成压力。

第三，天气炒作。苹果脱袋以后，干旱、冰雹、水涝、病虫会对苹果的质量造成较大影响，短期内会成为炒作理由，拉动盘面上涨和波动。

第四，交割标准炒作。苹果并非工业品，交割标准并不是特别严格，交割机构掌握着上下浮动约 1000 点的涨跌空间，交割标准严一点，盘面就拉涨，市场一炒作，拉涨几百乃至上千点问题不大。

第五，炒作相关产品价格拉涨。各种水果之间替代效应很强，如梨、红枣及其他农产品价格上涨，很多人就会认为苹果必然跟涨，引起炒作。近期红枣价格疯涨对苹果行情有巨大影响。

第六，出口量增加。虽然出口总量很少，但如果出口量增加，也可能成为价格拉涨的理由，不得不防。

第七，大量的多头认为万物普涨，苹果是唯一一个还在底部的品种，随时都有可能被暴力拉涨或者成为多头围猎空头的品种，大量多头抄底，也成了苹果跌不下去、反复拉涨的最普遍的理由。诸如此类的做多因素，成了市场支撑苹果不断反弹的理由，但能否成立，需要综合分析，理性判断，知己知彼。

关于 AP2110，笔者已写了不少分析，本文是最后一篇，不管对错，给大家提供一些思路。做期货，能不能盈利，既要看自己的技术，又要看自己的认知和行情配不配合，既有实力也有运气成分，没有谁一定是对的，也没有谁一定是错的。（2021 年 8 月 14 日）

八、AP2110 行情总结及 AP2201 走势分析

AP2110 进入交割月，其任何走势已经与个人投资者无关。10 月合约是最重要的苹果合约之一，经历时间最长（主力维持时间长达半年，这和其他品种不大一样）、多空博弈时间最长、走势最复杂、操作难度较大。

（一）AP2110 行情总结

2021 年 3 月，笔者分析过 AP2110 的走势，以看空为主，大方向看对，但是最低点确实看得太低了，AP2110 进入交割月前连 5000 点都没破，确实超出了笔者的认知。不过预测终究是预测，考虑的因素还是存在不足。总结

而言，AP2110 有如下特点。

一是预期较远。AP2105 一结束就是 AP2110，苹果在 3 月还没开花，各种押注，博弈的就是 10 月苹果下树的价格。由于 10 月合约维持时间长、变数大，所以 5 月底前还是不宜做空，最好观望，敢做空的需要准确的数据支撑。

二是交割标准放宽。郑商所 2020 年 7 月修改了苹果交割标准，市场预期是合约标准放宽，价格预期自然会降低，但是从当前行情来看，标准放宽所带来的后续影响是否会在后期的合约中反映出来，需要继续观察。

三是盘面趋势不足，震荡为主。AP2110 最高点是 7396、最低点是 5263，震荡幅度只有 2100 点，且时间长达六七个月。即使是技术高手，想拿到这 2000 余点利润也是难上加难，相比其他品种，AP2110 的操作难度较大。

四是资本博弈明显。AP2110 受到资本的影响，使做趋势的个人投资者的操作难度加大。

五是基本面驱动盘面的影响力不足。以前的苹果期货与基本面结合紧密，但是 2021 年有所不同，不能说期货走势脱离了基本面，但是结合程度明显不紧。

总体来看，如图 8-12 所示，AP2110 的趋势行情不明显，以震荡行情为主。

图 8-12　AP2110 走势图

（二）AP2201 走势分析

AP2110 和 AP2201 联系紧密，主要是因为 10 月苹果下树以后，价格趋势主要体现在 1 月合约上，其标的物属于"同一个苹果"。笔者认为，可以从以下几个方面考虑 AP2201 的走势。

一是技术方面。从 10 月合约走势来看，如果延续行情，可以说单边趋势已经被打乱。在技术上，上有压力、下有支撑，周线趋势看跌，日线看反弹，震荡为主，不要期望出现大涨或者大跌，很有可能是窄幅震荡和宽幅震荡相结合。

二是资金方面。将延续 10 月合约的资金格局。苹果目前还是资本引导行情，谁资金量大，谁就更有话语权。

三是基本面。主要还是看整体产量、入库量、消费情况的好坏。2021年整体产量偏高，消费情况一般，被动入库可能会继续放大，但市场炒作优果率、优果优价，需要警惕。

四是交割标准。笔者认为，虽然交割标准确实有所放宽，但站在交割库的角度来说，交割依然对空头不利，交货的空头依然没有大规模组织交货的能力，没有把苹果统货快速整理为交割品的好方法，仓单成本被推得比较高。

五是媒体方面。目前一些自媒体可能成为重要市场反向指标，媒体唱空，盘面反弹；媒体唱多，盘面下跌。这可能与媒体的滞后性有一定关系，盘面的反映一般是最及时的，很多新闻其实已经被市场消化、被盘面反映了。根据媒体爆料选择交易方向，往往会犯错误。

六是天气方面。农产品大部分的炒作话题是天气因素，3 月为什么有资本大量卖出？无非就是得到了 3 月以后没有倒春寒的重要天气数据。但天气炒作都是短期情绪，最终走势还是由现货的消费和市场价格来决定。

如图 8-13 所示，笔者认为不会有太好的单边趋势，很有可能大跌一下就继续反弹拉涨，大涨之后就继续下跌砸盘，单边趋势概率很低。

图 8-13　AP2201 行情走势可能性分析图

（三）应对策略

怎样的行情，就有怎样的应对方案，到底能不能参与，需要自己去评估。在应对策略方面，先注意几个大的原则：一是仓单成本之上逢高做空为主，仓单价值附近或更低逢低做多为主；二是不花太多精力参与震荡行情，要么短线获利几十点就走，要么轻仓大止损拿波段，盈利几百点就等下一波；三是切忌重仓，切忌来回止损，切忌浮亏加仓，切忌持仓过节。

第一，画线"钓鱼"碰运气。在重要的压力位附近（注意是附近，不要挂在压力位上）挂空单，笔者认为就目前1月合约而言，可以挂空单的点位主要有6200、6500、6800、7200、7500，6000点之下不挂空单（这里的压力位不是让你在国庆后开盘就去挂的点位，不要在理解上出现偏差，引起新手误会），突破上方一定点位（建议60～80个点）就止损，下跌就拿一段，盈亏比不能太大，灵活应对。这种方法需要提前做好计划，严格执行，进场出场点位要设计好，用软件自动执行计划即可。

第二，火中取栗做短线。突破震荡区间，多头迅速增仓拉涨，可以轻仓做多，当作突破。同样，空头主动增仓，导致下跌，可以轻仓做空，突破盈利点就跑。短线需要时刻盯盘，不能大意，执行力要强，利润回撤就离场。

第三，顺大逆小做单边。每隔一段时间总有一个大趋势，笔者认为，目前大趋势看空还是没有彻底改变，除非突破前期的最高点 7462，可以考虑趋势被打破。可以做空为主，给一个高点，一旦下跌就顺势做空，反弹则考虑做 T 或止损，顺大逆小需要把握好机会，甚至需要持有多天。这适合一般的个人投资者，注意不要频繁止损，连续止损 3 次，就要离场。

第四，安全边际做大趋势。背靠安全边际做单，有可能踏空。比如目前 1 月合约的底部大概就在 5000 点附近，在基本面看多的前提下，在 5000 点附近分批试多，还是可以的。在 7500 点附近分批（注意是不同点位、不同时间段）试空也可以，但是如果分批入场点位不好，盈利的概率不高，一年也就能开仓做一两波，适合没时间、只做基本面的参与者。如果基本面发生变化，需要修改安全边际的范围，不能不顾基本面，强行逆势下单。如果大趋势看空，非要去做多，那就没有所谓的安全边界了。

（四）其他

1. 谈谈对国庆前和国庆这几天冰雹的看法

（1）必须看到，冰雹对苹果期货市场还是有重要影响的，特别是对即将成熟下树的苹果影响很大，被冰雹砸烂的苹果没有太大价值。

（2）冰雹影响的是局部产区，但永远都是炒作的题材。

（3）冰雹只能决定短期行情，长期走势还是需要看最终的市场消费。

（4）冰雹拉涨如果背离大的基本面，反而是一种入场机会。

（5）果农如有必要可以安装防雹网，综合算下来成本其实不高，特别是对于优生区，能用很多年。

（6）有自媒体爆料，冰雹过后苹果减产、绝产，优果率、商品率下降，笔者表示怀疑，究竟影响多大还要看后市的报道，最好不要臆测。

2. 2021 年苹果的总产量到底有多少？

各方数据有差异。2021 年 5 月，苹果套袋结束后调研数据认定，全年产量在 4050 万吨左右；后期又有机构预测为 4600 万吨，但近期冰雹严重，至少损失 150 万吨以上。另外，2021 年雨水多、果锈大，商品率可能较低，这些都是需要考虑的因素。但是市场价格最终还是由消费决定，苹果作为国内有定价权的非生活必需品，市场销售价格可能有所提高。可是苹果下树价格不一定就随之提高，产销倒挂、消费低迷、节日效应不高等都需要关注。

3. 趋势一定是震荡吗？震荡怎么做？

趋势就是概率，不排除一跌到底、一涨冲天，但是 2021 年出现极端行情的概率偏低。遇到震荡行情尽量做短线，既然是个人投资者，其优势就是"船小好掉头"，要学会快进快出，不对就跑，不要死扛单，明明大幅亏损还希望行情翻转，虽然不排除行情会翻转，但是习惯扛单就危险了。做震荡时，一定要注意万一突破震荡箱体要怎么处理，跑得快是最重要的；如果跑不掉，也要学会用对冲其他合约来降低风险。

4. 1 月合约的最高点和最低点会是多少？

一般在期货市场上，暴露自己的目标和点位是大忌。不过笔者作为个人投资者，可以看图说话，不妨碍任何人。从图形上来说，前期高点在 7400 附近，有继续拉高的概率，上涨至 7500～7800；最低点可能会突破前低，下跌至 4500～4800。这就是笔者认为的安全边界。

5. 仓单成本和价值成本是多少？

仓单成本和价值成本归根结底还是与现货价格有关，现货价格是多少，制作出来的仓单成本就是多少。这里有几个变数：一是仓单制作者对现货行情的把控，本身收购上来的苹果质量好，符合交割要求，那么仓单成本就是收购价格，也就是说与现货价格有关；二是如果收上来的是统货，需要二次分拣，二次分拣涉及人工费和相关运输等成本，这个看自己的工人的技术和工资了，也就是说与收购的商品质量以及仓单制作成本有关；三是交割时对交割标准的把控尺度，尺度松一点、尺度紧一点，仓单成本是不一样的。谁会拿 5 元／斤的苹果去交割 6000 点的盘面呢？一般都是用刚合格的苹果去交割。至于价值成本，就是这些货拉到市场去卖，能卖什么价格。由于交割果不完全对应商品果，拉到市场上会贬值，导致仓单价值大幅低于仓单成本。

可能有人会问，那为什么要接货？之所以有人敢高于市场价格接货，是因为接的这些货并不销往市场，要么转抛，要么回购，要么自己吃，最差也是走自己的销售渠道，比如进连锁超市、社区直供等。多头在盘面上盈利了，接的虽然是高价货，但是对冲下来利润还是很高的。

在期货交割中，大家记住，多头永远比空头有优势，空头必须备货或交违约金，而多头只需要出资，多空之间高下立判。

6. 交割果算优果吗？是否对应一二级商品果？

这要看怎么理解。如果用统货不用分拣做出仓单，那么交割果就对应通货；如果用一二级商品果不用分拣就能制作仓单，那就对应一二级商品果；如果只能用特级果交割，那就对应特级。按照某某公司的说法，交割果需要从一二级商品果中分拣，那么就对应一二级商品果。一二级商品果当然算是优果了，如果果商标准卡得严，可能偏一级，松一些就偏二级。从市场行情来看，优果降价不多，即使有价无市也不会降价出售，原因是果商认为优果不多，敢于扛价甚至加价卖。

7. 参考历史行情有用吗？

参考历史行情，并无多大用处。所谓的规律，都是后来者的自我总结，历史行情对于行家来说可能是经验，对于新手来说则有可能引起误导。比如网上有人自称"1个月在苹果期货上赚了1000万元"，很多人看了以后心潮澎湃、热血沸腾，以为找到了制胜法宝，认为紧盯基本面就能在苹果期货上获得超额收益。或许有时候真有用，但是2021年的基本面反而成了很多人不敢看技术指标的障碍。过于迷信基本面，会迷失在亏损的歪理之中。基本面只是期货的一个参考因素，迷信基本面要不得。另外，我们也不能轻信媒体消息，要有自己的判断，不要误判，更不要重复误判。想在任何期货品种上取得收益，风险都极高，不要偏听、偏信。

总体来看，期货市场中的个人投资者要在规则之外寻找规律，找到生存之道，不能一味地迷信基本面，或者只听消息，或者认为资本就是万能的。不管怎么波动，最终都要反映到盘面上，还是以盘面为主，这样更客观。期

货必须以实践为主，不要迷失在自己的想象中，做一个实践者，而非理论家或盲从者。（2021年10月2日）

九、2021年国庆期间的现货信息

国庆期间，苹果现货行情稳定，销售继续处于断档期，市场交易没有放量。晚熟红富士的交易将直接决定整年的价格行情和走势，对此，交易者需要了解以下几点。

一是西北产区苹果脱袋和上色缓慢，上市时间推迟，连天阴雨，交通受阻，有货难出。东部产区苹果下树较晚，刚刚脱袋，导致东西部产区集中上市，后期销售时间会大幅压缩，价格战一触即发。

二是晚熟红富士在脱袋和上色期间，遭遇恶劣天气。陕北产区9月底的冰雹造成总产量降低，东部产区阴雨造成上色慢、果锈大，总体质量不高。

三是关于苹果大量下树和集中上市时间。西部产区将在10日以后，山东产区将在15日以后，20日以后全国主产区会大量上市，23日霜降前后是苹果销售最集中的时候，也是价格战最激烈的时候。

四是甘肃苹果2021年质量最好，商品果报价都在3.5元/斤以上；陕北苹果产量减少，果径75毫米的苹果报价都在3元/斤以上，70毫米报价也在2.5元/斤以上；山东80毫米苹果上市较少，价格为2.0～3.0元/斤。实力较强的企业高价预定，一般客商持续观望。

五是10月10日以后，北方各地将逐步转晴，结束阴雨天气，气温有所回升，利好苹果上色和销售。

对于个人投资者而言，想做好苹果期货，仅仅依靠基本面是不行的，操作时要格外小心。（2021年10月8日）

第二节　2022 年相关合约分析

一、AP2201

（一）AP2201 走势回顾

AP2201 的行情主要分为四波，如图 8-14 所示。

图 8-14　AP2201 行情回顾

第一波 3 月 1 日—4 月 20 日，趋势主要是向下，跌幅 1800 点左右。

第二波 4 月 21 日—5 月 24 日，反弹拉涨，涨幅 1100 点左右。

第三波 5 月 24 日—9 月 9 日，震荡下跌，跌幅 1200 点左右。

第四波 9 月 9 日—10 月 26 日，急速拉涨，涨幅高达 3200 点左右。

其中第二波和第三波持续时间最长、波动最小，时间跨度长达 6 个月，即半年没有出现大行情，但是第四波只用了 1 个半月，走出了巨大的拉涨行情。

从历史行情来看，个人投资者只需要参与第一波和第四波行情即可，只要踩准，可以赚到 4000 点以上的行情，但是 2021 年这两波行情不一定能抓得住。

（二）AP2201 后期的上涨逻辑

天气一直是农产品价格涨跌预期的最重要的影响因素，因为天气情况直接决定了未来农产品的产量。再者，天气只是一种预期，很容易炒作，天气较差、产量预期降低，期货盘面就以看涨为主。三四月炒作倒春寒，因为 2021 年春天天气较好，炒作落空，产量预期较高，前期盘面反而以看跌为主，5 月 17—24 日的拉涨，与资金短期博弈和减产预期较低有一定关系，5 月以后由于没有可炒作题材，所以一直波动，没有太大的涨跌。

9 月 10 日以后的短期反弹与冰雹造成的减产预期有关，本身只是一种触底的波动，冰雹对苹果产量的影响其实很有限，还有下跌的可能。但是，9 月 20 日以后，基本面发生了根本性的转化，盘面出现暴力上涨并且持续拉涨，与 9 月连天阴雨有很大的关系，特别是山东苹果受到阴雨影响，果锈太大、上色非常差；西部烂果增多、小果偏多。东部产区苹果产量并未减少多少，但是品相极差，优果率较低。而优果率直接影响可交割苹果的数量和质量，加上市场炒作商品果，导致两极分化，80 毫米以上的商品果在某些产区价格高达 4.5 元 / 斤，而且呈现抢购态势，期货和现货相互传导是盘面拉涨的重要原因。

（三）AP2201 进入 2021 年 12 月以后的可能走势

由于苹果期货炒作的核心逻辑还在，后期大幅走低的概率较小，很有可能继续上涨，主要原因如下。

第一，优果率偏低，商品果太少，出成率低，仓单成本过高，低价收购的统货打残率很高，挑出来的合格率偏低，成本明显增加。交割果价格成本很难降低，空头也很难找到符合交割标准的交割果，低位做空，空头明显底气不足。

第二，随着地面货和统货大量走货，在两极分化之下，低价果走货会比较快。截至年底，果农的存货可能所剩无几，剩余的也只是没有竞争力的次果，这就给商品果出货和涨价提供了空间。

第三，冷库商出现捂货现象，由于前期果商收购的价格较高，不愿意低价出货，挺价意愿较强，而冷库果可以挺价到5月以后，这就意味着5月以前市面上不会有低价商品果出现，这给苹果期货上涨提供了可能性。

第四，AP2110和AP2111在交割时都没有出现苹果价格降低的情况，越到后面货越少，说明空头手里无货可交，1月合约逼仓概率更高。一旦空头没有大规模组织交割的能力，多头大面积接货，空头会相当被动，平仓或者违约是必然的选择。

第五，通胀暂时还看不到缓解的预期，虽然黑色和化工期货价格大跌，但是大宗市场受国际环境影响，商品整体价格偏高预期没变，美联储缩减自身资产负债表的规模（通常称为美元缩表）要等到2022年下半年才能看到效果。

当然，不排除一种可能，就是交易所和交割库联合，人为降低交割标准，把一些果锈稍大的苹果拉入合格品的认定范围，那盘面至少有回落1000点的空间。苹果期货对交割标准的炒作一直存在，个人投资者不能大意。（2021年11月13日）

二、AP2205

（一）AP2205情况简介

5月合约和1月合约的标的是一样的，不同的是5月合约需要苹果保存更长时间，存在一个冷库费更高和合格率更低的问题。由于苹果期货上涨的核心逻辑还在，所以暂不看跌远期合约。

据卓创统计，2021年11月11日全国冷库存储量约为911.03万吨，冷库库容比约为66.60%。这个数据此后可能还会稍微增长，大概在950万吨。

这个库存数据和正常年份相比，变化不大，只是略低于 2020 年的库存数据。需要注意的是，当大部分人关注优果率的时候，空头资金可能会放风库存累库和走货慢的预期。但是，库存结构没有变化，库存当中的商品果比例依然偏低，收购这部分商品果的价格成本较高，只要果商挺价，空头面对再大的库存数据，依然可能无货可寻。

当然，多头也可能不愿意接货，或者很少人接货，导致盘面价格下跌。但万事无绝对，不能因为目前的逻辑看多，就认为绝对会涨。要对市场心存敬畏，期货没有什么绝对的行情，只有概率。毕竟期货不等同于现货，用现货去分析期货，认知上就存在偏差，现货永远仅仅只是引起期货行情变化的因素之一，而非全部。（2021 年 11 月 13 日）

（二）AP2205 是会涨到 12000 点还是跌到 6500 点

AP2201 即将进入交割，随着量化资金的不断减持，1 月合约肯定要回归基本面，从 10 月、11 月、12 月合约的交割情况来看，1 月合约仓单成本大概率维持在 7500～8000 点，不会太低也不会太高，考虑交割前的行情，可能还会有 500～600 点的浮动，也就是 6800～8600 点。送走 AP2201，即将迎来 AP2205，那么这个合约应当怎么看？

1. 历史上的 5 月合约

从图 8-15 可以看到，历史上 AP1805、AP1905、AP2005、AP2105 四个合约到了交割月，都出现了不同程度的翘尾行情。结合前期走势来看，基本上是 "年前走跌，交割前翘尾"，也就是说从 12 月开始会逐步走跌，到了 3 月以后行情会有所变化，翘尾反弹较为突出，只是 2020 年不太明显。

图 8-15　苹果期货 5 月合约走势图

AP2105 的行情很多人还记忆犹新，这个合约从 2020 年 5 月一路下跌，到了 2021 年 3 月以后触底反弹，进入交割月以后，收在 6000 点附近，反弹近 1000 点。造成 5 月合约翘尾的原因很多，但是和取消 7 月合约原因类似，主要就是 5 月以后库存现货有限，控制现货后会造成多逼空，无货空头较为被动。

2. 影响 5 月合约走势的因素

5 月合约以交易库存果价格预期为主，作为主力合约要跨越元旦和春节，波动还是比较大的，导致 5 月合约波动的因素主要有以下几个。

一是库存数量。5 月合约一般会受到库存数据的影响，库存的多少和去库的速度，直接反映了市场对苹果走货的消化速度，是比较直观的影响因素，大家比较容易理解。也就是说，库存越高，走货越慢，苹果期货价格预期越差，利空压力越大。

二是节日效应。5 月合约受节日因素影响较大，因为圣诞节、元旦节、春节、元宵节备货都会对苹果的走货产生影响，特别是消费和供需预期会随之变化。

三是逼仓行情。5 月合约容易引发逼仓，其原因是四五月，天气转暖，冷库苹果有限，如果控制现货，期货容易引发逼仓。

四是政策影响。很多时候，国家宏观调控、经济走势、大宗商品价格以及重大的事件都会引起苹果后市的预期波动。

3. 5月合约后期走势

期货只有概率，涨跌并无一定，分析也只能说是概率问题。按照历史行情，12月以后应该会出现一轮回调，突破前高的概率不大。

按照基本面，2022年库存低于2021年和2020年，高于2019年，因此走势应该介于2019年和2021年之间，类似于2020年。2022年和2021年在消费和供需上变化不大，走势应该综合2019年和2020年行情，整体价格应该高于前两年而低于2019年。苹果期货从2017年年底上市以来，5月合约，2018年收在9000点，2019年收在14000点，2020年收在6700点，2021年收在6000点，故根据历史数据推测2022年可能收在7500点之上9000点之下。

核心上涨逻辑没变。2022年苹果9月以后看涨的原因不是产量问题，而是优果率问题，由于交割的是一二级商品果，2022年的商品果又偏少，收购价格又偏高，成本预期不支持苹果大幅下跌。

4. 5月合约后期的利空因素

消费方面依然存在问题，市场走货比较慢，库存积压，出货慢，会影响果商的心理预期，导致出库价格下调。

一是替代水果的竞争。虽然2022年其他水果的价格普涨，但是目前苹果盘面已经升水较多，上涨预期其实已经释放和反映到盘面了，利多出尽，可能迎来利空，如果整体水果价格偏高和购买力下降之间的矛盾不能解决，苹果价格涨不起来是必然。

二是套保压力。苹果盘面升水，套保较多，会对价格形成一定压制，套保资金比较稳定，长期压盘，对多头资金有一定的震慑作用。

5. 5月合约后期的利多因素

一是果商和冷库的捂货。商品果掌握在冷库果商手里，只要他们不发货、不销售,市场就没有商品果,因此,他们的议价能力较强。由于现在冷库技术比较好,捂货可以持续到 5 月以后,也就是即使降价,也要等到 5 月交割完了。

二是低价销售引起库存快速下降。目前苹果价格两极分化,好的商品果价格屡创新高,三四级苹果却只能低价销售。如果低价苹果走货很快,会对苹果价格形成托市,这就是部分果商果农挺价的原因。

三是逼仓行情。3 月以后,很多空头担心被逼仓,提前撤离;多头若执意接货,则很可能会引发逼仓行情,走出拉涨行情。

6. 注意几个数字

一是库存数量。库存数量的多少直接影响市场预期,5 月合约必须关注库存变化。

二是持仓数量。持仓越高,多空争夺越激烈,越容易引发逼仓。

三是节日时间。临近节假日,一定要注意市场情绪,走货好与不好,都会对盘面造成影响。

7. 结论

AP2205 在 12 月以后持续走低的概率很高,3 月以后反弹概率较高,下跌空间有限,不会低于 7500 点,后期反弹不会高于 12000 点。在操作手法上,建议投资者 3 月前逢高做空,3 月后逢低做多,留意库存变化,适当调整应对策略。(2021 年 11 月 27 日)

三、AP2210

目前,苹果期货正值炒作期,多空激烈博弈,但是 2022 年盘面的资金参与力度和热情远不及前两年。为了让大家能够深入了解苹果这个品种,下面结合 AP2210 对其盘面做一些解读。

（一）近期苹果期货情况概述

苹果期货有几个交易周期，分别是 1—3 月、4—5 月、6—9 月、10—12 月，见表 8-1，整年都有相应的交易逻辑，但交易核心并不固定。

表 8-1　苹果期货交易周期和节点

	1—3 月	4—5 月	6—9 月	10—12 月
交易节点	12月20日—次年3月20日	3月20日—5月20日	5月20日—9月20日	9月20日—12月20日
节日节点	元旦节、春节	清明节、劳动节	端午节、中元节	国庆节、中秋节
涉及合约	5月、10月合约	10月合约	10月、1月合约	1月、5月合约
交易核心	库存数量和质量	产量预期	开秤价格	出库价格
炒作话题	库存数据、商品果价格、节假日走货	倒春寒、霜冻、高温、干旱、冰雹	阴雨、干旱、早熟价格、同类水果	收购价格、果农果情绪、入库情况、节日备货

2022 年，苹果期货一直呈现上涨趋势，这种上涨从 AP2205 一直延续到 AP2210，截至 5 月中旬，几乎没有太大的下跌走势，如图 8-16 所示。但就 AP2210 来说，除了几次小幅回调，从 2021 年的最低点 7210 一直到 5 月初的 9637，涨了近 2500 点。至于 9637 点是不是顶、7210 点是不是底，尚未可知，苹果期货波动大，创出新高和新低皆有可能。

图 8-16　AP2210 的横盘与上涨周期

目前，线上和线下主要有以下几类消息。①砍树，据笔者了解，西北这几年一直在砍树，但是具体砍的是什么树，是不挂果的、收益差的，还是更新换代的，鲜有确切的消息。②花量减少，但是影响范围多大有待考证。③坐果差，任何一个产区只要管理不好，坐果都会很差。④霜冻，比如近期甘肃川道的霜冻导致很多果树落果，这与果农盲目扩种关系较大。⑤咨询果农 2022 年套袋情况，一般回答都是"今年可能会大幅减少，只有去年的一半"，或者"没几个袋子可以套"。果农的想法不难理解，不管谁问都回答减产，因为减产才可以提高价格预期，客商才能高价收果。

（二）AP2210 是否会延续 AP1910 的走势

2022 年的苹果期货行情一路上扬，从 3 月以来没有太大的下跌，5 月拉出高点以后，一直宽幅震荡，最高点和最低点都没有突破。

最近几天 AP2210 和 AP2301 平水，引起了大家的关注和热议。究其原因，笔者认为有几点因素：① 10 月合约是主力合约，一直是多头资金控盘，对盘面的支撑力度较强，下跌动能不强；② 1 月合约是次主力合约，资金关注度不高，多头控盘不强，支撑力度不大；③有的资金采取 10 月合约做多、1 月合约做空的操作策略，导致 1 月合约较弱；④有观点认为，2022 年走势与 2019 年相似，存在高预期、低消费的情况，可能"高开低走"，高价格抑制消费会导致 1 月合约难以走强。

从 AP2210 和 AP2301 平水可以看到一些类似于 2019 年行情的端倪。① 2019 年的库存苹果较少，价格较高，极大地提高了开秤预期。2018 年苹果大减产，导致 2019 年上半年库存果稀缺。2022 年的情况类似于 2019 年，库存苹果较少。② 2019 年苹果期货也是一路走高，然后持续震荡，从 10 月合约的连续行情图中可以看到，2019 年是扛到了 9 月，才跌下去。1 个月跌了 2000 点，但是到了临交割最后两天和交割月，价格又以连续两次涨停拉了回去。

那么，2022 年是否会延续 2019 年的行情呢？笔者认为，历史总会重复，但又不会简单重复。2022年苹果价格一路走高，从各种因素来看，确实和2019年非常相似，现货库存果的高价，还有2022年看似减产的一系列数据都在支撑盘面的持续走高和反复炒作。从期现结合的角度来说，现在的交割标准已经有所放宽，只要有机构交货，逼仓一说就很难成立。

关于1月合约，如果按照2019年的模型推演，极有可能出现"低开高走"的趋势，这主要是受到现货价格"高开低走"思路的影响。因为开秤价高，抑制了消费，到了10月炒作开秤价，大家把高价预期提前释放了，反而不炒作了。但是利多因素依然存在，1月合约后期又会逐步拉升，因而出现"低开高走"的情况。

8月以后，苹果作为资金盘，建议继续注意资金动向。在期货盘面上，因为主力控盘资金一直做多，个人投资者在操作上还是宜跟随主力，一旦增仓拉涨，就要保持警惕。增仓拉涨不宜做空，减仓下跌可以逢高试空。在现货方面，注意早熟嘎啦的走货情况、早熟富士的开秤价和价格走势，一旦现货价格"高开低走"，盘面继续维持高位，做多就应该果断离场，或者反手做空，及时调整思路。在消息面上，注意留意10月合约现货商的交货情况。如果交货意愿较强，高位做多要慎之又慎，尤其是9000点以上接多更要谨慎。（2022年7月23日）

四、2022 年参与苹果期货应关注的几个方面

（一）晚熟红富士的开秤价

苹果开秤价，一般指的是一二级80毫米红富士商品果的收购价格。注意，不是统货价格，不熟悉苹果标准的，建议查询相关国家标准文件。根据各方因素，笔者对开秤价做一个短期的预估。

因素一：库存苹果价格。2022年库存苹果价格其实并不高，波动也不是很大，基本集中在4.0～4.5元/斤。虽然库存量很低，但是并没有出现2018年的天价行情。这是不看好晚熟会过分暴涨的重要参考指标。

因素二：早熟苹果的走势。2022 年嘎啦上市以后刷新了历史高价纪录，好货的价格在 5 元 / 斤以上，而且供不应求；普通货价格约为 3.5 元 / 斤，比 2021 年高出 1.0～1.5 元 / 斤。早熟苹果的售价对晚熟苹果影响不大，但是 2022 年有价格情绪带动。

因素三：早熟红富士开秤价较高。受嘎啦行情影响，以及库存苹果的支撑，早熟红富士价格也比较高，果农运往市场的统货价格都在 3.5 元 / 斤以上，甚至次果价格也在 2.5 元 / 斤以上，预期较好。早熟红富士因为承接晚熟的上市，所以对晚熟价格影响巨大，需要关注。

因素四：南方柑橘大幅减产。2022 年水果价格整体偏高，所有上市的水果，价格都比 2021 年价格高出 20% 甚至更高，除了西瓜产量太大，短期价格下跌以外，其他水果价格都不错。较高的水果价格，会对苹果价格有托市作用，所以晚熟苹果上市，预期不会太差。

此外，还有出口因素、突发事件影响、进口水果等其他因素。

综合以上因素，笔者调高了早期的开秤价预期，预期晚熟一二级 80 毫米红富士商品果，西北开秤价在 4.5～5.3 元 / 斤，甚至更高，山东开秤价为 3.7～4.3 元 / 斤，其他地区在 3.8～4.5 元 / 斤，后期是否回落，暂时不得而知。需要警惕，高价会在一定程度上抑制消费，能否持续需要继续观察。
（2022 年 9 月 4 日）

✐ 笔者注

关于苹果的开秤价，几乎年年都会预测错误，究其原因，还是经验主义不可靠。每年 9 月以后，苹果开秤价无一例外，都会因为各种原因炒作。哪怕是行情最差的 2020 年，在国庆期间，还出现了果商抢货的现象，2023 年更是开出历史高价，让人叹为观止。

（二）2022 年全国苹果入库量分析

关于对苹果入库量的预测，笔者在这里强调一下：第一，目前也只是估计，截至 2022 年 10 月，全国的入库量大概只有三分之一，最终能入多少还是未知；第二，目前所列出的预估值是库存的最高峰值，库存是时刻变化的动态值，达到峰值后可能会随着销售不断递减，需要结合出库的速度和剩余库存预估行情走势；第三，目前预估产量为 867.5 万吨，这是综合了钢联、卓创、中果网、国家统计局和一些期货公司的数据预期，见表 8-2。笔者估计是 730 万～990 万吨，这里取了中间值。

表 8-2　2018—2022 年全国各省份库容比变化

省份	2018年	2019年	2020年	2021年	预估2022年	库容量（万吨）	预测入库（万吨）
山东	52%	73%	85%	60%	65%	450	292.5
陕西	44%	87%	83%	51%	70%	400	280
甘肃	39%	86%	83%	61%	90%	120	108
山西	41%	83%	82%	59%	50%	200	100
辽宁	43%	86%	82%	80%	90%	20	18
河南	75%	81%	82%	66%	50%	10	5
新疆					70%	20	14
其他					50%	100	50
全国	50%	83%	83%	60%	65%	1320	867.5

截至 2022 年 10 月，2022 年的苹果收购即将进入尾声。10 月 23 日是霜降，这是一个非常重要的时间节点，这个时间点以后，各地果商会陆续减少或者停止收购，大量的苹果不能进入市场流通，基本都会进入冷库保存。入库主要是指果商或者果农把采摘的苹果存放到冷库，每年的入库量是不一样的，入库量的多少，对于苹果后期的价格预期有非常重要的指标作用。需要注意的是，一般统计的入库量，不会包含果农的地窖和部分私人冷库，一些新建冷库也不在统计之列，仅统计一些传统的冷库样本。

2022 年苹果行情与 2021 年相比，有几点不同：① 2022 年苹果整体质量高于 2021 年，不管是上色还是果锈都比 2021 年好；② 2022 年西北产区苹果价格低于东部地区，以前西北高于胶东的传统行情 2022 年逆转；③ 2022

年整体价格高于2021年，2021年果品质量整体较差，好货少；④2022年价格预期比较高，包括早熟开秤价都比较高，2021年整体价格偏低，走货比2022年快；⑤2022年市场零售价格高于2021年20%~50%，2021年市场卖3元/斤的苹果，2022年一般都在4元/斤以上，低价苹果几乎绝迹，超市很难见到低于5元/斤的苹果；⑥客商收货热情大大低于2021年，观望情绪非常浓厚，持续高价，大部分实力差的果商已经无钱可收，实力强的也是收购不多；⑦2022年下树持续时间长，2021年连天阴雨，2022年山东推迟摘袋，推迟下树；⑧2022年副产区价格表现极端，辽宁、新疆的苹果质量好于2021年，但价格低于2021年，云南、贵州、河南、四川等地的苹果质量都不错，价格偏高。

看一下2022年各地的冷库入库情况。

在山东地区，2022年早期对山东的苹果产量、质量预期较好，但是9月以后，情况发生了变化，出现了低于预期的情况，部分地区减产比较严重。根据前期的预估和下树后的整体情况来看，2022年山东总体产量确有减产，特别是9月天气变化影响了果品质量。目前，山东整体摘袋和出售时间全部推迟，大部分果农错过了黄金销售窗口，后期选择被动入库的概率较大。根据当前的情况，苹果入库量为10%~20%，到了11月底入库完毕，可能会超过60%。

在陕西地区，2022年开秤价格较高，整体商品率较高，减产超过20%。陕西地区入库陆续进行，排除果农的地窖、私人冷库，入库总量预估在400万吨左右，约占苹果入库总量的30%。从现有的入库进度来看，2022年陕西入库量可能超过70%，部分地区入库量可能偏低。

在甘肃地区，2022年苹果质量较好，减产不明显。众所周知，2022年出省不方便，大部分果农和收购果商都选择了就地入库，导致入库量比较大，超过80%，但由于甘肃产区冷库容量有限，入库总量不大。

在辽宁地区，总体价格比较低，属于丰产，寒富价格约为1.5元/斤，后期略有上升，红富士价格约为2.5元/斤，低于山东产区，整体入库量一般，笔者估计有 20 万吨，也可能超过这个数字。

新疆 2022 年比较特殊，被动入库概率很大。近期苹果大量下树，如果运输出现问题，可能大部分都会选择入库。总体预估在 15 万吨左右。

其他地区的苹果基本上是和其他农产品一起冷藏的，具体数量无法统计。笔者预估为 50 万吨。

整体而言，2022 年苹果价格相对较高，果商收购积极性较差，市场走货一般，后期入库量还会大量增加。但是由于 2022 年整体产量降低，入库总量相比上一年不会太高，总体入库比例在 65% 左右，入库量约为 860 万吨，略高于 2021 年，低于 2019 年和 2020 年，总体高于 2018 年。（2022 年10 月 23 日）

（三）2022 年新季苹果未来走势

截至 11 月下旬，苹果地面货交易基本结束，后期逐步转入冷库交易，后期价格的博弈主要在出库价格方面展开。

目前，对于 2022 年的苹果，业内对以下问题基本已经达成共识。

一是 2022 年苹果入库的库存量和 2021 年基本持平。从公开的库存数据来看，虽然都没有达到 900 万吨，但是都接近这个数字。从另一个角度来看，900 万吨的库存对于销售而言还是有压力的。

二是从库存结构来看，库存苹果大果比例较高，果农入库比例较高，入库苹果入库时收购价格偏高。俗话说"好货不愁卖"，优果优价，造成果农果商整体对 2022 年苹果价格预期较高。

三是交通的畅通程度对苹果的出库和后期走货影响较大，现在不管是单车出货、果农自卖、网络直播带货，还是果商进批发市场，或者是走商场、超市、水果店等终端，都需要比较畅通的货运，产地到市场之间流通成本在不断抬高。

对于苹果后市，利好因素主要有以下几项：第一，果品质量较高，对于后市高价走货有一定保证；第二，总产量呈下降趋势，地面货基本结束销售，冷库出库时间可能提前；第三，出行管控，有利于集体采购，如社区走货。

利空因素主要有以下几项：第一，客商心态偏悲观，普遍不看好后市；第二，收购价格较高，出库要盈利，价格压力增大；第三，走货速度较为缓慢，对于去库存不是很有利；第四，出行管控，不利于零售和产地走货。

简言之，2022年苹果收购价格高、商品果比例高、果农货入库比例高，后市预期较差。利空因素暂时占据上风，建议年前这段时间期货以高空参与为主。（2022年11月22日）

（四）苹果远期 AP2305 行情分析

AP2305 是一个波动率极大的合约，空间超过 5000 点是常有的事情，所以做这个合约要有一定的想象空间，做对了要多拿，做错了要及时撤离。

从基本面来说，苹果 5 月合约交易的是清明节以后苹果的价格预期。2022 年苹果总库存和 2021 年基本持平，但是库存结构却大不一样，大量的库存苹果都在果农手里。但果农货的扛价能力非常有限，能扛过清明节之后的少之又少，大部分果农都会选择在春节前后把货出掉，最迟也只会坚持到立春前后。

从当前的价格走势来看，大部分果农主动或者被动扛价，原因是多方面的：一是 2022 年果子质量好，优果优价已经深入人心；二是现在苹果种植成本高，如果果农低价走货，无法收回成本；三是一些自媒体"带风向"，让果农坚持卖高价；四是某些果商因为高价收了一点货，成为价格标杆，实际上这部分人收的货很少，保本出手不难。

从产地来说，扛价非常明显，有些人说走货不错，有些人说走货很差，但是市场整体消费偏弱是肯定的。果商都认为存货或者大量囤货的风险很大，赌现货比赌期货风险还高。销区走货存在很大的不确定性，能否重现2021 年的上涨行情暂时不得而知。总体来说，产地高价扛价，销区走货不稳定。

从技术上来说，苹果 5 月合约的趋势是向下的，截至 2022 年 12 月初，处于贴水现货的价位，60 日均线在 8300 点附近，在没有突破 8500 点之前，还是偏弱看空。近期跌到 7500 点附近，没有进一步下跌的原因可能是空头主力没有增仓意愿，可能和一些地方走货变好有关系。空头主力资金不进场，反而是在减仓撤出，加上在 11 月合约和 12 月合约交割上，多头接货积极性前所未有，12 月合约有近 900 手合约进交割，以前都是 100 多手，2022 年这么多，说明在产业内部意见分歧较大，多空博弈更为激烈。对当前期货价格，空头主力控盘主导跌势，但有一股产业力量在顶着盘面，不让 5 月合约过分下跌，后面多空资本还会博弈。

从当前的期货大趋势来说，进入 2022 年下半年，农产品自 2020 年以来连续上涨的势头明显放缓。基于国内目前的货币政策，农产品大跌的趋势也不明显，更多的是震荡。苹果期货走势独立，与其他品种关联不大，但也要留意大势。

接下来，苹果远期合约应主要留意两个时间节点：一是元旦节和春节的备货周期，时间为 12 月中旬到 1 月上旬；二是春节后的走货情况，时间为 1 月底到 2 月初。如果到了 2 月中旬苹果走货加快，那苹果期货的盘面一定会持续拉涨，突破多个阻力位。反之，在现货价格下降之前，期货一定会先降，并在盘面上不断制造新低。因此，即使近期没有行情，那么到了 2 月底一定会有一波行情。

在此，笔者有以下几个假设情况。假设一，春节以后，苹果去库速度非常快，大部分果农和果商手里的货都已经出掉，库存数量大幅下降，比如到了 2 月底，库存低于 600 万吨，那后期拉涨就是必然。按照目前苹果的仓单成本，加上存储费用，5 月合约的苹果交割成本不会低于每吨 9200 元，涨到这个点位就是情理之中了。

假设二，春节过后，苹果去库不理想，大部分果农不愿出货，持续扛价，去库不明显。比如到了 2 月底，还有 800 万吨以上的库存，那现货跌价就在所难免。按照苹果现货价格的走势，每斤跌一两毛是不能加快走货的，至少会跌 0.5 元，现货价格要跌到 3 元 / 斤以下才能速度快一些。那么期货盘面就会继续下跌。目前按照 3.8 元 / 斤的价格来算，跌到 2.8 元 / 斤走货加快，则盘面价格应该在每吨 6500 元左右。如果多头不愿意接货，可能价格还会再跌一些。

当然，还有第三种假设，就是宽幅震荡。由于 2022 年期货整体走势没有规律，趋势较差，到了 2023 年苹果 5 月合约走出一个宽幅双杀行情不无可能，暂时看到 6500～9500 点，幅度更大一些，可以看到 12000 点。震荡行情就不好参与了，把震荡当趋势做，有可能会大幅扛单。

最后注意一下舆论风向，如一些资讯公司和期货公司的数据、预判。（2022 年 12 月 4 日）

第三节　2023 年及以后相关合约分析

一、AP2303

3 月合约比 1 月合约、5 月合约走势要弱一些，因为它是一个纯套保合约，即为产业做套期保值用的，所以多头不会怎么发力，做多的都是要进交割月接货的。加上 3 月刚好是苹果的走货淡季，价格预期也不高，没有节日效应，所以多是产业控盘，只要持仓不高，一般都是一路走低。

2022 年的 AP2203 在 8600 点附近进交割月，2022 年是什么情况？ 2022 年的苹果，也就是 2021 年秋季入库的苹果，果锈大、质量差、商品果少，进入交割月以后盘面维持在 8000～9000 点，3 月合约空头交的货质量比较差。

2023 年的 AP2303 是在 9000 点附近进交割月，和 2022 年的交割价格差不多。进入交割月以后，目前最低在 8099 点，估计也就是在 8000～8500 点附近协议平仓。按道理来说，3 月合约交割月前涨到 9000 点，表现的是它的仓单成本，毕竟空头要套保，交货要有利润，必须高于盘面价格套进去才有利润，进入交割月以后，最低才跌到 8000，说明有多头愿意这个价格接货。其实在笔者看来，多头在 8000 点接货是亏的，跌到 7500 点以下接货才有利润。之所以在 8000 点接货，是因为多头在交割月前有大量的头寸是浮盈的，也就是说盘面的盈利弥补了交割的亏损，所以进入交割月之后，才能高位接货。

排除目前现货行情和资金情绪，仅仅只是从历史数据上来说，从AP2303 得到的启示如下：①盘面最高点一定会冲到仓单成本之上，否则很难有空头真去交货；②进入交割月后必跌，因为多头不愿意高位接盘，交割的博弈结果一定是低于交割前的价格；③最低没有跌破 8000 点，说明苹果的价格大概为 4 元 / 斤；④5 月合约的炒作力度远远大于 3 月合约，那么AP2303 的最高点一定不是 5 月合约的最高点，5 月合约未来还有创新高的可能；⑤按照 2022 年的行情，AP2203 在 8600 点附近进交割月，AP2205 在11700 点附近进交割月，那么 AP2305 大概率会高于 AP2303 的 9000 点进交割月；⑥同样需要注意，AP2205 在进交割月前大幅"跳水"，那么 AP2305大概率也会有这样的"跳水"动作，值得警惕。（2023 年 3 月 8 日）

二、AP2305

历史总有惊人的相似之处，温故知新，我们对照 AP2205 看看 AP2305的可能走势。

（一）基本面回顾

AP2205 的基本面：9 月之前，苹果产量较大预期较强；9 月底之后，业内开始关注苹果质量，炒作优果率；10 月以后基本证实 2022 年苹果的果锈大、优果率较低，整体现状是，产量相对符合正常年份，预计达到 4500 万吨左右，但一二级商品果比例较低，统货和次果量大，总体价格低。前期价格低，走货相对较快，优果少，一二级商品果难寻；后期去库快，优果涨价快，市场两极分化严重。

AP2305 的基本面：9 月之前，苹果减产消息基本坐实，早熟苹果和开秤价较高，一二级苹果都在 3.5 元 / 斤以上；9 月以后，业内开始关注苹果的入库量和入库结构，看空年后现货行情。但现实情况是，由于当季苹果总产量偏低，苹果现货价格并未大幅回落，反而是价格一直很坚挺，市场前期走货以小果和低价果较快，一二级商品果的占比较大，果商存货少。

相同的方面：入库数量基本相当，西部产区的走货好于预期，优果优价。

不同的方面：AP2205 产季苹果产量大，优果率低，可交割苹果总量有限；AP2305 产季苹果产量低，优果率高，可交割苹果总量较大。

（二）9 月后盘面走势回顾

AP2205 的走势如图 8-17 所示。第一波拉涨，其根源是从 9 月底开始炒作优果率，先是陕北冰雹，后是果锈，一路拉涨到 9666 高点，涨幅惊人，1 个多月拉涨了近 4000 点。第二波盘整，从 10 月底到次年 2 月初，基本以震荡为主，在 8000 ~ 9500 点波动，1 月 5 日达到最低点，此后不断拉涨。第三波拉涨是从第二波盘整的最低点开始拉升，一直拉到 3 月初的 10666 点，刚好比 10 月的最高点高了 1000 点。第四波是回调，由于受到一些利空消息打压，多头弃盘，导致大幅回调，一路跌到 9050 附近。第五波从 3 月中旬开始，一路上涨。由于现货的可交割果数量是明牌，空头持续减仓，节节败退，在交割日的最后一天拉到了 11773 的最高点。第六波与个人投资者无关，部分投资机构没有选择高位接货，而是在交割前几个小时选择平仓，导致盘面大幅回落，价格月甚至低到 8600。整个合约波动极大，震幅接近 6000 点。3 月以后 5 月合约由交割逻辑主导，虽然现货价格一般，但是期货已经不顾现货供需关系，一路上涨。

图 8-17　AP2205 行情走势

　　AP2305 的走势，如图 8-18 所示。2023 年 9 月以后，能看到的走势只有两波，第一波是下跌趋势，从 9667 高点一直跌到了 7435 的低点，这波下跌的主要原因是受某资金打压，低位接多和看涨的多头止损比较多。第二波是"V"形翻转，11 月底至 12 月初随着出行政策调整，市场对苹果未来销售预期发生逆转，盘面直接开始拉升，2 月初拉到最高点 9028，2 月中旬回调以后继续反弹。后市怎么走，暂时不得而知，但是想跌破前期低点，从目前来看，暂时概率不高。要拉到 2022 年的历史高点，也有难度，AP2305 的波幅目前来看可能小于 AP2205。

图 8-18　AP2305 走势分析

（三）几个启示

第一，5月合约的波动极大，从历史行情可以明显看到，少则两三千点，多则五六千点，做这个合约想象空间要大，不然很难做好。其中原因较多，与整体持仓总量低、作为主力合约时间短、时间上又处于多个节日的炒作高峰等因素有关。

第二，3月以后会进入交割博弈，交割逻辑主导盘面。之所以交割逻辑主导盘面走势，是因为5月前后苹果现货总量有限，可交割的苹果总量一定，博弈中空头底气不足。

第三，由于2023年优果率高，很多人还是认为苹果价格会受到供需关系的影响，毕竟在供大于求的关系中，价格上涨会受到抑制。按照一些苹果期货分析师的预判，认为5月前后果农出货压力较大，存在"踩踏出货"的情况，价格有下降的可能。这种情况有一定的存在概率，但影响到期货盘面，可能需要到5月交割以后了。

第四，5月合约的仓单成本和接货价值之间存在"断层"，空头做空需要高于仓单成本才有套保价值，多头接货需要跌破市场价值才有盈利空间。按照目前现货价格来算，5月合约的仓单成本在9500左右，接货价值在8000左右，之间相差1500，平衡点在哪里，要等最后资本的博弈结果才能知道。一定要防止做空时多头讲仓单成本，做多时空头讲接货价值，导致永远没有定论。

（四）应对方法

1. 大体思路

AP2305易涨难跌的格局大体已经形成，再跌到8000点或7500点以下的概率不高，毕竟现货在5月前大跌概率不高。在参与策略上，还是以低多思路为主。低位多单可持有不动，但不能追高和摸顶，谨防回调杀多。

2. 短期思路

AP2305目前在9000点附近有压力，短期可能有震荡。2月以后如果现货去库好,可以继续看涨,压力看到 9500 点或者 10000 点附近;2 月以后如果现货走货压力大,谨防盘面回调,可以支撑看到 8500 点和 8000 点。盘面回调,既是机会,也可能存在风险。

3.3 月后注意交割逻辑

AP2305 的想象空间很大,既有上涨的可能,也有下跌的空间。如果盘面急速下跌,做多要注意止损,避免单边下跌出现大幅扛单。

4. 远期合约影响

由于 2022 年苹果价格整体较高,对 2023 年苹果价格的底部形成支撑,但是,如果 5 月合约现货下跌,不排除影响到 AP2310 的未来走势,特别是在天气较好、丰产预期之下,AP2310 的高价位是否可持续,尚不可预测。

三、AP2310

(一)盘面分析

目前盘面点位过高,8600～8800 的盘面价在技术层面是高于苹果期货该合约的均价中线的,在中线附近做多有下跌风险,做空还有上涨空间,介入的位置并不合适。

截至 2023 年 2 月初,盘面价折合成本为 3.8 元 / 斤左右,与前几年的交割价格相比,稍微偏高或持平。目前,还没开始炒作价格就这么高了,不好参与。

我们回溯前几年春节后的行情,都有一个回调,甚至 2021 年因为没有天气炒作,有资本还大幅做空,盘面直接跌到 5600 点附近,因此以目前的点位,提前介入多单风险与收益不成正比,做空的话又会面临天气炒作的风险,不建议介入。

现货价格走势还存在一定争议,春节后现货是继续走强,还是出现一波回调,暂时不好说。现货价格对 10 月合约还是有一定影响的。

有人说:"反正每年都有天气炒作,我提前布局,下跌了就补仓,上涨就拿着，肯定能抓住一波行情。"问题是期货没有确定性，万一 2023 年和 2021 年一样，直接跌下去，到 10 月才大幅拉涨，难道要把自己套 8 个月？想法是好的，但是实施起来不一定可行，况且大部分人都拿不住单子，更何况要拿 8 个月以上。

10 月合约参与的最佳时机应该在 3 月中旬，一是此时天气预测基本准确，二是现货趋势已经明确，三是资本开始关注。做期货，时机和点位同样重要。

总的来说，10 月合约从头至尾都是"空气果"，实质是资本博弈，目前不适合提前介入，无论是做多还是做空，目前的位置可上可下，暂时观望为佳。（2023 年 2 月 4 日）

（二）期货新手怎么参与 AP2310

1.参与 10 月合约需注意的几个事项

期新手要想参与 AP2310，首先需要注意参与 10 月合约的几个事项。

一是 10 月合约的波动空间。从历史周期来看，除了 2018 年创造了历史高点 12260 点以后，此后没有再突破；2021 年 9 月跌到最低点 5263 点，排除这两个极端情况，10 月合约波动空间在 9500～7000 点。极端情况可能高达 6000 点左右，9500 点以上属超高，8500 点以上属偏高，8500 点以下属偏低，7000 点以下属过低，巨大的波动空间是吸引很多人参与的原因。

二是 10 月合约炒作的话题。4 月之前是跟随 5 月合约波动，可以说是现货的行情预期。3 月底到 5 月，基本就是炒作天气，主要是天气对苹果产量和质量影响巨大，如果出现倒春寒或者其他异常天气，会直接导致苹果减产。减产预期强则盘面拉涨，丰产预期强则盘面下跌。8 月之后，主要是看早熟苹果；9 月看收购价格，此时晚熟红富士订货价格出来，这样 10 月合约基本就宣告结束了。简单来说，炒作话题主要就是炒作天气，对应炒作产量，有些业内可能还关注质量问题。

三是 10 月合约行情周期。行情周期大概分为三个阶段，天气炒作前、炒作中、炒作后，时间是 3 月前、4—5 月、6 月以后。炒作开始阶段一般从 3 月中下旬开始，到 5 月出现高潮。一般 5 月底到 6 月初是炒作尾声，如果减产坐实，会继续上涨；丰产坐实，会一路走跌，当然期间也会有反复。到了 8 月底，逐渐走向现货博弈。周期明确，好布局，好跟随，也有利于集中资金博弈。

四是 10 月合约的交割逻辑不明显，还是要紧跟产量预期。由于 10 月合约一直处于苹果下树之前，基本就是"空气果"，除了 9 月以后很难知道现货的真实价格，导致大部分时间就是资金博弈，看谁的故事讲得好，谁能有效利用各种天气信息和消息价值。个人投资者如果没有条件，一定要等趋势出来以后再参与，不要盲目赌方向，跟随策略在 10 月合约上效果比较好。也就是我们常说的"追涨追跌"，趋势出来以后跟随即可。

2.参与 AP2310 需注意的几个事项

一是仓位不能太重，初步建仓最好不要超过 10%，资金体量不能太小，低于 10 万元最好别参与苹果的长线操作。千万不要满仓压上，否则即使方向对了，遇到调整也会有很大风险。

二是要分批建仓，在不同点位、不同时间段逆势入场，看涨就等下跌加多，看空就等反弹加空，盈利后保本试仓，持续盈利持续拿单。分批建仓，分批离场，很多新手看不到其价值，其实分批进出可以最大限度地提高胜率，期货做久的人应该明白，新手要多体会。

三是坚持盈利小于 500 点不撤的原则。苹果期货的波动空间是足够的，如果做对方向，就不要轻易放弃，至少拿到 500 点，甚至 1000 点以上的盈利，不然得不偿失，小赚大亏不是期货生存之道。只赚几十个点的短期盈利意义不大，赚不到大钱，必然亏大钱，尤其是苹果期货非常明显。

四是坚持中线的指引价值做突破。10 月合约可以在日线上做突破，9500 点以上谨慎追多，7500 点之下谨慎追空，趋势形成以后，突破 9000 点不看空，跌破 8000 点不看多。

五是扛单要有度。如果预设盈利 500 点的话，扛单超过 200 点就应该止损，如果处于建仓阶段，那么后续的加仓就要停止，只换仓、调仓，不做加仓。比如自己看多，8500点进场做多1成仓位，跌到8300点没有反弹，甚至出现放量下跌，加多计划就要取消，甚至要止损建好的仓位，再次等待机会。

目前，对于AP2310而言，8700～8800点波动的价格偏高，如果要炒作天气，也就是做多的话，一是时间不到，看不到倒春寒等天气预期，二是点位过高，不利于多头拉升价格。因此，笔者建议以观望为主，8500点以上短线高空试仓，暂时不布局长线，做错要止损，继续涨可能会遭遇空头打压，会不会炒作，要等开花前看天气预测和发展。

2023年行情趋于复杂，是像2020年那样猛拉冲高后一路下跌，还是像2021年那样猛砸后交割前翘尾，尚无法预测。近期笔者注意到AP2310和AP2305在走势上出现差别，预计10月合约会在成为主力合约前逐步走自己的逻辑。如果要参与10月合约，可以适当留意一下，毕竟马上就进入3月了，而且近期大量期货人开始到处调研，如果想提前布局，建议做好计划，密切关注产区天气变化和资金动向。（2023年2月24日）

四、2023年苹果期货行情趋势分析

（一）盘面分析

苹果期货短期内受情绪影响震荡偏强，但是从整个大周期来说，2023年应该趋势上偏空。

从盘面来看，2022年同期炒作都是在9000点以上博弈的，2023年到4月还在9000点之下，明显比2022年要弱一些。

从基本面来说，2023年的总体情况要好于2022年，开花坐果情况、果农管理和心态都好于2022年。

从资金面来说，炒作资金明显减少，产业逐步在掌控局面，投机资本和前几年相比已经大大减少了。

从政策面来说，交易所有增加交割数量、提供宽松交割环境的方向指导。

从情绪上来说，盲动炒作的现象明显减少，交易者更加偏向理性，跟风追涨杀跌明显减少。

从商品指数来说，2023年大盘指数明显偏弱，苹果期货逆势操作会比较吃力。

从金融大环境来说，苹果作为多元消费且重点在大众消费上的非必需消费品，不存在大涨的环境。

至于盘面的具体行情，总是会涨涨跌跌，多空都有机会，大震荡和小震荡交替，但是真要出趋势，偏空的走势预期可能更强一些。（2023年4月24日）

（二）苹果产区分析

1. 受灾情况分析

自2023年4月22日以来，苹果主产区先后遭遇低温、降雨、降雪、霜冻等异常天气影响。大多数产区的苹果正处于开花坐果的关键时期，尤其是4月中旬全国大部分地区普遍升温，导致北方苹果提前开花，但突然遭遇大面积降温天气，尤其是低温冰冻和霜冻，影响特别大。但网上有一些信息和视频对减产现象过于夸大，迷惑了很多朋友。这里做一些初步损失估算，暂无依据，仅供参考。

东北产区：26日的低温天气对辽宁产区影响较大，部分产区受霜冻影响严重，相比2022年减产比例超过10%。东北产区样本偏少，后期可能继续修正，大连和葫芦岛受影响明显。

山东产区：影响相对较小，26日的霜冻对部分地区有一定影响，但是考虑到烟台产区种植面积减少，预估产量损失在5%左右。如果后期管理得当，产量可能会修正为增产预期。

陕西产区：先后受到多次低温天气影响，延安、渭南、咸阳产区皆有损失，延安北部和榆林受影响比较大，但是考虑到2022年陕西产区受灾严重，产量下降比较多，所以 2023 年相比 2022 年预计增产 20% 以上。

山西产区：除了临汾产区受 22 日雪灾影响较大外，其他产区影响不大，运城 2022 年大面积受灾，2023 年增产明显，预计恢复性增产 30% 以上。

甘肃产区：甘肃是本次受灾影响最大的产区，接连受到 22 日的低温雪灾和 29 日霜冻的影响，平凉、天水、庆阳、白银等地受灾明显，很多位于川道区域的果园基本绝收，相比 2022 年预期减产 25% 以上。这个地方可能很多人有争议，其实主要是 2022 年甘肃也有减产，但不严重，所以和 2022年相比的话，减产可能比较明显，但远未达到整个甘肃产区绝产绝收的境地。

河北产区：影响较大，秦皇岛、唐山、张家口、石家庄等产区都受到影响，减产应该在 15% 以上。

新疆产区：受到一定影响，但是新疆产区总体产量不高，所以减产比例暂时忽略。

河南产区：未受影响，略有增产，但总体所占比例不大。

四川产区：未受影响，产量同比变化不大，偏向于丰产预期。

云南产区：未受影响，整体产量预期不变。

整体而言，2023 年受影响的产区呈现点状和片状分布，甘肃优生区受影响较大，其次是陕北产区，再次是东北环渤海产区，胶州半岛受此次低温影响不大。需要注意的是，从宏观来说，苹果受灾远未达到 2018 年的广度和深度，除了甘肃产区，大部分产区受影响不及 2020 年。需要注意的是，苹果质量受低温影响可能变差，需要警惕后期果锈较大和小果较多等问题，优果率可能再次成为炒作话题。（2023 年 5 月 2 日）

2. 全国苹果总产量预估

苹果作为农作物，周期性很强，随着 2023 年花季结束，坐果情况基本定型，各产区开始进入定果和套袋阶段。由于后期天气和政策等因素还存在变数，所以苹果质量也不好下结论，但 2023 年的总体产量已经可以预估了。2022 年笔者给出的预估值是 3300 万 ~ 3600 万吨，见表 8-3，对照后来一些资讯公司的数据，基本吻合。

表 8-3　近几年苹果产量统计与预估

（单位：万吨）

年份	2015	2016	2017	2018	2019	2020	2021	2022
国家统计局	3890	4040	4139	3923	4242	4400	4597	4757.18
卓创	4151	4235/4388.2	4215/4400	3245	4266.44	3848.49	3761.7	3518
中果网			4050	3000	4389	3915	4020	

根据 2022 年的参考标准，卓创的统计显示，2017 年是苹果产量最高的一年，达到 4400 万吨。按照各方数据，认为近年来正常年份苹果产量应该在 4000 万～4400 万吨，取中间值 4200 万吨作为基准来讨论 2023 年的产量预估。

从 2021 年到 2023 年，苹果产业结构发生的变化无法逆转。2022 年我们提到的因素主要有：种植面积减小；树木老化；异常天气频发；农用物资和人工涨价；果农年龄偏大，疏于管理；苹果品质下降，产业升级滞后；运输成本和农产品整体涨价；其他因素。整体上，在苹果产业的效益不尽如人意的背景下，倒逼产业升级，出现优胜劣汰。

2023 年需要额外关注几个因素：政策性干预，金融大环境风险，资本炒作力度消退，交割细节的调整，副产区的产量变化，果品质量关注度提高。

根据前期的走访调研，结合多个资讯公司和机构的数据，2023 年几个省的产量预估情况如下。

陕西 2022 年减产严重，2023 年呈现恢复性增产，是因为陕西受灾整体影响不大，果农都加强了管理，开花坐果情况大大好于 2022 年。相比 2022 年，2023 年的产量预计增加 150 万～200 万吨，综合预计增产 20% 左右；但相比 2020 年，依然处于减产年份，产能恢复到 900 万吨左右。

山东 2022 年受灾不大，2023 年的天气对其也没有太大影响，但因为种植面积减少，所以产量增加有难度，恢复到 2020 年的峰值已经不太可能。烟台作为主产区，受损失较小，综合预计 2023 年产量和 2022 年相当，或者略有增加，相比 2020 年，减产超过 20%，产量约为 650 万吨。

甘肃 2022 年的情况较好，但 2023 年的情况较差，减产比较严重，不过相比 2020 年以前，减产幅度已经大大降低。2022 年产量约为 300 万吨，保守估计 2023 年减产 30%～50%。

山西 2023 年的情况比较好，产量恢复性增长，不过山西苹果以膜袋苹果为主，低价苹果产量较大。2023 年山西产区除了临汾吉县附近受冻灾影响较大，其他地方产量恢复性增加比较明显，相比 2022 年，产量增加较多，2023 年产量预计超 380 万吨。

河南产区邻近山西和陕西两省，河南苹果产量总被很多人忽视，其实河南苹果占比也是比较大的，近两年出于种种原因，种植面积减少也比较明显。2023 年总体情况较好，未受冻灾影响，产量预计在 350 万吨以上。

河北也是苹果的重要产区，基本与辽宁、山东连成一片，2023 年有地区受冻灾影响，减产比较明显，产量预计在 300 万吨左右。

辽宁 2023 年略有减产，但因为花期较晚，坐果和套袋受天气影响不明显，总体产量较为稳定，维持在 200 万吨左右。

新疆产能比较固定，基本维持在 150 万吨左右。云南、贵州、四川近几年苹果面积有增加的趋势，产量合计超过 150 万吨。此外，全国其他地方还有超过 200 万吨的产能，但都以供应本地为主，经常被忽略。

总体上，2023 年的产量受多种因素影响，除了甘肃以外，大部分产区呈现恢复性增长，但与苹果产量峰值年份相比，依然呈现下降趋势。保守估计，相比 4200 万吨的峰值产量，可能减少 500 万～700 万吨，与 2022 年基本持平，在 3500 万～3700 万吨，高于 2018 年，低于 2020 年、2021 年。

（2023 年 5 月 15 日）

（三）2023 年苹果期货的几个新情况

2023 年的苹果期货比以前都要难做，出现了一些新情况，值得关注。

1. 资金参与力度比较小

在笔者的印象中，以前最多的时候苹果期货有 40 多万手的持仓，现在只有不到 15 万手持仓，持仓量小容易引起突然上涨或突然下跌，越是这样就越是不好做。

2. 多空双方都趋于保守

2023 年多头资金非常谨慎，空头也没有大量的资金入场。如果双方的资金都非常谨慎的话，那么波动空间就会非常有限。在这种背景下，个人投资者也应该偏向于谨慎。

3. 政策引导较为明显

由于 2022 年多头太过于张扬，把苹果期货推到了风口浪尖，使得苹果期货的关注度变高。2023 年，监管部门加强了对苹果期货这个品种的监管。

4. 整体水果的行情未必一直偏硬

2023 年水果整体价格比较高，这点大家都看得到。在大宗商品的价格不断下跌的背景下，尤其是农产品整体也在下调，水果却一直维持高位，笔者认为这是比较反常的。不排除某一段时间里整个水果行情都会出现下跌。一旦同类水果整体下滑，苹果价格将相当被动。

5. 苹果整体产量逐年递减

由于种种因素，苹果产业规模出现萎缩，种植面积、种植热情、苹果品质都在下降，产业升级的实效有待加强。在这种背景下，笔者认为不太可能出现 2020 年那样的大跌。（2023 年 5 月 20 日）

五、AP2401 和 AP2405

（一）两个合约的做单机会

2023 年新季苹果矛盾不突出，期货市场的波动空间不大，10 月合约对应"空气果"，故一直没什么波动，到了 9 月以后，大概率很难再创新高了，能跌多少要看产业空头方的交货实力。2023 年 8 月 18 日尾盘拉涨，山东库存苹果价格偏硬，给多头较大信心，空头主力资金始终未能入场，在多头控盘格局下，增仓就能拉涨，整个盘面整体还是震荡行情。

AP2401 按照以往的运作逻辑，大概有三波行情。第一波，9 月至 10 月炒作开秤价，具体到多高暂时不好预测。如果要炒，现有的点位之上还是有空间的，加上苹果期货是多头控盘，拉涨比较容易。第二波，10月至11月是苹果下树高峰，只要前期炒作，后期回落概率就会比较大。能跌到哪里，要看10月合约的交割价，交割价偏低，可能底部会低一些。第三波，春节前后，随着大量走货，期货价格会拉起来，这主要和需求有关。这一波刚好和5月合约接上。

AP2405大概有两波行情。第一波是跟随1月合约小幅下跌。苹果下树以后，如果入库量比较大，对5月合约是存在一定利空因素的。第二波是春节前后的炒作，前期价格低、走货快，后面库存就会大幅减少。按照这几年的走势，年后的苹果库存不会高到哪里去。至于5月合约最终能炒到哪里，还尚未可知，也许会再创新高，笔者看好5月合约的上涨。

对于个人投资者而言，目前的大致思路是跌多了做多、拉高了做空。1月合约和5月合约可以静等低多机会，跌多了找个低点做多，尽量不再做高空，除非和AP2305一样。（2023年8月20日）

（二）为什么说在8500点附近，AP2401和AP2405被低估

笔者稍微解释一下为什么说在8500点附近AP2401和AP2405被低估。

一是与同期相比，2022年1月合约在9000点上方，最低至7900点附近，2023年的产量和2022年差不多，但质量明显低于2022年。

二是目前苹果合约之间升贴水不正常，尤其是5月合约，居然贴水10月合约，也就是说存了一年的苹果，最后还要亏本卖，按照2023年的行情来推测，概率较低。

三是近期调研数据不利于空远期，目前贴水和预期不符，2023年苹果质量总体较差、商品率较低，空头组织大规模的低价交割不现实，尤其是5月合约，低估较大。

四是临近9月，晚熟苹果大量下树，每年有固定的炒作节目，1月合约和5月合约一直没怎么波动，有炒作的情绪基础。

总体来看，如果1月合约和5月合约位置太低，一直在8500点附近或者更低，可以逢低做多。（2023年8月22日）

第九章　苹果期货相关问题与观点

苹果期货相关问题比较多，只能具体问题具体分析。本章整理了笔者在公众号上发表过的一些相关问题和观点，仅代表个人观点，抛砖引玉，供大家参考。

第一节　期货合约相关问题与观点

一、为什么要取消 7 月合约

2020 年 7 月 14 日，郑商所发布通知，对苹果的交割标准做了修订，同时取消了 7 月合约，至于为何取消，没有给出说明。那么为何要取消，肯定是有原因的，笔者认为，原因如下。

简单来说，就是容易出现逼仓。为什么会出现逼仓行情呢？

一是到了 7 月，全国的库存非常有限，空头不好备货。这个时候，苹果销售已经进入尾声，全国库存也就 100 万吨左右，而且分散在各地，其中的优质果总量也不高，按照五分之一商品果占比来说，符合交割标准的苹果全国不超过 20 万吨，集中在山东的库存总量估计不超过 10 万吨，数量绝对值其实并不大。如果多头大量下单，空头压力可想而知。不是价格问题，而是货量有限的问题。当然，这是估算，每年到了 7 月库存量会有差异。

二是质量不能保证。旧的交割标准较高，对苹果糖度和硬度都有要求，苹果放到第二年 7 月，已经接近一年，如果冷库保存不好，会出现各种问题。如果多头以质量为由要求复检，对交货的空头是不利的，特别容易出现交割纠纷，郑商所要调和矛盾。

三是趋势已经明确，单边趋势明显，没有多空博弈。期货的魅力就是不确定性，大家才会去做空做多，一旦出现单边趋势，就没意义了。到了 7 月，苹果库存数据就摆在那儿，消费需求也明确，做多做空，一目了然，可以说没有参与价值了。

当然，可能还有其他的原因，比如考虑到天气、运输、储存、销售、人工等各方因素，也有取消 7 月合约的必要。

总体来说，期货就是多空博弈，一旦出现非常明确的单边趋势，打破了必要的平衡，期货就没法做了。7 月合约存在如此大的单边逼仓漏洞，取消也是理所当然。（2021 年 2 月 1 日）

二、春节能否持仓过节

苹果期货自 5 月达到最高点后一路下跌，除了 10 月初有点像样的反弹，其他时间反弹力度都不是很大。5 月合约已经跌去了 4000 点，笔者以前分析过，5 月合约基本上是一个单边趋势合约，春节后继续下跌的概率很大。

近期行情持续震荡，虽然没有太大反弹，但是几百点的波动也让很多人拿不住单子，尤其是对于趋势交易非常不利。利润不断回撤，心态不稳，面对这种情况，很多人问笔者，春节要不要持仓过节？如果持仓，怎么持仓比较好？

对于 5 月合约，笔者继续看空，如果春节前依然一直震荡，保持在 6000 上方，那么春节前可以继续持空单，特别是位置较好、仓位不重的趋势单，完全可以继续拿着，实在担心的话就做一些减仓操作，春节后基本面依然较差，盘面还下跌，可以加仓加回来。如果春节前 5 月合约跌破 5800，甚至跌到 5600，那不建议留仓，因为春节后继续下跌的幅度不会太大。若节后继续看跌，直接接回来就行了，如果节后反弹，再看机会是否可以继续空，还是转多。

3 月合约目前已经下跌到 5700 附近，节后有继续下跌的可能，但空间不大，流动性不好，节后只有 7 个交易日，如果前期没有仓位，不建议继续持有。流动性不足，节后开盘即便下跌，跌幅也不会太大，节后接着空也是没问题的。

10 月合约和以后的合约，笔者建议春节前不用参与，因为目前 10 月合约升水过高，做多的话有可能继续大幅下跌，做空的话节后又有反弹和拉涨的预期，所以最好不参与，春节不持仓该合约，等节后看机会是否可以重点参与。

还有套利方案，春节可以空 3 月和 5 月合约，做多 10 月合约，即使全部下跌，也不会有损失。相反，如果炒作 10 月合约、打压 5 月合约，可以两头获利。10 月合约下跌、5 月合约上涨的概率较小，所以反向套利比较保险。

苹果受外盘影响小，趋势稳定，面临高库存、低消费的压力，如果春节走货不好，还有下跌的预期，春节持仓风险较小，即使有突发事件，也是有利于空头的。当然，建议轻仓为宜，目的是不踏空节后的跳空低开行情，不浪费资金；不建议用大量资金去赌，风险太高，尽量以稳为主。对于惧怕风险，特别追求稳定的朋友来说，不建议春节持仓，空仓过节最好。（2021 年 2 月 3 日）

三、做苹果期货值得关注的几个问题

（一）倒春寒对苹果期货的影响有多大？

影响很大，倒春寒对苹果可能并不明显，或者不会引起实质性减产，但是对于期货，却是一个炒作话题，包括霜冻、冰雹等恶劣天气都会成为炒作话题，盘面跳空高开会比较常见。实际上在这段时间个人投资者一定要注意盘面的波动，不要在可能出现倒春寒炒作的时候去做空。这样做是不明智的选择，最好避开这个阶段。

（二）合约交割标准降低，到底会低多少？

比如2110合约相比2010合约，新的标准，在硬度、质量允许度、大小方面都做了一些放宽，具体放宽了多少，要等到第一次交割以后大家才能看到。很多专家预测，大概会降低1000~1500点，但是这只是一个预测。这个地方需要注意的是，只是标准的放宽，不是无底线地降低，大部分的苹果还是达不到交割标准。但是不管怎么说，交割标准的放宽会直接引起盘面最高价格的降低和最低价格的降低。

（三）技术指标到底对苹果期货有没有参考作用？

笔者认为，没有。特别是对于趋势的形成，技术指标没有优势，而且具有很大的滞后性，如果按照技术面指标去做趋势单的话，会有一定的吃亏。当然，如果在横盘或者震荡期间，技术指标还是比较有用的。换句话说，长线需要关注基本面，短线可以参考技术面，笔者觉得基本面和技术面结合起来，对于这苹果期货还是有优势的。

（四）做苹果期货交易者需要关注哪些方面？

按照苹果的生长和生产周期来决定。3—4月主要是关注天气，5—6月主要关注资金流向，7—8月主要关注同类水果的供需和早熟苹果价格，9月主要关注开秤价格和苹果的整体产量，10月以后需要重点关注入库和去库情况。遇到节假日一定要关注节假日的消费和供需关系的变化。市场瞬息万变，任何一个事件都可能会引起苹果盘面的突然上涨或突然下跌。

（五）能不能看着现货做期货？

笔者觉得不能，期货和现货还是有区别的。期货不仅仅受到基本面的影响，还受到政策面、消息面、资金面和一些突发事件的影响。但是万变不离其宗，可以用基本面来做趋势，定基本的方向是可以的。如果非要看着现货做期货的话，建议以轻仓为主。由于产业资本深度参与，导致苹果期货和基本面结合得比较紧密，这也是一个众所周知的事实。

最后提醒一下大家，期货有风险，如果不守纪律，不注意风险控制和资金管理，一味跟风做单，即使行情是明确的，不赚钱甚至出现大面积亏损也是可能的。（2021 年 3 月 14 日）

四、苹果几个主力合约之间的关系简析

苹果期货合约和其他品种稍有差别，一般的合约主力主要是 1 月、5 月、9 月三个主力合约，基本上是自然习惯、约定俗成，但部分商品没有这样的设定。苹果是农产品，1 月合约是春节前的合约，和大部分商品一样，这个时间点出货比较多，交易量较大，价格波动明显，具有投机空间。5 月合约是上半年行情的总体反映，多空角逐激烈，大家习惯在 5 月合约上博弈，苹果也有这种情况。9 月合约是下半年行情的开始阶段，加上暑假结束等各方面的因素，变盘概率大，期货机会多，大家也喜欢把这个合约推到主力阶段。但苹果没有 9 月合约。

苹果没有 9 月合约是因为 9 月苹果刚开始成熟，尚未大幅采摘，9 月交割不现实，所以推迟到 10 月。即便这样，10 月正处于苹果采摘季，大量苹果来不及收获，这个时候交割还是偏早，不过交易所允许 10 月合约推迟交割，10 月合约也就固定了下来。严格来说，11 月才是苹果交割的最佳时间。10 月合约已经约定俗成，大家认为没有修改的必要，所以基本反映了当年的开秤价预期，与当年的苹果价格预期挂钩，是最重要的一个合约。由于 11 月苹果才大量下树，可交割的苹果数量多，最容易引起逼多，所以 11 月这

个合约价格最低。

到了 12 月，北方各省逐步进入冬季，苹果大量入库，收货进入收尾阶段，12 月合约的价格一般延续 10 月合约，更接近 1 月合约，过渡性比较强，与 1 月合约同涨同跌。10 月合约进入交割以后，1 月合约就成为主力，其实到了 8 月，10 月合约基本就进入交割逻辑了，主力替换到 1 月合约，9 月行情都是逼仓和产业主导，单向波动比较强，至于进入交割月是涨是跌那又是另一回事了。2020 年开秤价预期较低，所以盘面较低，但是没想到进入10 月，开秤价暴涨，1 月合约强势拉涨，进入交割的 10 月合约也大幅拉涨，因为空头交割亏本，仓单成本过高，所以最后都是涨价交割的。进入 10 月，1 月合约的走势基本反映了春节前苹果价格的走势。以往正常年份，10 月苹果价格合理，走货量大，临近春节备货增加，所以 1 月合约的价格高于 10 月合约，升水 500 点是没问题的。只不过 2020 年情况特殊，消费需求及春节备货预期较差，盘面看跌而已。

春节以后，3 月合约主要反映苹果在春节的一个价格预期，如果较差 3 月合约就跌，如果较好 3 月合约就涨，2020 年的行情大家是知道的，3 月合约盘面给出了一个最低价，达到了 4 字头。4 月合约是刚上市的合约，目的就是消化后市预期，增加产业套保机会，没有其他目的。因为苹果目前盘子太大，产业控盘难度加大，套保如果套得不好，被大资金反吃也不是不可能，但是套在小盘子上，胜率会比较高，所以产业呼吁增加 4 月合约是有目的的，对于个人投资者，意义并不是很大。

5 月合约基本反映了苹果现货最后的走势和价格预期，2021 年的情况大家也都看到了，现货节节下跌，走货极差，果农一二级果跌到 1 元 / 斤左右，大量果商亏本出货。但是期货盘面并没有出现很多人预期的历史最低价，反而出现了翘尾行情。最后一个铜板并不好赚，原因就在于此，期货并不一定关联现货预期和走势，一个重要原因就是苹果期货交割存在一定的不确定性，交割标准不受非产业控制和解释，什么苹果可以交割、什么苹果不可以交割、交割成本是多少等有很大的弹性空间。

正是因为苹果交割标准过高、大量苹果无法套保、行情容易被操控，所以交割标准才一降再降。7月合约为什么取消，通过5月合约也能看得出来，本以为5月合约不会发生以前7月合约的场面，结果历史总是循环。5月合约反映的主要是库存预期，但是又不完全按照库存的走势发展，个人投资者务必注意。

简单来说，几个合约的关系，10月合约反映开秤价预期，1月合约反映春节前后走货预期，5月合约反映去库预期，如果当年开秤价较低、走货快、存货少，那么1月合约和5月合约可能反弹，尤其是5月合约会有较大的上涨空间。反之，如果当年开秤价过高、走货差，大概率会导致库存较高，如果消费低迷，1月合约和5月合约价格会偏低，很难高于10月合约价格。正常年份，价格高低排列顺序应该是，11 < 10 < 12 < 03 < 01 < 04 < 05。在趋势发展上，9月以前，10月合约和其后的合约同涨同跌；9月以后，1月合约和其后的合约同涨同跌；3月以后，5月合约对后面的合约走势影响偏弱，有时远强近弱，有时近弱远强，给套利带来一些机会。

苹果期货的套路并不是很复杂，懂的人越多，对手就越少，博弈就会越激烈。很多人之所以短期大幅获利，是因为是利用了信息不对称，以及自己的一些信心优势，抓住行情趋势而已，不外乎大资金压制小资金、内行压制外行、老手压制新手、有消息的压制没消息的。接下来，再说下5月的行情走势。

自3月中下旬苹果10月合约跌下7000点，一直在6000～5500区间震荡，这1000多点的跌幅透支了2个多月的下跌空间。按照以往走势，4月至5月，苹果新合约应该持续拉涨上千点，至少到达8000点才会转势下跌，但是2021年有机构大资金拿到了比较权威的天气数据，在3月22日第一时间迫不及待地打响了"第一枪"。自从跌停以来，盘面没有太大的反弹，以目前的价位，多头认为向上有空间，空头认为向下有空间，所以僵持不下、互相博弈。俗话说，"横久必变，横有多长，竖就有多高"。苹果行情不会一直横盘。从技术层面来说，目前震荡区间逐步收紧，变盘的概率越来越大。

从基本面来说，苹果的天气炒作基本告一段落，无论是倒春寒、霜冻，还是冰雹，都不足以影响盘面趋势，接下来的套袋数据非常关键，很可能引起盘面的急剧波动，多空互博 2 个月即将给出方向。从资金层面来说，大量资金参与进来，没有 1000 点的利润，基本上可以说是亏本的，发动一波攻势势在必行。从时机方面来说，大宗商品的炒作告一段落，很多品种价格回调，已经有私募基金将精力投入苹果期货。可以说，目前天时、地利、人和均已具备，就差一个消息面因素引起大幅波动。

总之，炒作 5 月合约对于 10 月合约的影响不大，只会成为假突破的绝好话题，一定不能因为 5 月合约有多头接货、提出复检，就贸然去追，还是要按照自己的既定策略和计划来操作。（2021 年 5 月 16 日）

五、10 月合约为什么是现货开秤价的风向标

10 月合约作为苹果当产季的第一个合约对于苹果上市开秤价格具有较大的指导意义，因此市场格外重视苹果 10 月合约的走势。笔者先来梳理一下苹果期货上市以来 10 月合约的具体表现。

2018 年，苹果经历了一次大减产，当时减产的主要原因是受罕见的倒春寒影响，苹果花大量枯萎凋谢，苹果期货价格在花期的时候就已经发挥价格发现功能，价格自低位上行，7 月下旬至 8 月下旬随着早熟苹果的开秤，苹果 10 月合约价格再度上行，导致当年的开秤价格也比较高，在极度短缺的情况下，也使得后续现货苹果价格上涨。

2019 年，未如期复制 2018 年的走势，因为当季是产量的恢复期，尽管整体价格波动较大，但最终开秤价格大幅低于 2018 年。

2020 年，苹果走势相对稳定，在没有遭遇重大灾害的背景下，苹果继续恢复性增产，但消费出现明显下降，开秤价格较低，苹果过剩情况贯穿全年。

2021 年，苹果再度遭遇减产，不过整体减产小于 2018 年，因此到 9 月

后，苹果价格才重新上涨，并且获得了一个较好的开秤价格，当年的苹果价格走势也一路向好。

2022 年，情况比较特殊，在遭遇较多砍树影响下，当年的种植面积有明显下降，但由于前一年的价格偏高，在遭遇旺季不旺的影响下，8—9 月，10 月合约遭遇高开低走的局面，开秤价格相对低于预期。

总结来看，苹果价格围绕供给这条主线运行，伴随生长周期的季节性和消费的季节性运动。10 月合约季节性的规律要强于 1 月合约和 5 月合约，当季增减产的影响则要小于 1 月合约和 5 月合约。10 月合约的走势具体可分为三个阶段。4 月之前，10 月合约的走势跟随上季走势为主，如果上季价格过低或过高，则有明显的升贴水结构。4—5 月初步估产行情，苹果花期较为脆弱，天气因素影响下价格上涨的概率较大，时间跨度和强弱与实质影响有较大关系。6—9 月除了库存果影响外，早熟果陆续上市，早熟果的开秤价变化对盘面行情的影响随着时间推移逐步加大，如果早熟价格高开低走，晚熟富士的开秤价可能会偏低，如果早熟价格低开高走，那么晚熟富士的开秤价可能会偏高。

对比绝对价格看，当前苹果 10 月合约的价格在 8800 附近，从历史同期看，只有大减产年 2018 年以及次年 2019 年大幅高于这个价格，结合基本面信息看，在大幅减产年份的次年，10 月合约是存在惯性上涨思维的，由于前一年的高价格，令果农和客商对于来年的价格并不会看得特别低，这就造成次年 6—8 月的价格被抬高，偏离市场的基本面，而一旦苹果下树定产，苹果价格可能也会因此快速回落。

当前苹果价格的走势主要源自以下两个方面。其一，早熟果的开秤价。2023 年早熟果开秤价和 2020 年相比相差不大，但是纸袋嘎啦上市后，大量的返青现象令客商望而却步，近期随着纸袋嘎啦大量上市，嘎啦价格逐渐走低。其二，库存果的影响。由于 2023 年旧作苹果库存有较大的水烂情况，因此造成结转库存在最近两个月大幅下降，已经低于 2020 年同期水平，而嘎啦的返青现象，让客商转头重新售卖库存果，造成库存果价格上涨。近期盘面走势也是围绕以上两点来回运动。

根据此前调研和走访的结果看，2023 年全国主产区苹果整体长势较好，除了甘肃地区遭遇较严重的自然灾害导致减产外，其他地区多呈现丰产表现。2023 年的砍树量也比较低，前两年砍伐过后，山东、陕西地区的面积和 2020 年相差不大。

所以从整体看，2023 年产量会超过 2020 年，增产幅度大概在 10%，不过由于整体面积相比前两年有所下降，因此溢价效应或没有那么显著。未来要关注红将军上市的开秤价，红将军的开秤价可能较高，不过从全年看，苹果价格高开低走的概率更大。（2023 年 8 月 31 日）

六、2024 年 3 月苹果期货盘面为什么会大幅下跌

2024 年，苹果 2405 合约后期持续走跌，空头大幅增仓往下砸盘，一天大跌接近 500 点，直接从 8600 附近跌到了 8100 附近，那么是什么原因导致空头大幅砸盘做空的？笔者认为主要有以下几个方面。

一是政策转向。3 月 5 日公布的《关于发布苹果期货业务细则修订案的公告》明确提到新的交割细则执行时间是 3 月 5 日，也就是 4 月和 5 月合约都受到影响，此前受到一些信息干扰，尤其是多头发布的聊天记录说交易所工作人员回复没有执行，3 月 13 日确认新标准确实从 3 月 5 日执行，导致空头增仓做空。空头有消息渠道确认了这个消息，才勇敢地增仓砸盘。

二是产业主动交货。交割细则修订以后，山东一些冷库和果商获悉政策松动，交割范围扩大，大肆到西北收购商品果，其主要目的就是用于交割。今天是交割预申报临近时间，有大量产业明确要在 2404 上大量交割，导致 4 月合约大跌近 800 点。

三是新交割标准预期影响。按照旧的交割标准，仓单成本确实比较高，低于 9300 很难做出仓单，但是按照新的标准，大部分商品果和好一些的统货都能交割，尤其是有利于西部产区的苹果参与交割。8600 以上的盘面价

格，明显升水现货的仓单成本，大幅高于接货价值。目前的现货价格，确实不够好，尤其是统货和次果，不断掉价，很多人想在盘面卖仓单，但是无奈交割标准较高，此次调整以后，可能会导致空头交割积极性大幅增加。

四是"小道消息"的影响。市场传言交割库出现大量交货现象，有产业本来的接货策略直接转为交货，4月合约持仓本来低，稍微一点资金就导致盘面大跌。

五是按照新的交割标准，在正常情况下，仓单成本在 8300～8000 附近，如果资金情绪太强，不排除期货盘面继续下跌，有跌破 7900 并创新低的可能，接多个人投资者要谨慎，空头增仓不要接多。

六是如果有高位空单不妨多拿一拿，适当可以考虑 10 月合约的高空机会，跌破 8000 反弹就止盈。

后市展望，由于交割细节调整，有利于空头交割，10 月合约以及后期几个合约只要天气没有异常，苹果交割的价格重心必然下移，大致会跌到 7500～7000。苹果在 3 月 25 日—4 月 25 日之间花开，谨防花季炒作关于恶劣天气的消息。（2024 年 3 月 13 日）

七、苹果期货交易的基本逻辑和话题

苹果期货交易，必须要搞清楚自己交易的什么逻辑。根据笔者长期以来对苹果期货交易的跟踪，下面简单介绍一下苹果的三个基本交易逻辑。

第一个逻辑：产量预期逻辑。一般来说，10 月合约基本都是交易这个逻辑，时间主要是 3—10 月，维持时间很长，比如炒作天气、炒作各种消息、炒作各种调研报告，甚至有资金主导各种预期，基本都是在博弈产量和质量的预期逻辑。

第二个逻辑：市场供需逻辑。10 月苹果下树以后，主要是 10 月至次年 4 月，主要博弈市场供需逻辑，主要是产量入库和去库，需求变化，如果库存高，需求差，一般来说预期偏空，盘面偏弱；如果是库存低，需求好，价格会持续走高。

第三个逻辑：交割博弈逻辑。只要是临近交割，交割前的一个月左右时间，主要博弈交割对盘面的影响，一般个人投资者不太能了解到交割内幕，个人投资者不好交易这个逻辑，临近交割不好去猜交割到底什么情况，如果空头交割量大，多头不接货，盘面就会下跌，反之空头交割量小，多头容易逼仓，盘面就会持续上涨。

当然，不限于以上的交易逻辑，可能还有一些宏观面、政策面、消息面、基本面、资金面、技术面的逻辑，见表9-1，不好一一去分析和说明。

表9-1　影响苹果交易的基本逻辑和因素

三大逻辑	产量预期、市场供需、交割博弈
天气因素	倒春寒、霜冻、高温、大风、阴雨、冰雹、暴雨
农业基本因素	退林还耕、同类水果价格、病虫害、农资价格
宏观经济因素	通胀和通缩预期、货币政策、交易所公告

关于苹果期货的波动因素，还应该注意以下话题。

第一，优果率预期。优果率其实没有一个统一标准，人为因素影响较大，这个笔者在前面文章提到过，就是一个伪命题。优果率高，交割果不会稀缺，上涨空间就受到很大影响。反之，优果率低，交割果稀缺，在交割中，交货方整理仓单难度大，期货下跌的空间就会受到极大限制。优果率问题，本质上还是与交割逻辑有关。

第二，开秤价预期。一般来说，产区行情是"高开秤低价走，低开秤高收尾"。也就是说，当年苹果开秤价格高于其他年份，后市价格有越来越低的可能。相反，当年开秤价低，前期走货快，后市苹果收购和销售价格存在不断上涨的可能，甚至来年有大涨的概率。

第三，量化助涨杀跌。量化资金深度参与期货交易，有时候可能带动盘面上百点的波幅。苹果期货价格波动较小时，可以不认为是趋势转变，可以不离场，避免被洗出。人工盯盘，小止损、大止盈，必然亏损。

第四，对冲资金影响。苹果期货参与资金喜欢玩套利、搞对冲。大盘下跌，它不见得跌，有可能逆势飘红；大盘大涨，它不见得跟涨，反而有可能跌停。

虽然苹果交割标准一改再改，但一定程度上还是存在与现货交易习惯脱节的问题，期货与市场存在一定程度的脱离。苹果和红枣一级基准，特级升水，二级和三级贴水不同，还是只能交割一级果和特级果，二级和三级不在交割标准之内，可交割绝对数量依然偏小。交易第一逻辑时，主要看天气和资金预期，交易第二逻辑主要是看现货入库量和走货情况，交易第三逻辑主要参考交割是否顺利，这三个逻辑对于个人投资者都不太友好，所以很多人感觉苹果期货走势不好把握，可能是对这些逻辑和话题不太清楚的原因。

（2022 年 4 月 25 日）

第二节　基本面相关问题与解答

一、果农为什么要挺价

很多人都在说果农挺价，至于果农的挺价原因，却没说清楚，下面谈谈笔者观点，仅供参考。

一是农村人口结构和农用物资价格发生变化，务农的多为中老年人，物资成本高，农民要增加收入，必然想提高苹果下树价格。这是根本原因。

二是优果优价深入人心，好东西应该卖好价是大多数人的看法，2022年下树的苹果总体质量好，这是果农挺价的勇气来源。这属于商品基本规律。

三是果农比较感性，苹果树产量少，不愁卖，就会在一定程度上扛价不卖；苹果产量多，有销售压力，就会早点卖。再则是跟风，大家不卖自己也不卖，邻居卖的价格高，自己会想着卖价更高。2022年下树苹果总体价格高，大部分果农有信心卖高价，所以一直挺价。这是主观因素。

四是果商和果农之间的博弈矛盾，以前果农只能通过果商销售苹果，但是近几年走货渠道拓宽了不少，比如集体采购、社区派送、网络电商、直播带货、单车零售、期货仓单等，水果批发市场走货越来越差，没了价格优势，果农在博弈中逐渐从被动转为主动。

五是资本加持。资本对整个产业的影响很大，比如技术性变革、果农培训、集团化生产、期货套保、保险。很多人可能没注意到，但是产业确实在发生变化，现代农业的转型已然开始。

总体而言，果农挺价受多方面因素影响。有货的看多，没货的看空，整个市场一团乱麻，让很多人看不清方向。（2023 年 2 月 17 日）

二、为什么劳动节之前苹果现货大幅降价的概率不高

2022 年很多苹果业内人士大部分观点是，苹果现货收购价高，入库量大，销区价格居高不下，年前不掉价，年后必然大掉价。结果是大家都被"打脸"，过年后苹果价格异常坚挺，不但不掉价，小果和低价果还非常紧俏，去库很快，打破了很多人的认知。所以现在很多人得出一个结论：劳动节之前苹果现货不会掉价。那怎么理解这些情况？

一是期货上有资本炒作需要，苹果期货目前最后一个合约是 AP2305，也就是 5 月的交割苹果，资本博弈导致现货在期货炒作之前很难真跌。在资本加持之下，现货自然坚挺。

二是果农挺价的极限。西北产区的果农可以挺价到清明节，山东果农可以挺到劳动节前后，劳动节之后实在挺不住的，会降价销售。大家的挺价心态在，因此大幅掉价不现实。一旦挺价，市场流通量就会减少，价格居高不下就是必然。

三是果商炒货。2022 年苹果开秤价偏高，收货价高，有经验的果商不敢赌后市，收货少或者不收，手里苹果不多，年前预期又是年后掉价，很多果商年后手里无货可卖，多多少少都要收一点，结果就是越收价格越高。

四是经济环境变化。2023年很多商品的价格都在抬升，经济环境也一直在变化，但很多人的思维没有调整过来，总想着按传统模式操作，如果苹果总产量持续降低，苹果未来虽然不至于高不可攀，但是价格越来越贵倒是很有可能。

五是同类水果竞争。2月、3月是水果上市比较少的季节，所谓"青黄不接"就是指这个时候，应季水果不多，反季节水果和一些进口水果价格偏高，苹果价格相对不高，因此有一定的需求在。5月以后就不一样了，樱桃、李子、桃都会上市，苹果的优势会越来越不明显，不降价卖，很可能和早熟苹果硬碰硬，那个时候就被动了。如果5月前还是大量积压，5月后苹果崩盘并不是危言耸听。

六是节日效应支撑。之所以大家敢挺到劳动节，还不是认为清明是走货旺季，都等着过节时大量采购苹果。这个需求不太好说，但是真有很多人是这么想的。苹果现在走货，就是指望其后的几个大节带动，虽有一定道理，但也就怕都这么想。不管是果农还是果商，只要手里有货，赌劳动节以后肯定是不明智的。这个无论是谁都应该清楚。

从个人情感出发，笔者是希望苹果现货降价的，因为现货降价后，竞争力更强，利润空间更大，终端促销活动多，走货就会加快，最好能在3月前就能大跌一波，那后面的苹果才是"金苹果"，期货才能看涨。但是现在预期太足，现货价格不降，就只能等劳动节后了。苹果现货是降价还是涨价，都只是大家的猜测，但实际未必会按照大家的预期走，也可能持续挺价到9月。（2023年2月26日）

三、苹果产区露红期和花期时间

每年春季，果树开花，苹果属于开花偏晚一些的果树，开花时间持续一周左右。以2023年为例，见表9-2，农业农村部信息中心苹果全产业链大数据深度挖掘分析系统模型预警结果显示：我国北方苹果主产区于3月31

日由南至北依次进入花期，预计大部分产区初花期集中在 4 月上中旬，中东部产区较常年持平或提前 1～5 天，中西部产区延后 1～3 天。由于 2023 年大部分产区花期较常年持平或提前，花期偏早易受低温冻害影响。

表 9-2　全国苹果主产区露红期和花期对照

时期	产区								
	云南昭通	陕西渭南	山西运城	甘肃庆阳	陕西延安	山东烟台	新疆阿克苏	河北邢台	辽宁沈阳
露红期	3月5日—15日	3月25日—4月5日	3月25日—4月1日	4月1日—10日	4月5日—10日	4月10日—20日	4月5日—15日	4月5日—15日	5月1日—10日
花期	3月15日—4月1日	4月5日—15日	4月1日—10日	4月10日—20日	4月10日—20日	4月15日—25日	4月15日—25日	4月15日—30日	5月10日—20日

注：1.苹果开花按纬度自南向北，海拔自低向高依次开放，由于海拔和气温不同，会造成山顶和山腰开花时间也有差异。

2.早熟苹果开花稍早。

3.气温过高可能导致晚熟红富士提前开花。

4.云南昭通、贵州毕节、四川凉山大体在一个地理区域，开花和坐果时间接近。

据中国气象局预计，2023 年 4 月 1 日至 5 日、12 日至 14 日全国将出现大范围降温过程，陕西富县产区最低温度达 -8℃，陕西、山东、甘肃、山西部分产区花期冻害风险等级为中度，河谷、川道地形、山地果区低洼、背阴、通风道等小气候地形果园防范重度花期冻害，其余产区为轻度。（2023 年 3 月 20 日）

四、沙尘天气对苹果开花、坐果的影响

2023 年 4 月，在北方地区出现了大范围的沙尘天气。针对此次沙尘天气，中央气象台已于 4 月 8 日 18 时发布沙尘暴蓝色预警。4 月 9 日，我国开始受到沙尘天气影响。气象监测数据显示，新疆东部和南疆盆地、内蒙古、甘肃西部、宁夏北部、山西北部、吉林中部、辽宁北部等地出现扬沙或浮尘

天气，内蒙古巴彦淖尔、锡林郭勒局地还出现了沙尘暴。

根据预报，此次沙尘天气过程将于 4 月 11 日左右逐步结束，但紧随其后在 4 月 13 日至 14 日，还会再有一次沙尘天气过程现身，西北、华北和东北地区一带将再遭风沙侵扰。

此次沙尘天气过程是 2023 年以来的第 8 次，较常年同期（5~6 次）偏多。为何 2023 年北方沙尘天气如此频繁？气象主播介绍："从气候条件上来说，前期沙源地的气温偏高、降水偏少，加之植被尚未返青，裸露的沙源地地表条件就容易触发沙尘天气。"进入 3 月，我国冷空气活动仍处在活跃期，蒙古气旋和地面冷锋成为有力的推手，将沙尘从沙源地带到下游地区，甚至一路输送到更南、更远的地方。

大风沙尘天气的到来会造成空气质量下降，严重影响人们日常生活，对生态环境、部分设施农业也会造成一定影响。

沙尘天气对苹果的影响包括以下几个方面。

一是蜜蜂不能出巢，影响花粉传播和花粉授精。

二是部分花药和柱头变干，影响正常的授粉和授精。

三是沙尘落于雌花柱头上，阻碍了正常的授粉，造成大量落花落果。

四是沙尘暴的机械作用也会造成落花落果。

沙尘暴及降雨天气，直接影响到苹果花期授粉及坐果。主要表现在花期刮大风，吹干柱头，使其失去授粉能力；遇到沙尘暴后灰尘包裹柱头，阻止正常授粉受精；花期降雨，不但没有授粉昆虫和蜜蜂，还会因为降雨隔绝花粉和卵细胞的结合，使花朵失去授粉能力，同时花期降雨时温度低，不利于花粉发育。

4 月正值西部产区苹果花开的关键时期，沙尘天气会影响大部分苹果主产区，因而需要关注。影响结果虽不得而知，但需要保持谨慎态度。（2023年 4 月 10 日）

五、正常年份苹果的开秤价格应该是多少

因无据可查，笔者仅凭记忆说说开秤价的情况，如不准确请见谅。

2022 年，出于各种原因减仓，导致早熟苹果开秤价偏高，每斤比上一年份高出 1 元左右。9 月以后，晚熟富士陆续上市，价格又比上一年高出 0.50 ~ 1.00 元 / 斤。一二级商品果的价格超过 4 元 / 斤，算是偏高，2022 年的产区收购价格偏高，维持在 4 元 / 斤左右。

2021 年，苹果丰产，但并未丰收，开秤价整体低于普通年份，统货价格低于 3.00 元 / 斤，而且果商收货热情不高。但是当年的商品率低，好果难求，后期很多人把价格提高到 4.00 元 / 斤，依然没收到好的商品果。如果按照一二级商品果价格来说，初期开秤价达 3.50 元 / 斤，属正常价格。

2020 年，大家对减产的预期较高，国庆节期间在产地疯狂抢货，很多人以超 3.50 元 / 斤的高价收货，但是国庆节后现货持续降价，直到次年 5 月还没反弹。2020 年可以说是高开低走的一年，无论是四五月的看涨还是 10 月的看涨，最后都与实际情况不一样，但是当年的开秤价也不低，在 3.50 元 / 斤左右。

2019 年，开秤价 3.50 ~ 3.80 元 / 斤，属于偏高。因为 2018 年减产的预期在，所以开秤价没怎么降。后期价格随着高价抑制消费，价格是一路下滑的。

2018 年就不用说了，是大减产的一年，开秤价超 3.80 元 / 斤，是近 10 年价格最高的一年，后期持续上涨，产区出货价格普遍为 5 ~ 6 元 / 斤。

综合历史情况，正常年份，排除通胀或者水果均价等因素，苹果一二级的产区开秤价为 3.50 元 / 斤左右，上下浮动一点，就是 3.20 ~ 3.80 元 / 斤。低于 3.20 元 / 斤，价格偏低；高于 3.80 元 / 斤，价格偏高。至于 2023 年的苹果开秤价，根据当前现货价格来看，不会太低，但是从消费和产量预期来估算，又不会太高，因此笔者保守预判价格为 3.50 元 / 斤左右，等待 9 月以后看情况再进一步估算。（2023 年 4 月 14 日）

六、苹果花季落果原因

每至 4 月底，大家都特别关注花期大量落果现象这个话题。关于苹果花期落果，其实要分情况来看，有些是生理性落果，有些是因为低温冻害造成的落果，还有些是因为管理不当造成的落果。不管是哪一种，都是正常的。

那么做苹果期货应该怎么样看待落果这样一个现象呢？笔者认为，需要注意几个问题。第一，落果情况是否真实，这需要实地考察，最近很多人奔赴产地进行深入研究，已经有了初步的结论。第二，注意落果的影响范围和面积，如果只是个别村镇，或者某个地方，那么影响非常有限；如果是连成片的大面积，或者整个西北、北方地区，影响就会比较大，需要重视。第三，注意落果对后期套袋的影响。只要果子够用，可以通过后期的疏果来调整坐果数量，套袋是不会减少的，对最终产量的影响也就有限。

参与期货交易肯定要注意行业宏观数据，而不是看某一个点的情况，不能过度放大个别现象，过分关注炒作。最近大宗商品价格连续下挫，农产品价格不断下调，是不是对水果整体价格和苹果价格预期带来负面影响，需要进一步关注。（2023 年 4 月 28 日）

七、2023 年与 2020 年苹果产区受灾情况对比

现在有些人比较自负，不愿意听不同的意见。你说减产，总有人说苹果越卖越多；你说增产，总有人说到处都绝收。这时，冷静、客观、全面的分析就显得尤为重要，做期货很考验一个人的整体认知。

有人说，2023 年的情况和 2020 年类似，笔者这里就做一些对比和分析，让大家更好地去把握 2023 年的行情走势。

先说相似的地方。

两年的清明以后，天气升温，产区开花，开始大家都很看好，但天气突变，风向逆转，从预期看好到开始担忧，甚至比较悲观。

苹果盛花期产区遭遇霜冻，影响产区苹果开花和后期坐果。

部分地区遭受霜冻比较严重。2020 年的甘肃和陕北一些地区遭遇霜冻很严重，当时有人预估至少 50% 以上的产量会受到影响。2023 年同样也是甘肃和陕北等地受灾，目前初步估计，甘肃最坏的情况也可能超过 50% 的产量受到影响，陕北和咸阳一些县区果农也不断反映受灾很严重。

期货盘面跳空高开拉涨，然后高位震荡。从现有情况来看，炒作方式异曲同工，基本复制了 2020 年的炒作模式。

果农情绪相对悲观，很多人喊出了"绝产绝收"的口号，认为减产已成定局。

有一点很多人没有注意到，就是现货价格比较高，对现货未来预期普遍看好。

再说说不一样的地方。

2020 年，受灾产区以陕西为主，当时延安很多地区都有大量做期货的去调研，都认为受灾很严重，给出的预估是减产 50% 以上。同时，山东等地也遭遇冰雹，整体减产预期特别强，部分人就认为当年很有可能复制 2018 年的行情。2023 年，受灾产区主要集中在甘肃和陕北部分地区，也有视频博主认为甘肃减产量比 2018 年还要严重。在此，不否认平凉、天水、陇南的一些苹果主产区受冻比较严重，减产是肯定的，但是总体减产多少，还不能下结论，很多网上的博主可能刚好处于受灾地区的中心县区，放大一些受灾情况也是有可能的。丰产很少被曝光，但是减产绝对上热搜。

2020 年，期货炒作倒春寒，盘面一路飙升，最高到了 9409 点的高位。按道理来讲，2023 年的情绪应该更加高涨，但是盘面到 5 月的最高来看低了近 500 点，看起来只有这 500 点的差距，但是说明了资本的心态大不一样，大家都更偏理性了。

2020 年前期过度看好后市，强预期和弱现实形成巨大反差；2023 年果商和果农的分歧较大，大家对未来市场的判断出现分化，尤其是有 2020 年的前车之鉴，过度看空和过度看涨都没有太多的支持者，资本偏向中立和保守预期。

2020 年，苹果种植正值行情顶峰，种植面积和产量都是当时最大的。但随着 2020 年大掉价，2021 年和 2022 年的减产，以及水果价格的整体高价，2023 年的苹果市场环境和 2020 年已经大不相同。2023 年的金融大环境和 2020 年也有差异，大众消费品涨价，奢侈品和大宗商品跌价，苹果作为大众消费品，底部价格明显在被抬高，未来苹果会不会掉价，还取决于整个水果产业的价格预期变化。

2020 年，苹果期货 5 月高开后一路连续数月持续走空；2023 年，产业和资本分歧加大，个人投资者也更为成熟和理性，因而很难有大的单边趋势行情。

总体来说，虽然苹果行情在不断变化，但是有些操作手法和周期还是固定没变。近期，随着苹果开花坐果和套袋逐步完成，期货各路调研进一步深入，市场会回归理性，后期期货盘面肯定要顺应市场预期，不断修正错误。（2023 年 5 月 6 日）

第三节　产业与期货的关系

一、"小道消息"对趋势的影响

美国著名投资人斯坦利·克罗（Stanley Kroll）在他的《克罗谈投资策略》和《期货交易策略》里讲过，他做期货不关心基本面，不听信消息，尤其是内幕"小道消息"。他特别看重交易纪律和客观的分析，这也是他反复强调的期货交易的两个要点，策略和战术相比交易系统与方法更能决定交易的成败。任何时候，期货交易都可能会受到各种"小作文"和"小道消息"的影响，然而成熟的交易者要有摒弃干扰和甄别信息真假的能力。

苹果的"小道消息"非常多，比如某地短期的天气情况、冷库资讯、交割相关消息、资金异动传闻、调研数据资讯等，都可能成为盘面波动的理由。笔者的看法是，苹果的周期性很强，一旦预期形成，大方向就基本确定，任何"小道消息"都只是干扰，可能盘面短期会受到一些资金情绪影响而发生剧烈波动，但是大方向很难改变。

二、宏观经济对趋势的影响

宏观经济因素对期货市场有着重要的影响。一般投资者需要关注的几个方面如下。

一是经济增长。宏观经济的增长预期对市场情绪产生重要影响。较高的经济增长预期通常会带动期货市场的买方信心，并对市场价格形成产生积极影响，反之会带动卖方信心，形成下跌或剧烈波动。

二是通胀水平。较高的通货膨胀率可能增加企业和个人对商品价格上涨的担忧，改变其对期货市场的需求。通货膨胀预期可能导致投资者寻找保值和对冲通胀风险的工具，产业可以利用期货工具实现套期保值。

三是货币政策。中央银行的货币政策调整也会影响期货市场。货币供应量的增加或紧缩可能会影响相关资产价格的波动性，从而对期货市场产生重要的影响，对合约结构的升水和贴水产生预期影响。

四是利率水平。利率变化对期货市场也有影响。较高的利率可能刺激投资者进行货币借贷，融资成本的变化会对投资策略产生影响。

五是政府政策。政府宏观经济政策的调整也会对期货市场产生重要影响。政策的变化，特别是对相关行业和商品的监管和支持政策的调整，可能会对市场需求产生影响。

从长时间预期来说，应该考虑宏观经济因素，比如通胀水平。通胀和通缩是经济发展中存在的正常现象，甚至有经济学家认为，温和的通胀对于经济发展是有益的。恶性通胀和恶性通缩在某些国家和某些经济周期确实存在，但不是经济发展的正常和良性现象。苹果作为生活非必需品，价格的涨跌可能受通胀的影响不是特别大，更多的还是供需关系。农产品期货大涨或大跌，与供需失衡关系最大，与国际粮食价格涨跌有关系。苹果是国内农产品，宏观经济的影响是隐形的，供求矛盾是显形的。过分关注宏观、轻视微观，或者不看供求，认为价格低了就一定涨，没有依据，纯属想象。

需要注意的是，宏观经济的好坏预期，会影响期货的波动上限和下限。当经济过热，经济预期偏乐观，容易出现期货价格超涨；当经济过冷，经济预期偏悲观，容易出现期货价格超跌。

三、苹果期货和苹果产业紧紧相连

2022— 2023 年产季的苹果现货价格一直比较平稳，10 月下树收购价比往年高，很多果商因此不敢收购，认为高价会抑制消费，年后会大降价。西北地区在年前有小幅波动，导致走货加快；年后到现在，产地价格不但没降，反倒小幅上涨，很多客商年前没采购，年后被动高价补了一些。本来果农货就是被动入库，结果现货没降价，果农就更不愿意低价出货了。因此，到目前为止没出现大家预期的大幅降价、崩盘，反而价格越来越坚挺。

看空者说山东冷库爆满，去库慢、交易少，但现实情况是现货就是不降价，年前收低价果的果商还赚钱了。都说市场不走货，甚至很多人专门做了调研，考察批发市场、大型超市、零售店销售情况，结论是市场走货很慢，但问题是，为什么就不降价呢？

现货不降价，使期货盘面上需要交割的空头极为被动，因为他们收不到低价交割果，假如盘面没有大跌，那就是期货、现货双亏了。笔者认为，有货的空头还是有优势的，毕竟可以把持仓拿到交割月，因为苹果合约仓单制作费用偏高，仓单成本和仓单价值之间价格落差较大，那么进入交割月，在现货没有大幅上涨的前提下，盘面肯定是要跌的。如果套保空头确实是等量套保，肯定会盈利。

苹果这个品种对于产业还是很友好的，只要不是期望过高，老老实实地在自己的仓单成本之上去交割，交合格果，盈利并不难。（2023 年 3 月 26 日）

🖋 笔者注

期货服务产业，本来就是期货上市的初衷，但是，由于交割标准比较严格，苹果整体质量平均值偏低，商品率较差，导致多头反复利用交割规则进行操作，让期货失去原有价值。所以，服务产业、服务"三农"，不能只是一句空话，投机资本应该注意适可而止。

四、金融工具服务苹果产业发展的新模式

面向未来，如何更好地推进乡村振兴？在此过程中，期货市场又能发挥哪些专业优势？苹果期货又会有怎么样的变革？关于金融工具服务苹果产业发展的新模式，笔者认为主要有以下几种。

一是"期货套保"业务。这个大家都熟悉，其实还是一种旧模式，就是盘面价格合适的时候，鼓励企业卖出苹果实物。制作仓单需要消耗大量苹果，"交割果"成为市场新宠，能把交割果通过新的渠道卖出去，比以前的操作模式先进不少。要说"新"的话，就是现在的接货方和交货方不再局限于产业内部了。以前是同一个关联企业的 A 公司做出仓单，交给 B 公司，还是产业内部流转，现在直接流出产业外部，有利于苹果销售。

二是"期货＋保险"业务。就是向果农收取一定费用，加上相关部门的特殊经费，把这部分资金打包成一种特殊的基金产品，通过转包流入期货盘面，然后利用期货涨跌规律，在盘面高位时，卖出对应期货头寸，在期货下跌时，对冲现货可能掉价的风险。这样，果农在现货下跌时能得到赔付，在现货涨价时不受影响。好处是，如果期货暴涨暴跌，果农的保险不会因为逆

向波动带来风险。但问题是很多果农对这个业务不甚了解，或者认为赔付小，参与热情并不高。目前期货公司推广的就是这个业务。

三是"期货＋网络＋社区"。利用期货平台打通产地和终端，利用现在的网络直销和社区服务，把低价苹果销售出去。目前，这个业务期货公司做得较少，大家多关注盘面的交货，很少有人关注接货。

四是场外期权。苹果场外期权主要是服务企业，把期货和金融资本结合起来，它和期货保险功能一致，而且更加灵活。场外期权和期货保险本质上是一样的，只不过期权可以灵活交易，期权双方都必须承担一定的风险和义务。期权一旦行权，实际又会转换为期货盘面的多空关系。

五是"金融＋期货＋保险"。有些人在从事苹果贸易过程中缺乏资金，那么银行就出来提供资金，包括一些具有一定生产能力的大产业集团，可以实现自己种植、自己维护、自己采摘、自己销售。目前，规模化的种植不是主力，但是部分企业也有这样的需要，银行加入进来，就把整个产业打通了。

金融工具服务苹果产业发展的新模式，无非就是打通"企业—果农—资本—消费者"之间的通道，实现期货服务现代农业的目的。这样果农有保障，企业能健康，期货在涨跌之间实现共赢。（2023 年 3 月 26 日）

第四节　基本面与期货行情的关系

一、砍树和种植量减小对期货行情的影响

2022 年春季，网上流传的苹果树被大量砍伐视频，笔者认为，应该客观地看待这个问题，避免被资本随意误导。关于砍树，笔者分析如下。

一是砍树是一种正常行为，年年都有。有些老苹果树产量和质量较差，将其砍掉种庄稼可能效益更好，属于种植者的正常调整。

二是西部苹果产区还是以苹果种植为主。网传西部地区大量砍树，但是稍微有点常识的应该知道，西部多山地，种玉米和小麦产量较低，不能把正常的产业交替看成普遍行为。

三是苹果期货交易的是商品果，优产区经济效益还不错，是不舍得砍掉的，尤其是这几年矮化密植苹果才刚开始挂果，产量很高，维护成本也很大，一般人是不会去砍的。

四是不能否认存在砍树的情况，但不能过度放大。部分果农由于多种因素而弃种果树，这是事实，我们不能否认，但是弃种恐怕是一个渐进式的过程。

"没有调查就没有发言权。"具体减产多少，需要充分调查才有发言权。近期北方地区大面积降温，两波气温下降会持续到清明节，清明后气温会回升。2022年苹果开花季遭遇冷空气的概率越来越小，如果天气一直向好，苹果还会增产，被砍树木引起的减产可以忽略不计。

从技术面来说，2022年的10月合约在修改交割规则以后，所处盘面价格偏高，同期还处于升水阶段，建议个人投资者谨慎操作。是不是能做空，要看资金的后期操作。笔者认为，如果有资金拉出高点，基本面并不能支持减产预期，还是可以试空的，毕竟新季合约后期还会大幅波动，相对高位不能盲目入场接盘。

做期货不能听风就是雨，要客观分析，谨慎下单较好。（2022年3月17日）

二、苹果优果率偏低对期货行情的影响

以前笔者曾经说过，优果率是一个模糊且不严谨的说法，所谓的优果率就是优果占的比例，那么什么是优果，就成为一个难以界定的概念。到底国标商品果是优果，还是客商货是优果，或者大果就是优果？与优果率相似的说法是商品率，但商品率也有问题，有些苹果质量好，但是未进入流通渠道，

所以商品率可能偏低。

商品率是指产品总量中商品量所占比重，是反映社会生产水平的重要指标。例如，我们一共收获了 4 吨粮食，卖出 3 吨，自己消费 1 吨，商品率就是 3 除以 4，即 75%。商品价格是反映社会生产水平的重要指标，要调查一个产品的商品价格，可以使用实物指标或货币指标。各种商品的商品率是用货币指标来衡量的。一种产品的商品率越高，该部门的生产越发达，专业化程度也越高，与社会其他部门的关系更加密切。提高商品的商品率，既是实现社会主义现代化的要求，也是适应国民经济日益增长的需要。

从果农角度来说，客商收购的、能认定为高价果的数量比率就是优果率。从交割角度来说，达到交割标准的苹果的占比就是优果率。根据目前掌握的调研数据，受天气影响，市场普遍认为 2023 年的苹果优果率偏低。

优果率偏低会造成什么影响？大家结合 2021 年行情来看就一目了然：①优果率偏低会压低市场均价，2023 年苹果的整体价格不会太高；②苹果开秤时有可能出现抢货爆炒的盛况，部分客商抬高价格收购所谓的优果，但是由于优果率偏低，市场上达到要求的苹果数量偏少；③前期走货较快，后期存货变少，市场容易出现翘尾行情。

对于未来苹果价格走势，可能出现的局面：① 10 月前，市场将会出现较高的价格预期；② 10 月开秤初期，市场有出现爆炒开秤价的可能，抢货炒作发生概率较高；③进入 11 月，市场统货和低价果充斥，整体价格高开低走，一路走低，年底前后会进入市场悲观阶段；④第二年 3 月以后，随着低价果销售殆尽，3 月以后市场苹果短缺，价格会一路走高，可能会出现跳涨局面；⑤ 6 月以后，回归理性，价格预期保持震荡。

苹果期货会如何波动？大体会跟随现货预期发生波动，同时需要结合资本的押注方向、金融市场格局、交易所的限仓影响等诸多因素综合判定。初步预测：① 10 月前，资金撤离，盘面回落；② 10 月前后，期货盘面可能会出现一波炒作；③ 10 月中下旬，期货盘面回落概率较大；④春节前后，再次出现上涨；⑤明年 2 月以后，盘面继续炒作高价预期；⑥明年 4 月以后，

盘面回归理性。（2023 年 7 月 8 日）

三、库存结构对期货行情的影响

有人问，是不是果农货占比高了，期货盘面就一定走空？

库存结构是常被忽略的一个问题。所谓的库存结构，就是各类商品所占的比重，苹果入库以后，就是库存苹果中各个等级苹果的占比，以及货权分布的分布情况。果农货占比高，就是库存结构中，货权属于果农的苹果数量占比较高。

首先，要了解什么是果农货。一般来说，果农货多是质量参差不齐、分拣不严格的苹果，可能是一二级，也可能是统货或者次果。果商货则不一样，是精心挑选过的，质量普遍比较高。也就是说，果农货质量稍差，往往不能直接交割。

其次，果农货占比高，如果市场走货比较差，果农扛价能力不强，扛不住就会低价出货，在行情不好时价格就会不受控。比如，在 2023 年 1 月时，大家有年后一定大降价的预期，就是认为果农扛不住价，现货降价会带动期货下跌。这种预期和构想有一定道理，但都是基于一个前提——走货不好，库存过高。需要注意的是，2023 年总体库存是 860 万吨左右，相比大年份其实不多。加上交通管控放开，物流没有障碍，去库会比 2022 年要好一些，这个和果商的预期可能有一定偏差。

再次，交易者应该注意交割逻辑，期货总是要交割的，暂且不提 2023 年苹果多头比较强，从交割上来说，大量果农货入库其实是不利于交割空头去组织货源的，如果出现逼仓，空头会相当被动。需要注意的是，5 月合约交割时间是清明节以后，那时果农货都出得差不多了，剩下的都是果商货，如果果商货少，那么价格走向大家可想而知。空头要交割，除非提前收货，但是现在收货价格很高。

最后，果农去库很难统计，加上倒库、虚假数据，所谓的果农货可能会在很短的时间内迅速走完，尤其是春节前后的西北地区、清明节前后的山东等地，去库速度不会太慢。（2023 年 1 月 12 日）

果农货占比较高，如果在第二年的清明节和劳动节前后不能有效去库，是利空后市的，反之利多后市，所以果农货的比例变化对后市价格有一定影响。2024 年上半年苹果价格不算好，与 2023 年秋季苹果下树以后，收购价相对较高、果农货大量入库有关。在价格走势上，下树高开，库存高，年后容易低走；下树低开，走货快，库存低，年后容易稳步高走。

四、早熟苹果对期货行情的影响

早熟苹果主要是指早于晚熟红富士上市时间，从落花期到果实成熟的天数小于 90 天的苹果品种。早熟苹果的上市时间主要是 6—9 月，品种有嘎啦、红霞、鲁丽、岳丽、七月天仙、松本锦、华硕、金帅等系列，其中嘎啦种植广泛，产业链相对较为成熟。早熟苹果下树正处于夏季，气温高、湿度大，很难长久存放，只能随行就市，但也正是因为上市早，近几年在价格上有一定优势，每年行情波动较大。

见表 9-3，2023 年早熟苹果价格一直维持在高位，开始上市时基本和 2022 年持平。随着时间的推移，部分早熟苹果价格开始上浮，2023 年 7 月时秦阳陆续摘袋，价格再创新高，果径 70 毫米的价格在 4.50 元 / 斤左右，品相好的，价格已经涨到 5.20 元 / 斤以上。由于 2023 年库存旧果较少，价格一直维持在高位，对 2023 年苹果新果有着很强的支撑作用，截至 2023 年 7 月，现货市场没有什么利空消息，除了 2023 年整体水果行情偏弱对预期有一定影响外，苹果利多因素明显占据主导，目前的价格预期也在持续走高。由于预期好，期货盘面一直维持高位，易涨难跌，虽然一直在震荡，但是走势明显偏强，多头资金控盘，增仓就涨，减仓就跌。

表 9-3 7月早熟苹果价格对比

地区	品种	时间	日期	价格（元/斤）	备注
山西运城	光果嘎啦	2018年		1.5左右	果径65毫米以上1.80元/斤
		2019年		2.5左右	
		2020年		1.0左右	
		2021年		1.5左右	
		2022年		2.8左右	
		2023年		2.6左右	
			7月30日	2.8~3.2	果径65毫米以上，30%红度
陕西蒲城	光果嘎啦	2018年		1.2左右	
		2019年		2.4左右	
		2020年		0.9左右	
		2021年		1.2左右	
		2022年		2.5左右	
		2023年	7月30日	2.4左右	
陕西富平	纸袋秦阳	2018年		3.5左右	
		2019年		4.5左右	
		2020年		2.8~3.0	
		2021年		2.5~3.0	
		2022年		4.2~4.5	
		2023年		4.2~4.5	果径70毫米
			7月30日	4.5~4.8	果径70毫米
陕西咸阳 三原、礼泉	松本锦	2019年		3.0~3.5	果径60毫米，渭南货源
				3.8~4.5	果径75毫米
		2020年		1.0~1.2	货源不多
		2021年		1.8~2.0	果径70毫米
		2022年		3.0~4.2	果径70毫米
		2023年	7月20日	2.8~3.5	果径70毫米，最高达到 4.2元/斤
	华硕	2023年	7月30日	2.4~2.5	以质论价

续表

地区	品种	时间	日期	价格（元/斤）	备注
山西运城	美八	2018年		2.3左右	果径65毫米，青红不分的1.0元/斤
		2019年		1.8~2.5	
		2020年		1.0~1.2	
		2021年		1.7~1.8	果径65毫米
		2022年		2.8左右	果径65毫米，30%红度
		2023年	7月20日	2.8~3.0	果径65毫米，30%红度
山西临猗	晨阳	2019年		2.2~2.7	红度20%以上
		2020年		0.8~1.0	
				1.2	陕西货源
		2021年		1.2	红果
				1.5~1.6	红果
		2022年		1.7~2.0	
		2023年	7月20日	1.7~2.0	早期价格，后期有落价
	华硕	2023年	7月30日	2.2~2.3	果径70毫米
	嘎啦	2023年	7月30日	1.2~1.5	果径60毫米
辽宁大连	寒富	2023年	7月30日	1.2~1.3	
	藤木	2023年	7月20日	1.7~1.8	货源不多

注：1.光果主要是指不套袋苹果。

2.青苹果主要是晚熟早采。

3.表中空白处代表暂无确切数据。

2023 年，苹果价格预期矛盾不突出，产业相对较弱，套保资金持续观望，政策影响时隐时现，在苹果下树前，期货盘面有进一步拉高的预期。短期内，资本市场大有突破前高的动向，苹果期货盘面主力合约一直在试图创新高，但是摸顶做空对手也在增强，矛盾可能逐步显现。随着早熟富士价格预期越来越清晰，预计资本市场会率先下手，期货将会在第一时间反映出来。

2023 年的苹果总产量虽然和 2022 年差不多，但是总体质量和优果率偏低，在交割标准明确的前提下，空头交货意愿如果不强，盘面是否能回归现货价值，还未曾可知。短期注意观望，不忙入手。（2023 年 7 月 30 日）

第五节　其他需要考虑的因素

一、橙汁期货和苹果期货的趋势关联

苹果期货是国内唯一的水果上市期货，和苹果期货最为接近的农产品期货当数红枣，其在上市初期和苹果期货一样活跃，但是经过多轮博弈，目前持仓非常少，一般只紧跟基本面，没有太大的资金进去炒作。个人投资者相当谨慎，导致大资金较少入场大幅增仓。目前红枣这个品种，要么横盘不动，要么大幅调整到现货价格附近，无论是个人投资者还是机构，都不敢大仓位去炒作，一是没有炒作空间，二是没有博弈对象。苹果期货就不同了，各种资金轮番入场交易，个人投资者参与也比较多，交易活跃，有一定的资金容纳体量，适合不大不小的资金博弈。目前，红枣期货和苹果期货的驱动力不同、盘面波动不同，走势也不太一致，曾经的同涨同跌已经不复存在，也就没有太多的可比性。

橙汁在美国有着较为标准的生产流程，加上橙汁期货已经上市近 30 年，历史数据较为丰富，可以进行分析、参考。下面笔者结合图 9-1 对橙汁期货的历史走势做一些简单分析。

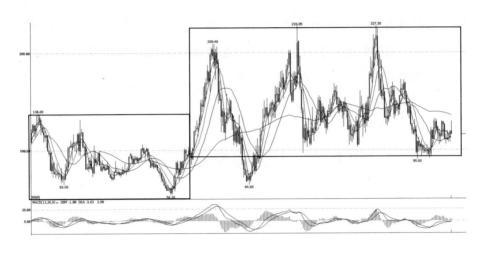

图 9-1　橙汁期货历史走势图

第一，橙汁期货的高点分别出现在 2007 年 1 月、2012 年 1 月、2017 年
1 月，低点出现在 2004 年 7 月、2009 年 1 月、2017 年 7 月。这说明，橙汁
的价格与压榨橙汁的原材料橙子的生产、消费有很大关系。一般来说，六七
月是水果的收获时节，橙汁价格较低，12 月至次年 1 月橙汁消耗较大，价
格普遍偏高，2009 年例外。也就是说，水果受到农产品周期的影响极大。
这一点和苹果类似，苹果在刚下树或库存较大时价格较低，在次年年初价格
较高。

第二，橙汁的波动区间较为固定。在 2005 年之前，橙汁的价格在 50～100
美分／磅（1 磅 =0.45 千克）波动，很少超过 100 美分／磅，也很少低于 50 美分／
磅；2006 年以来，橙汁最高价格为 220 美分／磅左右，最低为 100 美分／磅左
右，波动幅度为 100%，之所以 2005 年之前在 50～100 美分／磅波动，是因为
2007 年以后货币贬值，导致农产品和水果整体价格上涨。对比来看，苹果
最高价格为 12000 元／吨左右，最低为 5500 元／吨左右，波动幅度为 100%。

第三，橙汁价格变化周期大致为半年，比如 2016 年 12 月达到高点
227.5 美分／磅之后，在 7 月跌到最低点 125 美分／磅，后期一路震荡，在
2019 年 5—6 月跌到 90 美分／磅。这说明橙汁期货趋势一旦形成，会形成连
续下跌，趋势性较好。这个笔者对比苹果期货 2018 年和 2020 年的上涨与下

跌行情，几乎异曲同工，可见水果价格的上涨或下跌周期较长，具有显著的趋势性。

第四，橙汁盘面最高点在 120 美分 / 磅附近，这个价格和历史最高点还有较大差距。在美国货币政策宽松的背景下，水果价格并不被看好，说明水果整体消费并不乐观。这个和苹果在国内差不多，主要是整体市场对水果的消费需求发生变化，尽管有政策刺激，但提振水果价格的效果还需要一定的反应时间才能显现，这个和大宗商品屡屡刷新历史新高截然不同。

第五，2021 年 6 月，橙汁价格处于回调周期，拉涨到 129 美分 / 磅的高点以后急速下跌，说明美国水果的消费需求出现了一些问题，橙汁价格大幅受挫。这个目前在苹果期货上没反映出来，但是 2020 年 6 月，苹果出现了一路"跳水"，基本和橙汁的走势是相同的，按照橙汁的走势逻辑，3 月苹果的大幅杀跌，有异曲同工之妙，至于 6 月以后，苹果也有"大跳水"的可能。

这里有几个疑问。一是为什么橙汁期货的价格低点多出现在六七月，高点多出现在 12 月和 1 月？这可能和美国人的饮食习惯有很大关系。二是通货膨胀为什么没有对水果的价格起到较大的拉升作用？说明通货膨胀对水果这种非生活必需品的影响有限。三是橙汁期货为什么总是急涨急跌，波动很大？这可能和水果价格本身波动较大有关，比如苹果一天之内价格上涨一两毛，遇到节假日，价格上涨五六毛都正常，但是反映到期货盘面，就是几百上千点，这就决定了期货的波动也比较大。

橙汁期货在国外存在几十年，较为稳定，趋势说明一切，对以后苹果期货的趋势是有一定借鉴作用的。大家可以看到，橙汁期货在标准没有变化，且处于美国大通胀的背景下，盘面并没有大幅上涨，反而是拉涨后就跳水，价格与同期相比处于历史波动周期下沿，甚至有继续下跌的趋势。类比橙汁，苹果期货在目前的背景下，很难有太大的拉涨行情，依然处在震荡波动的行情之中，上涨后就回调，很难有大的拉升，甚至可能会在苹果下树的高峰期出现历史低点，这是投资者需要警惕的趋势行情。

近期，苹果期货资金博弈激烈，有一些资金进进出出，作为个人投资者，要么轻仓拿长线拼趋势，要么做短线不要太贪婪，小赚就跑，高进低出，低吸高抛，不要追涨杀跌，利用资金小的优势，跑赢大资金。（2021年6月15日）

二、农产品的牛熊市行情转折点

粮食等农产品价格作为"百价之基"，直接影响国内价格总水平，关系到经济社会持续健康稳定发展大局。如图9-2所示，农产品价格自2020年第一季度进入新一轮波动周期以来，持续上扬，几乎没有回调，那么应该如何看待这一轮农产品牛市？

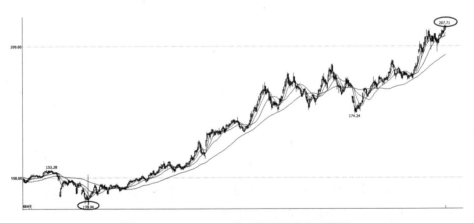

图9-2　2020—2021年文华商品农产品指数

1.本轮农产品牛市的特征

一是持续时间长。从2020年3月到2021年11月，一直上涨，除了2021年6月有一波回调外，几乎一直上涨，持续刷新前期高点。

二是较为稳定。农产品价格的上涨，是逐步推动的涨价，不断拉升，回调很小，波动不大，属于稳步上涨。

三是影响范围广。本轮农产品牛市，几乎是全球性的，波及面很宽，对于全球食品价格和消费指数影响较大。

四是很多品种集体涨价。从玉米、大豆、大米到菜油、棕榈油，以及相关的棉花、白糖都有不同程度的提价。

五是商品之间价格传导非常快。整个商品市场存在巨大的联动性，包括国内市场和国际市场、期货市场和股票市场、期货市场和现货市场都存在关联性，所谓"牵一发而动全身"。期货市场轮动上涨，也会轮动下跌，农产品期货不可能脱离价格规律。

2. 本轮农产品牛市的主要原因

一是天气因素。天气变化引起减产，比如玉米、大豆、小麦、菜籽都不同程度地受到天气变化的影响而引发减产，甚至红枣、苹果也因为天气变化导致减产，引起预期价格大涨。

二是农产品和人力成本上升。现在各种农药、化肥、农具普遍涨价，以及运费和管理费上涨，引发了农产品的涨价。

3. 对本轮农产品牛市转折点的讨论

一般而言，农产品在年底转势的概率不大，虽然年底是粮食需求旺季，但不是收获期，不具备转势的条件。那么这种转折可能发生在什么时候呢？

从历史行情来看，2007 年的农产品牛市，开始于 2006 年 8 月，转折于 2008 年 3 月，历时一年半。2021 年的牛市开始于 2020 年 3 月，到 2021 年 11 月已经超过一年半了。按照历史规律，2008 年的高点指数在 226.52 点，2021 年 11 月在 207.71 点，还有一段距离。因此综合来看，虽然这波牛市还有可能持续一段时间，但不会太长时间了。

目前，由于政策面影响，导致"两焦一煤"期货价格迅速回落，黑色系的钢材和铁矿石大幅杀跌，有色金属也逐步走软，期货市场唯有农产品屡创新高，继续拉涨，如果不断刷新高，不排除新政出台。

综上所述，农产品的牛市行情不可能一直持续，总有掉头的时候。因此，对于农产品的牛市行情，要理性看待，投资相关商品时，不能盲目追涨，避免突然有一天回调，导致出现大的亏损。（2021 年 11 月 20 日）

三、水果价格普遍偏低原因分析

中央电视台报道，自 2024 年 4 月以来，杧果、菠萝、西瓜、甜瓜、樱桃等时令鲜果上市量增加，同时，苹果、梨等大宗水果清库存力度加大，水果市场总体供给充足，价格持平略降。农业农村部重点监测的 6 种水果批发均价为每公斤 7.32 元，环比下降 0.9%，同比下降 7.3%。

通过对产地和销区水果价格监测，笔者发现 2024 年的水果价格整体比2023 年价格大幅降低，既有销区的价格走低，也有产区的大幅降价。

以红灯樱桃为例，2023 年陕西铜川的收购价是 15 元 / 斤，2024 年已经低于 8 元 / 斤；西安市场 2023 年的收购价是 30 元 / 斤，2024 年普遍低于15 元 / 斤。

西瓜价格也是大幅"跳水"，河南 8424 西瓜产区的收购价已经跌破1 元 / 斤，瓜农急于出售，几毛钱抛售已经司空见惯，在郑州、西安、成都，8424 西瓜的零售价节节下调，高于 2.50 元 / 斤的则较难卖出。

杨梅、枇杷、山竹、耙耙柑、油桃、李子的价格也有不同程度的下降。2024 年广东荔枝大幅减产，但是价格却日渐下跌。水果整体价格，尤其是国产水果，相比 2023 年少则下跌 20%，多则超过 50%。

2024 年水果价格整体偏低，原因分析如下。

一是消费需求整体持续低迷。水果主要是面向大众，如果消费群体的消费需求降低，水果将出现相对过剩局面。

二是产业"内卷"，种植扎堆。种植什么农产品赚钱，生产者往往就会闻风而动。葡萄赚钱，大家都抢着种葡萄；樱桃价高，大家都抢着种樱桃，种得多了，葡萄和樱桃的价格自然下跌。西瓜一年一季，种植成本低、资金回笼快，扎堆种西瓜导致西瓜滞销，而当地消费能力有限，最后只能拼价格。好在我国对西瓜需求量比较大，价格低的话，市场潜力会比较大。不过需要警惕的是，无序扩大水果种植，只会加剧行情"内卷"，造成恶性竞争。

三是运输成本大大增加。流通环节的成本节节攀升，产地拼命压价，销区持续扛价的现象屡见不鲜。如果产地价格 1 元 / 斤，销区低于 3 元 / 斤就会亏本，这是因为水果市场中间环节损耗太大。从整体来看，最后是消费者吃不到低价水果，销区果农卖不上价格。中间的人工费、运费、过路费、存储、电费、税费、损耗不容忽视，这还是高速不收生鲜过路费的前提下，可想而知中间环节这块所占的成本有多大。水果商和各级销售还要保留一定的利润空间，到了消费者手里只有加价，卖水果的不可能亏本做生意。

四是存在过度使用农药的情况。现在很多果农为了提高水果的产量、美观度、易储存度，加上消费者在选购时较关注水果的味道和色泽，使得水果在种植中过度使用农药，包括甜蜜素、膨大剂、催熟剂、防虫剂、防腐剂、上色剂等，所带来的食品安全隐患又反过来影响了水果消费市场。

五是进口水果大量增加。由于国家对外政策调整，存在扩大某些国家贸易的需要，我国和东南亚、非洲地区贸易量大幅增加，而这些地区都是农业发达地区，大量农产品和水果涌入国内，对国内水果的价格和销量产生一定程度的冲击。

六是电商直销对传统市场产生一定的冲击。电商的产地直销减少了中间环节，能以较低价格把产品直接卖给消费者，而消费者一旦接受了更低的价格，对市场高价难免会形成心理抗拒和抵制。

笔者认为，2024 年水果价格普遍较低，既与大环境有关，也与短期的供需失衡有关。作为卖方应该懂得面对现实、适者生存、顺价销售；作为买方消费，应该理性消费，按需购买。（2024 年 5 月 26 日）

四、苹果期货怎么做长线

很多人问笔者长线怎么做，在此笔者简单回应一下。苹果期货是最值得做长线的品种之一。原因有三：一是手续费贵，短线刷单全是手续费；二是长线波动区间非常大，每年的波动区间小点的如 10 月合约超过 2000 点，大点的如 5 月合约高达 6000 点以上，长线持有收益较高；三是周期性强，每年无论涨跌，至少三波大行情。苹果10月合约虽然博弈周期长，但是波动其实不是最大的，相对也比较稳。

看多看空比较坚决，长线布局波动更大的1月和5月合约更好。如果看涨，那就逢低做多1月和5月合约；相反，如果不敢做多远期，认为看涨不成立，那就做空近月即可，未来远月有高点可以继续接着做空。长线思维不要去管短期的几百点波动，拿好趋势单就行了。为了稳妥起见，可以在短线获利后，持有搏远期收益更稳妥，不必大区间建仓扛大止损。

目前，10月主力合约多空僵持，长线空头成本在9600～9400，长线多头成本在7600～7800，而目前8700～8800，多空实力相当，长线多空收益几乎均衡，一旦这种平衡被打破，可能要走至少1000点左右的趋势。做长线的朋友，建议拿好单子，坚持到底，真正的博弈才刚刚开始。（2022年6月18日）

后 记

本书是笔者根据多年的交易经验和见闻总结而成，其中集结了本人的一些交易原则，比如：

增仓上涨不开空，增仓下跌不接多；横盘震荡应观望，多看少动管住手。减仓波动要慎重。

大趋势看空，小趋势做多；大趋势看多，小趋势做空；顺大逆小。

轻仓，顺势，亏损不加仓，盈利顺势多持有，单边趋势做大盈亏比，震荡行情突破要止损。仓位轻到让人"鄙视"，坚信趋势一定会延续，永远不要在亏损的头寸上不断加仓。

不管长线短线，尽量挂好止损止盈；不能盯盘，左侧交易要做好防守。

看不懂的行情，尽量谨慎参与，一旦发现不对就要及时离场，最好先持续跟踪直到看懂。

连续亏损一定要停手，尤其是亏到本金，起码要休息一段时间。多反思、少操作，选择合适的方法和理念大于盲目努力和瞎折腾。

期货交易是一项对综合素质的考验，最起码的交易纪律和交易系统的底线要守住。什么都不懂的话要多积累、多学习。期货交易也是一个行业，是很多人的事业，不是游戏，要慎重对待。

走过的路，总会留下一些记忆。有些人会在失败中不断总结，最终从哪里跌倒，就从哪里爬起来。不管做什么事，总有一些人认为没有意义，特别是对过去失败和成功的总结，甚是不屑。但笔者以为，屡败屡战和屡战屡败是不一样的，善于总结和积累知识的人与不屑于总结的人，思考问题的方式和轨迹也是不一样的。寻找逻辑，潜心研究，才能为未来步入坦途和走向成功创造条件。有时候，一直以来的努力再加上那么一点点小小的运气，就能一战成名。

感谢支持，一路有你。

感谢王海军和张永笑两位朋友。

笔者写于成都

2024 年 5 月